Servizo de Publicacións

Universida_{de}Vigo

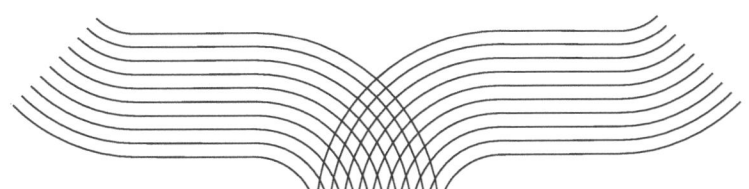

Monografías
Serie humanidades e
ciencias xurídico-sociais

n.º 130

Edición
Universidade de Vigo
Servizo de Publicacións
Rúa de Leonardo da Vinci, s/n
36310 Vigo

Deseño gráfico
Julinda Molares Cardoso e Tania Sueiro Graña
Área de Imaxe
Vicerreitoría de Comunicación e Relacións Institucionais

Imaxe da portada
Adobe Stock

Maquetación e impresión
Tórculo Comunicación Gráfica, S. A.

ISBN
978-84-1188-062-6

Depósito legal
VG 290-2025

Servizo de Publicacións
Universida_de_Vigo

HR EXCELLENCE IN RESEARCH

Mujeres y poder en el Imperio Romano

Entre el estereotipo y la transgresión de género

Autora

Helena López Gómez

Abreviaturas

Sobre las fuentes literarias se ha seguido, preferentemente, las marcadas por Oxford Classical Dictionary y por Liddle and Scott. Los textos clásicos se han consultado las ediciones de la Loeb Classical Library. Las traducciones al castellano son de la Biblioteca Clásica Gredos o propias, a no ser que se indique lo contrario.

AE — L'Année Épigraphique

BMCRE — British Museum Catalogue of Coins of the Roman Empire

CFA — Acta Fratrum Arvalium

CIL — Corpus Inscriptionum Latinarum

ILS — Inscriptiones Latinae Selectae

LTUR — Lexicon Topographicum Urbis Romae

OCRE — Online Coins of the Roman Empire

PIR — Prosopographia Imperii Romani

RG — Res Gestae Divi Augusti

RIC — Roman Imperial Coinage

RPC — Roman Provincial Coinage

SCPP — Senatus Consultum de Pisone patre

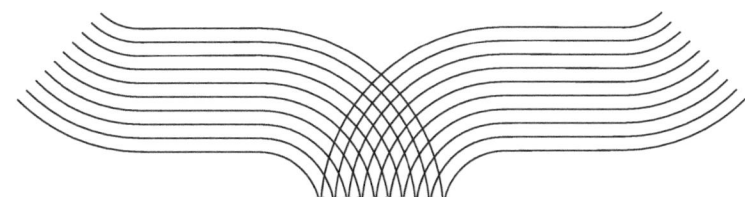

03 La *domus Augusta* y la renegociación del papel femenino

55

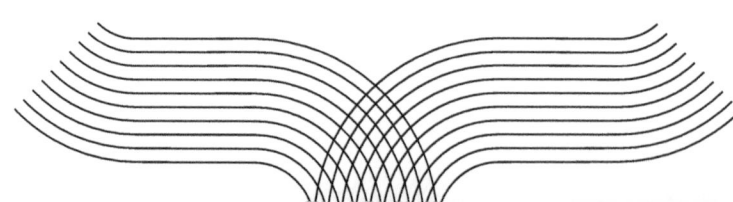

Introducción

En los análisis sobre el poder romano que, desde el siglo XIX, se vienen sucediendo, las grandes olvidadas siempre han sido las mujeres. En el mundo romano el estatus social no estaba solo determinado por el nacimiento libre, sino también por la capacidad de acceder a puestos militares y políticos. Las mujeres tuvieron la entrada vedada a estos campos, por lo que tradicionalmente se consideró que su poder debía ser mínimo y, consecuentemente, fueron dejadas fuera del discurso y los análisis históricos. Es a partir del último tercio del siglo XX cuando las nuevas miradas, resultado de la influencia de las distintas olas del feminismo sobre la ciencia histórica, comenzaron a abordar los testimonios y las narrativas antiguas de una forma que permitiese entender que las mujeres sí tuvieron acceso al poder y que este no solo se construye a través de vías formales.

El contenido de este libro es resultado de las reflexiones que me planteé a la hora de elaborar mi tesis de doctorado. En esta estudié los procesos a través de los cuales el emperador romano pasó de ser un líder carismático en la persona de Augusto a un cargo con competencias delimitadas y un sistema de funcionarios a su disposición. Aunque cuando pensamos en el emperador romano tengamos una serie de características y atributos en mente, esta no fue la situación en el 31 a.C., cuando Octavio derrotó a Marco Antonio y Cleopatra en Accio, ni tampoco en el 27 a.C., cuando depuso los poderes extra constitucionales del triunvirato, para tomar las primeras potestades de lo que, a la postre, será el *officium* de emperador romano. Aunque para entender mejor los procesos históricos tendamos a establecer compartimentos estancos entre distintas épocas históricas (como son la República y el Principado), lo cierto es que los elementos que subyacen son más complejos y difícilmente analizables. Así pues, ya que el cargo de emperador romano no es un elemento que surja de un día para otro con un solo cambio institucional, inferimos que este no se basó solamente en las acciones de un solo hombre, sino que este tuvo que apoyarse necesariamente en su entorno. En este entorno, las mujeres fueron protagonistas esenciales y, ante la incapacidad de ofrecer un análisis completo en mi anterior trabajo, se plantea ahora esta monografía, a modo de profundización.

14 Un elemento esencial a la hora de considerar la institucionalización del cargo del emperador es el paso a un sistema político familiar y dinástico. En época republicana las familias en la cúspide de la pirámide social recibieron el adjetivo de *nobiles*. En este estrecho grupo se encontraban aquellas que contaban con un cónsul en sus árboles genealógicos. Dichas familias se repartían los más importantes cargos del Estado. No obstante, no se puede considerar que para esta época existiese un sistema plenamente dinástico, con una única *gens* que monopolizase el poder hasta la aparición de un nuevo líder. Al mismo tiempo, la constitución de la dinastía o, al menos en un primer momento, de una sucesión pactada, fue un elemento esencial para mantener el orden después de un siglo de guerras civiles.

En este contexto de creación de una familia imperial y del culto a la personalidad de esta, se consolida la capacidad femenina de intervención. Como veremos en el siguiente capítulo, la influencia de las mujeres sobre asuntos políticos a través de distintas medidas de *soft power* parece haber sido una realidad ya a finales de la República. Las mujeres imperiales heredaron esta capacidad de intervención y fueron no solo el punto de unión esencial dentro de las dinastías y, por lo tanto, conmemoradas como esposas y madres, sino que también desarrollaron una gran capacidad de agencia por su cercanía al poder político.

Así pues, el principal objetivo de esta monografía es el de analizar la influencia de las mujeres a la hora de estabilizar y consolidar el sistema imperial durante el periodo del Alto Imperio romano (27 a.C.-235 d.C.). Secundariamente se considerará cómo su nueva situación y sus roles se sitúan entre los ideales de género y la transgresión.

Los capítulos de esta monografía se han dividido atendiendo a las tradicionales cronologías del Alto Imperio, es decir, en función de las dinastías. Esta división es necesaria para entender las actitudes de las distintas familias imperiales hacia el elemento femenino y hacia la consolidación del poder y del cargo imperial mediante la imagen de las mujeres. No obstante, para una mejor comprensión, dentro de cada capítulo se ofrece una división temática, según las funciones otorgadas a la mujer imperial en cada dinastía.

Antes de abordar cualquier trabajo histórico que tenga como objeto de estudio el género y a la mujer es también necesario hacer referencia a las fuentes a nuestra disposición. En este caso particular se hará uso preferente de las fuentes literarias contemporáneas a los hechos descritos. Estas son las que presentan mayor riqueza de detalles y son consistentes para todo el periodo analizado. Según se avance cronológicamente, se observará un decrecimiento de la profundidad de los análisis de los historiadores de la antigüedad, mientras se atestigua el florecimiento de otro tipo de fuentes con alusiones a mujeres, como puede ser el de la numismática a partir del gobierno de Adriano.

Esta elección de fuentes, además de presentar las ventajas ya detalladas, supone enfrentar una serie de inconvenientes. Todas las fuentes literarias a nuestra disposición para este periodo fueron escritas por hombres. Sabemos, por ejemplo, que Agripina la Menor escribió una obra en la cual daba detalles de la vida de su madre, pero esta se ha perdido. Así pues, las obras ofrecen un punto de vista esencialmente masculino. Además de ser escritas por hombres, ha de tenerse en cuenta que muchos de estos autores fueron contrarios al gobierno de uno o varios emperadores. Por tanto, a la hora de describir un gobierno considerado corrupto, las mujeres se convirtieron en elementos narrativos dentro de una obra destinada a ser la caricatura de diversos personajes. La mujer ávida de poder, la madre dominante, la esposa adúltera o la hija malvada son *topos* literarios que, en ocasiones, convierten a las mujeres imperiales en personajes dignos de las comedias de Plauto.

Al mismo tiempo, los testimonios de los autores contemporáneos a los hechos no siempre transmiten el mensaje emitido desde la oficina de propaganda imperial. Casos excepcionales son, por ejemplo, los de Ovidio y Plinio el Joven, quienes por diversos motivos estaban interesados en mantener o mejorar las relaciones con los emperadores y sus familias. Los autores de la antigüedad tuvieron la mentalidad propia de la élite aristocrática de su época que no necesariamente compartía los ideales de la casa imperial. Así pues, las narrativas sobre mujeres conspiradoras o usurpadoras del poder masculino en ocasiones dejan traslucir el descontento de una sociedad patriarcal con un sistema que concedía demasiada visibilidad e influencia al "sexo débil" (*infirmitas/imbecilitas sexus*).

En este contexto es necesario tener siempre en cuenta que las narrativas de los autores pueden transmitir tanta información sobre el personaje descrito como sobre aquel que describe. Su análisis es, por lo tanto, de especial interés para entender la recepción que la élite aristocrática ofreció a determinadas actitudes de la casa imperial con respecto a sus mujeres, es decir, la asimilación de actitudes parcialmente transgresoras. En todo caso, un análisis de género y poder basado en las fuentes narrativas aportará necesariamente información no solo sobre la historia vivida, sino también sobre la historia percibida; no solo sobre lo que las mujeres hicieron, sino sobre lo que se transmitió o pensó sobre las acciones de dichas mujeres.

Por último, antes de comenzar con el contenido, me gustaría hacer una serie de agradecimientos. Esta monografía se encuadra en el marco de varios proyectos: en primer lugar, en el proyecto JC-2022-050025-I financiado por MICIU/AEI/10.13039/501100011033 y por la Unión Europea NextGenerationEU/PRTR. BDNS: 663054. Componente C17. Línea de inversión I04, a través de un contrato "Juan de la Cierva". En segundo lugar, también forma parte del proyecto "Vulnerabilidad intrafamiliar y política en el mundo antiguo" (VIPMA), concedido por el Ministerio de Ciencia e Innovación; por último, también se encuadra en el proyecto "Romanas y Vikingas: El estudio de la mujer en dos sociedades históricas", financiado a través de una ayuda Xan de Forcados del Centro de Investigación Interuniversitario das Paisaxes Atlánticas e Culturais (CISPAC). Debo agradecer, asimismo, el apoyo institucional a las Universidades de Vigo y Santiago de Compostela, así como al *School of History, Classics, and Archaeology* de la Universidad de Edimburgo, donde el borrador de este trabajo empezó a tomar forma.

En una nota personal, quiero mencionar también a mis supervisoras pre y pos doctorales Ana Suárez Piñeiro y Susana Reboreda Morillo; así como a los distintos supervisores y supervisoras de estancias, sobre todo a Sandra Bingham de la Universidad de Edimburgo.

Por último, me gustaría recordar aquí el apoyo de mi familia (como para las mujeres imperiales, son esenciales tanto la de nacimiento como la política), de mis amigas (mención especial para Clara, Cris y Tamara, quienes me han soportado en las buenas y en las malas), así como de mis compañeros académicos (especialmente a Rubén, Vanesa, Nerea, María, Iria y Carlos). Por supuesto, debo recordar el apoyo especial de Belinda Washington (no la actriz) y de Gustavo Hervella.

Este libro es por y para todo ellos y ellas pero, sobre todo, para Samuel.

16

Capítulo 01
Mujer y poder a finales de la República: ideal de género vs. realidad social

Los autores de la antigüedad han transmitido una imagen tergiversada de distintos personajes históricos. La caricaturización fue llevada a extremos inverosímiles, sobre todo, en el caso de las mujeres, con estereotipos que también llegan a nuestros días a través de la cultura y los medios de difusión. Así pues, tradicionalmente se ha transmitido una visión de las mujeres que formaron parte de la casa imperial romana definida por términos absolutos de bondad o maldad.

No obstante, los estudios de género han mostrado que la luz con la que una mujer del pasado es iluminada por las fuentes depende en gran medida de los estereotipos asociados a su género en su época, así como de la capacidad o voluntad de esta para someterse a dichos estereotipos[1]. Al mismo tiempo, también sabemos que los estereotipos de género no son una realidad inmóvil, sino que tiende a cambiar con la sociedad y que, al menos en Occidente, ello está limitado por un contexto enormemente dominado por los discursos patriarcales[2].

Con la intención de reexaminar la figura de las mujeres imperiales, se analizará el papel desempeñado por estas en el juego político, prestando especial atención a los estereotipos de género aplicados en el momento y al sometimiento de las protagonistas de esta obra a los mismos.

Sin embargo, debemos tener en cuenta que estas mujeres tomaron un papel protagónico en la sociedad entre aquellas de su mismo género por una necesidad de sus familiares masculinos, como se plasmará más adelante. Es por eso por lo que esta obra pretende entender los puntos de encuentro entre el estereotipo y la transgresión de género, pero no como un intento de subversión social por parte del elemento fe-

---

1 Joshel 1995; Fagan 2002; Milnor 2005; López Gómez 2024b.

2 Macrae *et al.* 1996: 10-13; Schneider 2004: 15; Courrier y Ménard 2012: 15; Haines *et al.* 2016, Haines, Deaux y Lofaro 2016; Bhatia y Bhatia 2021; Merma-Molina *et al.* 2022; Gilhaus 2022: 1-2; Priyashantha *et al.* 2023a; 2023b.

menino. Las transgresiones que se exigieron a estas mujeres estuvieron motivadas desde un poder dominado por el elemento masculino. Así pues, esta es una historia sobre las relaciones de género y poder, entendido este último tanto como el desequilibrio de poder entre los sexos, como como poder político.

La cuestión de la relación entre las mujeres y el mundo de la política y el poder en la Roma antigua es un asunto complicado que se ha abordado ampliamente. Desde la plena aceptación de las opiniones misóginas de los autores antiguos a la actual crítica de fuentes se ha recorrido un largo camino en el que el feminismo y los estudios de género han tenido una enorme influencia[3]. Hoy en día se tiende a aceptar que la información extraída a través de las fuentes literarias ilustra más sobre la mentalidad de descriptor, sobre su percepción de las cosas o sobre su realidad social que sobre una determinada "verdad definitiva" acerca del descrito. No obstante, este tipo de fuente sigue siendo preciosa para obtener una imagen sobre la percepción de la mujer y sobre aspectos relativos a la evolución de los prejuicios y transgresiones de género a lo largo de la historia.

Así pues, la cercanía de las mujeres al poder fue ocasionalmente percibida por los autores como un elemento peligroso que amenazaba con usurpar el poder masculino[4]. En este sentido, ciertas actitudes femeninas fueron descritas como transgresiones de género mejor o peor asimiladas dentro de un nuevo sistema político qué para su estabilidad y mantenimiento a lo largo del tiempo necesitaba de la participación femenina[5]. Esta relación entre poder, mujeres y narrativa histórica no se entiende, no obstante, sin atender a la situación social de las mujeres de la élite en los momentos inmediatamente anteriores al cambio de régimen, pues, como se verá, fue la propia construcción social de la élite la que sentó la base de la posición a desarrollar por las mujeres que pertenecían a la familia gobernante.

En este sentido, a lo largo de la historia romana la relación de las mujeres con el poder estuvo intrínsecamente relacionada y limitada por un estereotipo que parece mantenerse estable a lo largo del tiempo[6]: la percepción de la mujer como un ser

---

3 Algunos de los primeros autores que estudiaron a las mujeres romanas desde una perspectiva histórica cayeron en la problemática de tratar las fuentes literarias al pie de la letra (Ferrero 1912; Mullens 1942; Balsdon 1962; Perowne 1974, etc.). Como resultado, en las primeras oleadas de producción científica sobre historia de las mujeres las opiniones misóginas de los autores de la antigüedad fueron transmitidas, consolidando el estereotipado de ciertos personajes como la Livia intrigante, la Mesalina adúltera, etc. Hubo que esperar hasta finales del s. XX para encontrar obras que realizasen una crítica de fuentes que, sin pervertir las experiencias de los autores, fuese capaz de solventar el problema presentado por la caricaturización de los personajes femeninos en las narrativas. Como resultado contamos con una creciente producción científica que aborda distintos aspectos de la vida femenina en la antigüedad, desde la situación jurídica (Treggiari 1991; Rosillo López y Lacorte 2024), económica (Setälä *et al.* 2002) y social (Dixon 1984; Hallett 1984), a elementos más específicos de la relación entre género y poder (Levick 1975; Bauman 1974; Severy 2010; Foubert 2010; Cenerini 2012; Boatwright 2021, entre otros).

4 Santoro L'Hoir 1994; Fischler 1994.

5 Corbier 1994; 1995; Severy 2000.

6 Milnor 2005: 27; Foubert 2011: 39; Hemelrijk 2015: 1-2.

eminentemente doméstico[7]. La domus fue el epíteto de lo privado y la *res publica* de lo público. La definición latina de público y privado está estrechamente vinculada con aquello que es parte del gobierno del Estado y aquello que está privado de la participación en el gobierno[8].

En la Roma antigua las mujeres fueron consideradas ciudadanas, pero sin el derecho a participar en la vida público-política de la ciudad (Ulp. *Dig.* 50.17.2; Liv. 34.7.8). Por la contra, lo que se pretendía de ellas era que se volcasen en la administración del hogar y el cuidado de los hijos. Los epígrafes también dejan unas claras evidencias de las virtudes buscadas en una buena esposa. Esta debía ser: *casta, pudica, pia, domiseda* y *lanifica*[9]. Virtudes que se vinculaban con una sencilla vida doméstica. Por el contrario, no eran infrecuentes los juicios y las condenas contra las mujeres que no cumplían con sus cometidos y generaban algún tipo de sospecha, como las envenenadoras o las participantes en Bacanales[10].

Otras virtudes pueden percibirse en los denominados *exempla*, algunos de ellos elaborados a posteriori, en época imperial. Un ejemplo claro es el de Lucrecia, quien con su sacrificio propició la caída de la monarquía romana cuando esta había degenerado en tiranía (Liv. 1.57.7-10). La leyenda cuenta que, estando reunidos diversos nobles, entre ellos Tarquinio, hijo del rey, apostaron sobre las actividades de sus mujeres y sobre cuál sería más virtuosa. Mientras que la mujer de Tarquinio y sus amigas estaban juntas celebrando un banquete, la sencilla Lucrecia tejía en el atrio de su casa junto a sus esclavas. Tarquinio se vio tan cautivado por la virtud de Lucrecia, que la violó y las acciones de esta, prefiriendo la muerte al descredito de su familia, provocaron que los familiares de la muchacha acabasen expulsando la tiranía de Roma.

Otro ejemplo sustantivo es el de Virginia, a quien su padre prefirió ver muerta antes que explotada por el tirano Apio Claudio (Liv. 1.44-50) o el de la vestal Claudia, quien demostró su piedad filial al proteger a su padre durante la celebración de su triunfo (Val. Max. 5.4.6). En estos casos las mujeres aparecen estrechamente vinculadas al desarrollo político, precipitando los momentos más significativos de la legendaria historia de los inicios de Roma a través de su virtud y su comportamiento ejemplar. Como se señalaba, son protagonistas pasivas, pues su género no permitía que tuviesen el poder en sus manos.

---

7 Respecto a este punto: Milnor 2005.

8 Como se puede percibir, sobre todo, en las referencias de Vitrubio sobre las casas de los hombres políticos y su relación con los espacios públicos y privados (Vit. *De arch.* 6.5.1-2). Riggsby 1997: 48; Richlin 2021: 28-41.

9 Según los estudios de Cenerini (2009: 33). Una imagen similar también aparece en *CIL* 8.647 y en la *laudatio Turiae* (1.30).

10 Juicio contra las envenenadoras en el 331 a.C.: Liv. 8.18; Val. Max. 2.5.; juicio por el caso de las Bacanales en el 186 a.C.: Liv. 39.8-19; Val. Max. 6.3.7; Cantarella 1996.

20

Este tipo de episodios de protagonismo femenino ejemplar no se terminan en la época legendaria de la Monarquía y los inicios de la República, sino que serán un *continuum* a lo largo de la historia romana. Es también el caso de Cornelia, madre de los Graco. Esta mujer perteneció a la importante familia de los Escipiones por nacimiento, así como a otra relevante *gens*, la Sempronia, por matrimonio. Tras la temprana desaparición de su marido, fue alabada por su estoicismo ante la muerte de sus vástagos, pero también por haber criado sola a un gran número de hijos y rechazar volver a contraer matrimonio, con el objetivo de poder continuar en sus cuidados maternales[11]. De hecho, el ideario político de los hermanos Graco fue asociado a la propia preparación intelectual de la madre.

La historia de Cornelia ofrece una interesante visión sobre los roles por los cuales una mujer podía conseguir la conmemoración de su identidad personal: el matrimonio y la maternidad. Es decir, los roles de género básicos asignados por la sociedad del momento. Después de todo, como esposas las mujeres romanas contaban con la capacidad de establecer vínculos entre las distintas familias nobiliares. A través de los papeles otorgados por la sociedad, la mujer romana tenía la capacidad de construir organizaciones, formar familias y grupos, inspirar lealtad y unir gente a través del respeto hacia el grupo familiar; una capacidad definida por Martínez López como "poder integrador"[12].

Las mujeres de las más importantes familias de la aristocracia eran codiciadas como forma de establecer vínculos políticos entre distintos clanes[13]. Así, por ejemplo, en el libro III de los *Annales* de Tácito (dedicado, sobre todo, a discutir la involucración de las mujeres en la vida pública) se cierra con el funeral público de una notable matrona, Junia. De esta, independientemente de sus hitos vitalicios (de los que solo se menciona que había excluido a Tiberio de su testamento), lo que el autor destaca es sus distinguidas conexiones, sirviendo como enlace entre diversas y notables familias republicanas. Esta fue sobrina de Catón, esposa de Casio y hermana de Bruto (Tac. *Ann.* 3.76). De la notable posición de estas matronas da buena cuenta la instrumentalización de otro funeral, como fue el de Julia, tía de César. Esta Julia estuvo casada con Mario y, pese a la lacra sobre la memoria de este, que se instituyó durante el gobierno de Sila, César utilizó el funeral de su tía no solo para loar sus virtudes, sino para recordar su ilustre linaje, mostrar en la procesión las imágenes fúnebres de los Mario y, en suma, para dar un impulso a su propia carrera política (Suet. *Caes.* 6).

Los vínculos familiares permitían la transmisión de la influencia social y política entre generaciones. El capital social de una mujer de una destacada familia aristocrática era, por lo tanto, enorme. Así podemos entender la insistencia de Terencia, esposa

---

11 Análisis de la figura de Cornelia como *exemplum* de la maternidad ideal en Daveloose 2023.
12 Martínez López 2012
13 Dixon 1984; Corbier 1995; Hidalgo de la Vega 2003; Cenerini 2009.

de Cicerón, en participar de las decisiones dirigidas a encontrar un buen marido para Tulia, siendo madre e hija perfectamente conscientes de la relevancia social de la única heredera del orador (Cic. *Att.* 5.6.1). De manera opuesta, como ya se comentó, Cornelia, famosa madre de los Graco, hija de Escipión Africano, rechazó numerosas ofertas de matrimonio (incluyendo una de Ptolomeo VIII de Egipto), manteniéndose *univira* a la muerte de su marido (Plut. *TG* 1.4). Su probada fertilidad la habría convertido en una envidiable pareja, pero más aún su estatus y la capacidad de emparentar con las familias de los Escipiones y los Graco, la habrían definido como el mejor partido para hombres de la aristocracia que quisiesen afianzar sus aspiraciones a las altas magistraturas

21

En consecuencia, eran las mujeres quienes mantenían el poder entre las mismas familias, llevando a la acuñación del término *nobilitas* para aquellas que podían presumir de contar con un cónsul en su árbol genealógico[14]. El matrimonio de una mujer de la *nobilitas* con un hombre externo a ella suponía la posibilidad de acceder a escenarios sociales anteriormente vedados, como sucedió con Mario tras su matrimonio con Julia *Caesaris* (Plut. *Mar.* 6.2)

Dentro de estas relaciones familiares las mujeres obtuvieron una capacidad de intervención, una influencia, fuera de los mecanismos tradicionales. Sus opiniones eran tenidas en cuenta y respetadas debidamente[15]. En un contexto político en el cual gran parte de las decisiones de Estado se tomaban en el interior de las casas de los individuos, las mujeres ganaron capacidad de agencia. Al mismo tiempo, ellas eran las que permitían la continuación del cuerpo cívico, especialmente si se tiene en cuenta que los hijos al nacer tomaban el estatus de la madre. Una mujer de la aristocracia podía producir ciudadanos romanos por si sola, mientras que esto mismo no era posible para los varones[16]. En consecuencia, pese a su teórica vinculación con el mundo doméstico, la realidad sociopolítica de la Roma tardorepublicana puso a las mujeres aristocráticas en una posición de enorme influencia.

En otros grupos sociales la vinculación de lo femenino con lo doméstico tampoco era un ideal que se pudiese mantener en la vida diaria. Era habitual, sobre todo para las mujeres de extracción más humilde, verse obligadas a trabajar fuera de la morada particular o a ocuparse de los asuntos de sus esposos u otros miembros de la

---

14 La definición actual de *nobilitas* es de Gelzer 1969. Otros autores posteriores trabajaron sobre el término, como Brunt 1982 y Richardson 2017 (entre otros). En todo caso, incluso aquellos que eran clasificados como *novi homines*, solían descender de familias que habían tenido cargos políticos que no fuesen curules (Brunt 1982: 9), por lo que el núcleo de familias entre las cuales se movía el poder realmente era bastante reducido.

15 Dixon 1983; Cluett 1998: 72; Cortés Tovar 2005; Hillard 1992: 39; Incluso Cicerón (*Att.* 15.11.2) da plena normalidad a los intentos de Servilia por influenciar a su hijo, Bruto.

16 Pues el hijo nacido fuera del matrimonio asumía automáticamente el estatus de la madre y, si esta era libre, era ciudadano libre (Gai. 1.88-89; Ulp. 5.10; *Dig.* 1.5.5.2; *P.S.* 2.24.1); de hecho, la ciudadanía solo podía ser transmitida por parte paterna si la madre también la detentaba: Chatelard y Stevens 2016: 32.

familia. Así, por ejemplo, Treggiari trata a través de la evidencia epigráfica algunos de los oficios más habituales para mujeres[17]. Si bien aquellos relacionados con las tradicionales actividades femeninas (sobre todo los relativos a la producción y reparación de vestimenta, así como la gestión de tabernas y locales dirigidos al consumo de víveres) eran los más frecuentes, lo cierto es que en estos casos la domesticidad entraba en colisión con las necesidades de la vida productiva.

Así pues, a finales de la República, las mujeres se ocupaban de la vida profesional y de asuntos de negocios no solo dentro de la protección de la *domus*, sino también en otros lugares públicos como el foro, donde eran habituales las idas y venidas de mujeres que paseaban o que regentaban tiendas en la zona[18]. En este sentido, el propio Séneca notaba las discrepancias entre los ideales morales de feminidad y la verdadera vida que algunas mujeres llevaban (*Ben.* 1.9.4).

Esto mismo es válido para las mujeres de la élite. Entre otras actividades, estas solían encargarse de los asuntos económicos de los maridos cuando estos estaban fuera de Roma. Aunque las reuniones y discusiones con los clientes y socios tuviesen lugar en el interior de la *domus*, sus consecuencias excedían claramente los límites de la morada privada. Así, por ejemplo, Terencia se ocupó de ciertos asuntos económicos de Cicerón durante la ausencia de este, incluyendo no solo las cuestiones pertinentes a la *domus*, sino también intentando mejorar la precaria situación de la pareja, haciendo para ello uso de sus fondos personales[19]. También Octavia, durante la estancia de Antonio en Atenas y Alejandría durante el Segundo Triunvirato tuvo que hacerse cargo de los asuntos y clientes de su marido (DC 50.20.1; Plut. *Ant.* 54). Este tipo de acciones son respetadas por los autores de la antigüedad, mostrando la colisión entre ciertos estándares presentes en las mentes de los intelectuales y los requerimientos de la vida real, aceptados por la sociedad.

Esta aparente desconexión entre ideal y realidad social ha sido puesta en conexión con los cambios socioeconómicos resultado de la profesionalización de la guerra y la extensión del tiempo pasado por los hombres fuera de los hogares[20]. Así pues, los *exempla* y la exaltación de aquellas mujeres con una vida doméstica ideal sería una reacción a la realidad social de la propia época de los autores[21].

---

17 Treggiari 1979.

18 Boatwright 2011: 108; 112.

19 Cic. *Fam.* 14.1.4-4.4. Para un análisis detallado sobre las acciones de Terencia durante el exilio de Cicerón: Dixon 2015.

20 Cenerini 2009: 49-ss.; Culham 2004: 133; 135.

21 Los autores hacen referencia a los buenos tiempos del pasado, vinculándolos a una recta moralidad y con ello al mantenimiento del control sobre las mujeres, entendida esta como un elemento benéfico que mantendría a Roma alejada de las guerras civiles (Dio Hal. 2.24-26.1; Liv. *Pref.* 9).

Estos cambios, resultado de la profesionalización de la guerra, han sido tradicionalmente relacionados con tendencias que dirigieron a una mayor independencia femenina sobre todo en lo que a asuntos económicos se refiere, por ejemplo, con la generalización del matrimonio *sine manu* hacia finales de la República[22].

En el matrimonio *cum manu*, la esposa pasaba de la potestad de su padre a la de su marido, mientras que en el *sine manu*, era la familia paterna la que mantenía la custodia, lo cual también repercutía en la conservación de la dote durante el matrimonio. Dentro del patrimonio *cum manu*, el esposo controlaba la propiedad que su esposa tuviese o pudiese heredar[23]. En el matrimonio *sine manu* el marido era responsable de las propiedades que recibiese de la familia de su mujer como parte de la dote, pero no podía obrar a libre voluntad[24]. De esta forma, la propiedad estaba más protegida en caso de divorcio y ofrecía mayores posibilidades a la mujer para organizar sus propios asuntos si esta enviudaba o quedaba huérfana[25].

Los cambios sociales también se han relacionado con una cierta invectiva contraria a las conductas consideradas transgresoras por parte de las mujeres, siendo uno de los mejores ejemplos al respecto el episodio sobre la derogación de la *lex Oppia* en la narrativa de Tito Livio (34.1-7). Este episodio informa sobre los roles y actitudes considerados aceptables e inaceptables para las mujeres a inicios del gobierno de Augusto (momento en que se redacta la obra). La historia de Tito Livio muestra la reacción de los intelectuales a una supuesta crisis moral y de las costumbres (Pref. 9).

En conexión con este principio desarrolla su narración sobre la derogación de la *lex Oppia*. Esta ley fue promulgada en el 215 a.C. en lo álgido de la Segunda Guerra Púnica para limitar la riqueza y las muestras de ostentación entre las mujeres de la aristocracia. Su intención principal fue la de aliviar la crisis social y económica que Roma afrontaba en el momento, pero se conservó por motivos sociales y no económicos. Tras la derrota de Cartago, el mantenimiento de la medida perdió su lógica, sobre todo cuando las riquezas conquistadas con la guerra comenzaron a afluir hacia la Urbe.

La derogación de la ley es especialmente significativa en la narrativa de Livio ya que esta fue causada no solo por la medida dirigida por Valerio, sino también por la acción de un número de mujeres sin cara ni nombre, quienes tomaron las calles y las casas de los tribunos para abogar en su propio favor[26]. La referencia al papel social de las mujeres también es perceptible a través de los argumentos de los contendien-

---

22 Sobre esto: Saller 1984: 196; 1986: 76; Dixon 1985b: 163; Treggiari 2002: 30-34; Hin 2013: 289.

23 Gel. *NA* 17.6; Clark 1981: 203

24 Rawson 1986: 17-19.

25 Hallett 1984: 59, n.33.

26 Milnor 2005: 161; Liv. 35.1.5.

24

tes en el debate. Catón afirmaba que, si las mujeres quedan liberadas de los lazos de leyes como la Oppia, pronto serían incontrolables por los hombres y que "tan pronto como se conviertan en nuestras iguales, serán inmediatamente nuestras superiores" (Liv. 34.3.3). Los argumentos expresados en este episodio son presentados por Livio como forma de mostrar la severidad de Catón, pero al mismo tiempo dan idea de que no era solo el lujo femenino lo que se consideraba que estaba en juego, sino la pérdida del rigor y de la moderación en las costumbres que dictaban un lugar discreto y doméstico para las mujeres. Una moderación que, aparentemente, se había perdido en el momento en que las mujeres decidieron tomar la calle como forma de acción política[27].

Así pues, el lujo de las mujeres y su protesta son presentados como elementos transgresores, pero la implicación de todas las ellas en el altercado y la final derogación de la *lex Oppia* por decisión de los hombres, determinaron que una cierta visibilidad pública femenina fuese tolerable. No obstante, en las mentes de los intelectuales tardorepublicanos, este tipo de medidas fueron ilustrativas de la decadencia de la sociedad romana, al suponer la crisis en el sistema de valores.

En todo caso, para finales del periodo republicano, dentro de la aristocracia romana se reconocía la preeminencia social femenina en su capacidad como madres y esposas para formar vínculos políticos y como generadoras del cuerpo cívico. Al mismo tiempo, esa centralidad de sus personas suponía su capacidad de influencia en temas políticos a través de sus familiares masculinos. La participación de las mujeres en la conservación del Estado supuso que se les concediesen ciertos ornamentos que elevaban la posición de las esposas senatoriales[28], hasta el punto en que se definieron como un grupo social propio u *ordo matronarum*, un elemento que siguió siendo central para la vida sociopolítica de Roma, bien entrado el Imperio[29]. No obstante, sus acciones debían ser discretas y su capacidad de agencia tener lugar en contextos plenamente femeninos o dentro de las paredes de la domus.

En consecuencia, pese a una mayor capacidad de agencia para las mujeres a finales del periodo republicano, sancionada en algunas narrativas, también se marcaron los límites de lo que fue considerado aceptable en cuanto a su vinculación o acción política. Los casos de Hortensia y de Fulvia son ilustrativos al respecto. Estos reflejan un cierto grado de incomodidad sobre los roles femeninos y la prominencia de las mujeres en la vida pública[30]. Los dos episodios tratan la directa implicación femenina en asuntos de gobierno, no ya a través de la mediación de sus familiares masculinos.

---

27 Milnor 2005: 162.

28 El episodio que habría llevado a la concesión de esta distinción social es el de Veturia y Volumnia, familiares de Coriolano, quienes fueron capaces de convencerlo para que no atacase Roma (Liv. 2.39-40; Val. Max. 5.4).

29 Webb 2024a; Webb 2024b.

30 Liv., 34.1-8; 34.7.8-9; Culham 2004: 136; Boatwright 2021: 13.

Estos son presentados como casos extraordinarios en un momento de crisis, en el cual se invierten los estándares de género[31]. Los autores informan sobre cómo esta inversión fue un peligro considerado latente.

Por un lado, Hortensia, hija del orador Hortensio, representando a las matronas romanas, apeló a los triunviros en el foro para pedirles que anulasen la orden de someter a las mujeres más ricas a una tributación especial para sostener su guerra.

> "Hortensia vero Q. Hortensi filia, cum ordo matronarum gravi tributo a triumviris esset oneratus nec quisquam virorum patrocinium eis accommodare auderet, causam feminarum apud triumviros et constanter et feliciter egit: repraesentata enim patris facundia, impetravit ut maior pars imperatae pecuniae his remitteretur. revixit tum muliebri stirpe Q. Hortensius verbisque filiae aspiravit, cuius si uirilis sexus posteri uim sequi voluissent, Hortensianae eloquentiae tanta hereditas una feminae actione abscissa non esset" (Val.Max. 8.3.).

> "Por su parte Hortensia, la hija de Quinto Hortensio, en vista de que los triunviros habían impuesto un oneroso tributo a las matronas y ningún varón se atrevía a asumir su defensa en juicio, accedió a defender a las mujeres con firmeza y éxito ante los triunviros. Con una elocuencia calcada de la de su padre, logró que la mayor parte de las cargas impuestas a las mujeres fueran devueltas. Volvía por tanto Quinto Hortensio a la vida en la persona de su hija y le infundía su verbo. Si sus descendientes varones hubiesen procurado continuar aquel vigor, el gran legado de la elocuencia de Hortensio no habría perecido con este solitario alegato de una mujer".

Aquí Hortensia es presentada como una figura respetable. En ello influye que se la consideró una continuadora de la labor de su padre, hasta el punto de que sería él quien hablase a través de ella (*revixit tum muliebri stirpe Q. Hortensius verbisque filiae aspiravit*). Al mismo tiempo, la labor de Hortensia no fue totalmente disruptiva de los roles de género, pues, en un primer momento, habría recurrido a la mediación femenina a través de las esposas y madres de los triunviros. Valerio considera que, en el momento en que estas fueron rechazadas, tuvieron una base sólida para presentarse ante los hombres, en un contexto urbano ampliamente masculinizado[32].

Sin embargo, cuando Valerio habla de otras oradoras no lo hace con tanto respeto. Mesia de Sentino y Afrania no solo no son respetadas, sino descritas con palabras tan crudas como *androgynen* o *mostrum* (Val. Max. 8.3.1-2). Estas mujeres, según Valerio, no tenían ningún motivo para intervenir en público por sí mismas, lo cual

31 Milnor 2005: 186-238.
32 Deminion 2020.

convirtió sus acciones en inexcusables desde el punto de vista masculino[33]. De esta forma podemos entender los canales habituales por los cuales discurría la influencia femenina y cómo, solo en casos extraordinarios, era lícito recurrir de forma directa a instancias públicas consideradas superiores. En general, el ejercicio de influencia por parte de las mujeres debía ser discreto[34].

Un caso abiertamente criticado por los autores es el de Fulvia, mujer de Marco Antonio. Esta ya había sido vituperada por Cicerón en un intento de atacar la imagen de su marido[35], pero el culmen de la denostación llega con su participación en la guerra de *Perussium*. Octavio tuvo la responsabilidad de asentar a los veteranos de las legiones en dieciocho colonias a lo largo de Italia. Las fuentes transmiten que, inquietos por las repercusiones que el plan de Octavio pudiese tener sobre Antonio, su hermano y esposa animaron a las tropas de este último a no olvidar a su general, al mismo tiempo que recibían en Roma a los campesinos desposeídos que estaban en contra del plan de reasentamiento. El desarrollo de los acontecimientos habría llevado hasta la guerra de Perugia en la cual Fulvia habría llegado a arengar a los soldados.

"ἐφοβήθη τε ὁ Καῖσαρ μὴ καὶ σφαλῇ τι, καὶ καταλλαγῆναι τῇ τε Φουλουίᾳ καὶ τῷ ὑπάτῳ ἠθέλησεν. ἐπειδή τε οὐδὲν ἰδίᾳ καὶ καθ᾽ ἑαυτὸν προσπέμπων σφίσιν ἐπέραινεν, ἐπὶ τοὺς ἐστρατευμένους ὥρμησε καὶ δι᾽ αὐτῶν τὰς συναλλαγὰς ἔπραττεν. ἐκεῖνοι δὲ τούτοις ἐπαιρόμενοι καὶ τοὺς στερομένους τῆς χώρας προσποιούμενοι, Λούκιος μὲν πανταχόσε συνιστάς τε αὐτοὺς καὶ ἀπὸ τοῦ Καίσαρος ἀποσπῶν περιῄει, Φουλουία δὲ τό τε Πραινέστε κατέλαβε καὶ προσεταιριστοὺς βουλευτάς τε καὶ ἱππέας ἔχουσα τά τε ἄλλα πάντα μετ᾽ αὐτῶν ἐβουλεύετο, καὶ τὰς παραγγέλσεις ὡς ἑκασταχόσε ἐχρῆν ἔπεμπε. καὶ τί ταῦτα θαυμάσειεν ἄν τις, ὁπότε καὶ ξίφος παρεζώννυτο καὶ συνθήματα τοῖς στρατιώταις ἐδίδου, ἐδημηγόρει τε ἐν αὐτοῖς πολλάκις; ὥστε καὶ ἐκεῖνα τῷ Καίσαρι προσίστασθαι" (DC 48.10.2-4).

"César temió que la situación fuera a peor y quiso llegar a un acuerdo con Fulvia y el cónsul. Pero, puesto que nada conseguía en el ámbito privado enviándoles intermediarios por iniciativa propia, recurrió a los veteranos y a través de ellos buscaba acuerdos con Fulvia y Lucio. Estos estaban envalentonados ante la actitud de César y, además, se estaban ganando a los que habían sido desposeídos de sus tierras: Lucio iba por todas partes reorganizándolos y quitándoselos a César. Y Fulvia ocupó Preneste, donde tenía senadores y caballeros que le eran adictos, y allí planeaba todo con ellos y enviaba instrucciones a todas partes donde era necesario. ¿Por qué se iba a sorprender alguien de esto, si ella llevaba una espada

---

33 Deminion 2020. Sobre el tema de las oradoras en la República: Marshall 1990; Cluett 1998; Morrell 2024; Van der Blom 2024.

34 Hillard 1992: 41.

35 Sobre todo, en las Filípicas: 2.11; 2.48; 2. 77; 2.95; 2.113; Delia 1991; Welch 1995; Virlouvet 2001; Myers 2003; Schultz 2021.

ceñida a la cintura, daba consignas a los soldados y muchas veces les dirigía arengas? Así pues, con todo aquello se afrentaba a César".

Dion transmite una imagen peyorativa de Fulvia por haber traspasado las barreras de un terreno al que no pertenecía, tomando una actitud puramente masculina y aprovechando la ausencia de su marido, es decir, transgrediendo las barreras impuestas por el género. Así pues, se ofrece una visión contrapuesta a la aceptable influencia femenina que entra, más bien, en el campo de la usurpación del poder, una preocupación que parece haber sido constante para los autores del Alto Imperio. Las mujeres imperiales desarrollaron sus actividades en una complicada frontera en la cual se les exigirá tomar una posición pública, pero no demasiado transgresora, pues la cercanía a la fuente de poder o la plasmación de la intervención de la *domus* en los asuntos de la *res publica* causarían que fuesen siempre sospechosas de intentos de usurpación.

En suma, esta es la situación vigente a finales de la República e inicios del Imperio: se registra la existencia de unos ideales y estereotipos de género que no se identifican con la realidad social de la gran mayoría de mujeres romanas. La inquietud que esta situación provoca se ve reflejada en los escritos de los autores que, aunque solían preferir dejar los asuntos femeninos de lado, en ocasiones se ven obligados a registrarlos bien dentro de lo socialmente aceptable para las mujeres de la época, bien como una transgresión, como algo contrario a las *mores*.

De esta forma, una actitud femenina demasiado libre fue considerada como una de las causas de la crisis de la República. No solo las mujeres, sino también los familiares que permitieron que se perdiese el decoro y que fallaron en la vigilancia sobre la familia y sobre las prácticas religiosas, fueron culpados (Liv. *Pref.* 9). En consecuencia, Augusto se presentó a sí mismo como la única persona capaz de reestablecer la paz y el orden, incidiendo precisamente sobre la pérdida de las antiguas costumbres y la necesidad de una restauración moral. El resultado fue el reforzamiento de los antiguos roles de género a través de una activa política de propaganda, que incluyó a las propias familiares de los emperadores y la creación de un papel para la mujer imperial, la cual debía moverse cuidadosamente entre la necesidad de participación en la vida cívica y el no salirse de los patrones establecidos.

Capítulo 02
Mujeres, maternidad y poder a inicios del Principado

2.1 Introducción

Para entender el cambio que se dio en los roles de género desde inicios del Principado, así como la creación de funciones institucionales para las mujeres, es necesario introducir brevemente el contexto histórico del momento. Cabe tener en cuenta por separado el periodo augusteo por darse un primer momento de diálogo entre el *princeps* y la sociedad sobre la posición y funciones a desarrollar no solo por sus más allegados, sino también por las mujeres de lo que pasará a denominarse *domus Augusta*[36]. En este sentido, la posición de la mujer en este periodo estuvo elementalmente vinculada a la maternidad, pues se buscó una mayor visibilización femenina para legitimar la línea dinástica descendiente de Augusto. Así pues, aquí se inauguró una época de mayor presencia pública femenina vinculada a los valores de la maternidad que, junto al testamento de Augusto y la posición que le otorgará a su viuda, sentaron las bases para las generaciones de mujeres venideras[37].

Para entender el protagonismo de las mujeres y, en general, de la familia de los emperadores en el Alto Imperio hay que explicar, aunque sea sucintamente, cómo se gestó el cambio de modelo político y cómo, pese a no desaparecer, el sistema republicano se convirtió en monarquía. Pues de una tendencia dinástica propia de las monarquías derivó, en consecuencia, el protagonismo dado a las mujeres y la relación de estas con el poder político.

---

36 Ov. *Fast.* 1.532; 702; 721; 6.810; *Trist.* 1.2.101; 3.1.41; 4.2.10; *Pont.* 2.1.18; 2.2.49-74; 3.3.87; 4.6.20; 4.9.109; Severy 2010: 62-75. .

37 Cid López 1997; Hidalgo de la Vega 2003; Cenerini 2009; López Gómez 2022a.

2.1.1 Contexto histórico del paso de la República al Principado

Es complicado resumir todos los acontecimientos que llevaron de la República al Imperio, pero es necesario presentar una esquemática transición para entender la relevancia que los hechos políticos tuvieron sobre los cambios sociales en esta época.

En primer lugar, cabe resaltar que, pese a que se aluda repetidamente al cambio de sistema, este se da en cuanto al control del poder ejecutivo por parte de un solo hombre. No obstante, en teoría este no puede acaparar todo el poder, ya que, al fin y al cabo, la República no desaparece como tal. No hay un final de la República que, en teoría, se mantiene hasta la desintegración del Imperio en el 476 a.C. En consecuencia, gran parte de las maniobras políticas que en adelante se describirán se llevan a cabo con la intención de mantener el estado romano a flote y, al menos aparentemente, inmutable. Los cambios constitucionales introducidos por Augusto tenían la misión última de hacer que nada mudase, por paradójico que pueda sonar.

Así pues, las maniobras a las que se recurrió en los últimos decenios de la República fueron ideadas para acabar con la inestabilidad en la que Roma se había sumergido durante los anteriores cien años (Liv. *Pref*). Roma como concepto político se sumió en una crisis socio-política a partir de la Segunda Guerra Púnica, que lleva a una sucesión constante de guerras civiles.

A grandes rasgos, se puede afirmar que la crisis fue una consecuencia de la inadaptabilidad del sistema de gobierno de una *polis* al gobierno de un imperio, junto a una crisis social general ante las distintas actitudes en cuanto a la introducción y asimilación de las culturas extranjeras, sobre todo de los influjos provenientes de Grecia y del oriente helenístico[38]. El sistema colegiado, ideado desde sus orígenes como una forma de paliar los peligros de la tiranía monárquica, acabó llevando a una mayor rivalidad entre familias, facciones y colegas en las magistraturas.

En semejante contexto, los intentos de César por acumular el poder en las manos de un solo individuo se encontraron con la tradicional oposición latina no solo hacia la monarquía sino hacia cualquier tipo de cambio[39]. No obstante, aquellos que se opusieron a César y, finalmente, llevaron a su muerte, no ofrecieron ningún tipo de alternativa a su modelo político. La consecuencia directa fue que la muerte de César solo provocó una nueva contienda civil, en este caso entre los "cesaricidas" y aquellos que pretendían vengar al dictador.

---

38 Es imposible citar todo lo que se ha escrito sobre la crisis de la República romana. Algunos títulos incluyen: Seager 1969; Gruen 1995; Meier 1997; Suárez Piñeiro 2004; Von Ungern-Stenberg 2014; Belonick 2023, entre otros. Esta crisis se deja sentir en distintas áreas, desde el punto de vista moral (Mitchell 1984), pasando por cambios *ad hoc* en el sistema de magistraturas para conseguir la supervivencia del sistema (Evans 2016), incluyendo una crisis económica (Collins y Walsh 2015; Jack 2016), entre otros.

39 Gruen 1995; Flower 2014; Osgood 2018.

El éxito de Octavio fue negociar con la aristocracia de tal forma que consiguió hacer pasar la sumisión ante la monarquía como una continuación de la realidad constitucional tradicional[40]. Este era sobrino de César, hijo adoptivo a través de su testamento. Cogió el testigo de su padre adoptivo y fue bien recibido por las clases populares romanas e itálicas gracias al carisma heredado del dictador[41].

A partir de este momento se dan los primeros ejemplos de glorificación dinástica a gran escala. El propio César ya había sentado las bases que permitirían honrar a los mortales como dioses a través del carisma emanado de su propia posición personal[42]. Si bien ya en la República la honra de las familias de la nobleza se había exaltado a través de elementos simbólicos como los funerales públicos o las acuñaciones monetarias que hacían referencia a las largas dinastías políticas y sus antecedentes divinos[43], Octavio fue un paso más allá, llegando a la divinización de César y la construcción de un templo, junto a otros honores póstumos[44].

Ante la gran popularidad del hijo de César, Marco Antonio, no tuvo más opción que entrar en una alianza (después de los iniciales desencuentros), a la que también se sumó Emilio Lépido, dando lugar al Segundo Triunvirato. Este fue instituido con la intención de dar solución a los principales problemas que amenazaban la *res publica*, en un principio para un periodo de cinco años, posteriormente prorrogado, durante el cual debían hallar la solución a la crisis y, llegado ese momento, deponer el poder de tipo extraordinario[45].

El Triunvirato, pese a las intenciones de inicio, no atajó los problemas de la República, sino que llevó a una época de persecución con las proscripciones, así como a diversas guerras civiles. En un primer momento se declaró una guerra contra Sexto Pompeyo y, luego, contra Egipto (formalmente) en lo que acabó siendo el desencuentro final por el poder absoluto[46].

---

40 Galinsky 1996

41 Marco Antonio y Octavio intentaron usar la carismática imagen de César para su propio interés, siendo Octavio el vencedor en esa batalla (App. *B Civ.* 3.9-ss).

42 Suet. *Caes.* 6.1; Ramage 1985; White 1988. Hay cierto debate sobre si los planes para la consagración de César ya estaban en marcha antes de su muerte: Gesche 1968; Alföldy 1973. En todo caso, aún en vida, César había recibido honores que lo situaban por encima de los mortales (Cic. *Phil.* 2.43.1; Weinstock 1971: 364-ss).

43 Zanker 1992: 66.

44 Suet. *Caes.* 88; Koorbojian 2013 (entre otros).

45 Hay distintas teorías sobre si el poder se deponía de manera automática al llegar al límite de tiempo establecido (Kromayer 1888; Korneman 1905; Syme 1939: 278; Grant 1969: 416; De Martino 1974: 98-ss.) o si, en caso de hallar la solución a los problemas antes de la culminación del periodo, se esperaría a que los triunviros depusiesen sus poderes (Coli 1953: 405-408; Hurlet 2008: 228-230; Lange 2009: 58-59; Vervaet 2009: 46-ss; López Gómez 2021: 39-40; López Gómez 2021: 39-40; 2023: 225-226).

46 La guerra contra Sexto Pompeyo se declaró oficialmente contra los piratas (*mare pacavi a praedonibus RG* 25.1), en otro movimiento de la oficina de propaganda de Octavio. Las referencias a la guerra contra Antonio y Cleopatra son más parcas en palabras. De manera general, Augusto afirma que condujo guerras

La batalla de Accio en el 31 a.C. se considera de manera oficial como el momento de toma de la totalidad del poder por parte de Octavio, siendo el 27 a.C. con el "regreso a la normalidad constitucional", donde habitualmente se coloca el inicio del Principado como etapa histórica[47].

32

En apariencia, Octavio no aspiró a cambiar de forma radical el sistema político o, al menos, no abiertamente, sino que los movimientos que se sucedieron tras el 27 a.C. lo llevaron a establecer una fachada de normalidad tras la que se ocultó el inicio de un sistema monárquico, hereditario y dinástico.

Una característica que marcó los movimientos políticos de Augusto a lo largo de su vida será el uso de elementos de la antigua tradición romana, acordes al *mos maiorum*, empleados de una forma novedosa en beneficio de su posición personal. Así pues, la nueva situación constitucional se basó en los poderes básicos del sistema político romano. En el 27 a.C. Augusto, tras haber depuesto el año anterior los poderes extraordinarios del triunvirato, recibió un *imperium proconsulare* por diez años con la finalidad de terminar de pacificar las provincias mientras que, en Roma, mantenía su posición como cónsul[48]. Debido a los problemas e inquietudes que entre la élite ocasionaba el que uno de los puestos de cónsul estuviese permanentemente ocupado, en el 23 a.C. renunció al consulado y tomo la *tribunicia potestas* que, en la práctica, le permitía mantener una posición de primacía en la ciudad[49].

Es decir, la situación de Augusto es constitucional porque no crea un poder nuevo, sino que se aprovecha de las características de los ya existentes, de ahí su afirmación en las *Res Gestae* sobre no haber tenido más poder que ninguno de sus colegas[50]. En la práctica, la acumulación de poderes, el carisma heredado de César, junto a su enorme fortuna lo situaban en una posición de primacía que no podía ser disputada[51].

Así pues, los desencuentros bélicos internos se frenaron por la imposibilidad de otros aristócratas de contender por el poder imperial que concentraba Augusto. No obstante, la posición de este era puramente personalista, construida para sí mismo con

---

contra enemigos internos y externos (*Bella terra et mari civilia externaque toto in orbe terrarum suscepi RG* 3.1) y que entregó Egipto al pueblo romano (*Aegyptum imperio populi Romani adieci RG* 27.1).

47 Como aparece en las acuñaciones de la época: *LEGES ET IVRA P R RESTITVIT* (Rich y Williams 1999; Mantovani 2008). Según el propio Augusto: *rem publicam ex mea potestate in senatus populique Romani arbitrium transtuli* (*RG* 34.1).

48 DC 53.12.1-2; Strab. 17.3.24-15. Augusto también habría afirmado que devolvería dichas provincias al Senado y al pueblo en caso de que fuese capaz de pacificarlas antes de esos diez años (DC 53.13.1).

49 DC 53.30.1-3; 53.32.3-5; Suet. *Aug.* 27.10; *RG* 10.

50 *Post id tempus praestiti omnibus dignitate, potestatis autem nihilo amplius habui quam qui fuerunt mihi quo que in magistratu conlegae. RG* 34.3.

51 López Gómez 2021: 83-84. Para una explicación sobre los debates historiográficos al respecto de los poderes de Augusto: López Gómez 2023.

la intención de atajar los problemas del momento. Esta se legitimó a través de la pro-paganda, se creó una mística alrededor de la *pax Augusta*, la renovación religiosa y moral y el *Saeculum Aureum*, elementos usados para justificar su primacía dentro de la cosmovisión del momento y dejar de lado los errores del Triunvirato[52]. No obstante, a la larga, cuando él desapareciese, si la ventana de poder se abría al gran público, los desencuentros podían volver a sucederse.

2.1.2. Mujeres de la familia de Augusto y vinculación política

En relación a toda esta mística augustea y a la necesidad de garantizar una sucesión dentro de la familia como forma de controlar el poder, se desarrolló una posición de influencia para ciertas mujeres. En consecuencia, la vinculación de la mujer con el poder en esta época estuvo directamente relacionada con las ambiciones de Augus-to y las necesidades de la propaganda imperial. Como se verá, las grandes protago-nistas de la época son Octavia, su hermana, Julia, su hija, y Livia, su esposa. A la larga se comprueba la continua presencia de una personalidad femenina destacada junto al emperador, intercambiando de forma indistinta a cada una de estas mujeres en función de las necesidades del nuevo poder imperial. También se pone de manifiesto que la posición que cada una de ellas detentó estuvo estrechamente relacionada con su faceta como madres y, al mismo tiempo, como exponentes últimos de virtudes fe-meninas dentro de las nuevas políticas del gobierno imperial. Por último, el desarrollo de la posición femenina en época de Augusto sentó las bases para la posición de la *Augusta*, contrapartida femenina no oficial del *pater patriae*.

El tema que en adelante se presenta es complicado, sobre todo si se tiene en cuenta la necesidad de conocer las distintas personalidades que conforman el árbol genea-lógico julio-claudio. Para poder llegar a una comprensión profunda sobre la relevancia política y dinástica del género en los primeros años del Principado se deja de lado, a partir de este punto, la exposición lineal en sentido diacrónico, para abordar de forma más clara la función de las mujeres imperiales como representantes de la ideología y la mística augusteas y, por otro lado, de su papel jugado dentro del asentamiento del sistema dinástico. No es la intención de este trabajo, por lo tanto, realizar una expo-sición detallada de los datos biográficos de todas las mujeres protagonistas en este momento, sino entender sus acciones en conjunto en una visión más amplia de la historia. No obstante, para no perdernos en los detalles, cabe hacer una breve alusión a las personalidades a las que se aludirá de ahora en adelante.

Como ya se señaló con anterioridad, las principales protagonistas del momento son aquellas que formaron parte de la *domus* de Augusto, aunque no siempre residiesen en la misma morada. Entre estas se encuentra Octavia, hermana de Augusto, hija de

---

52 Zanker 1992: 201-ss.

Cayo Augusto Turino y su segunda esposa, Atia de los Balbos, sobrina de Julio César (Suet. *Aug.* 4.1). Tras un primer matrimonio con C. Marcelo, del que nacieron tres hijos (Suet. *Caes.* 27.1; 29; DC 40.59.4; Plut. *Ant.* 31.2), se desposó con el triunviro Marco Antonio en el marco de una serie de matrimonios políticos (Liv. *Per.* 127.6; Vel. 2.78.1; Tac. *Ann.* 1.1; DC 48.31.3-4). Esta unión produjo dos hijas (las Antonias) que tuvieron gran protagonismo en la historia de la dinastía julio-claudia.

Por otro lado, Livia, esposa de Augusto, convertida en *Iulia Augusta* a la muerte de este es, posiblemente, la gran protagonista del momento. Casada en primeras nupcias con T. Claudio Nerón (Suet. *Tib.* 4-5), madre de Tiberio y Druso, contrajo matrimonio con Augusto, ayudando a elevar su posición entre las antiguas familias patricias[53]. Livia adquiere un lugar predominante en la propaganda imperial sobre todo al convertirse Tiberio en sucesor y tras la muerte de Augusto.

Julia la Mayor, única hija de Augusto, ejemplifica a la perfección la política matrimonial dentro del clan julio-claudio. Fue sometida a una serie de matrimonios con la intención de producir herederos para Augusto[54]. Después de su enlace con su primo Marcelo, se desposa en segundas nupcias con M. Agripa (DC 54.3.5), con el que tuvo tres hijos y dos hijas. Tras el fallecimiento de Agripa se casó con Tiberio (Vel. 2.95; DC 54.31.2), pero cayó en desgracia tras ser hallada culpable de adulterio con una serie de hombres de la nobleza en el 2 a.C. Fue desterrada y nunca más regresó a Roma[55].

Los hijos e hijas de estas tres mujeres tendrán gran protagonismo para la restante historia julio-claudia, llevando a cabo una serie de matrimonios endogámicos con los que darán lugar a los restantes emperadores de la dinastía; pero esos asuntos serán abordados más adelante.

2.2 Mujeres imperiales, sociedad y maternidad a inicios del Principado

La vuelta a la "normalidad republicana" a partir del 27 a.C. significa una aparente moderación en las formas monárquicas del nuevo régimen de Augusto, al menos en sus primeros años de andadura. Previamente, durante la crisis del Triunvirato, las mujeres habían conseguido un protagonismo que no volvieron a retomar hasta finales del periodo augusteo.

---

53 Suet. *Aug.* 22.2; Barrett 2004: 22.

54 Hidalgo de la Vega 2003: 53; Domínguez Arranz 2010: 155-156; Cid López 2018: 138.

55 Tac. *Ann.* 1.53; Suet. *Aug.* 65.2-3; Sen. *Ben.* 6.32.1; DC 55-10-12; Plin. *HN* 21-9. Discusiones historiográficas sobre los crímenes de *adulterium* en la casa imperial como elementos profundamente enraizados en la intersección entre género y poder en: Joshel 1995; Fagan 2002; López Gómez 2024b; en prensa.

En el 35 a.C, en pleno desencuentro personal entre Octavio y Marco Antonio, a las mujeres de la familia del primero, Octavia y Livia, se les concedió una serie de honores poco habituales. Estos incluían la erección de imágenes públicas, la liberación de la tutela y la *sacrosanctitas* de los tribunos de la plebe (DC 49.38.1). Las dos últimas concesiones parecen ser parte esencial de la guerra de propaganda del momento, en la cual Antonio aparecía como el "mal esposo" que había desdeñado a una buena matrona como era Octavia, quien fue presentada como una "buena mujer"[56]. Antonio la había abandonado por la reina egipcia, Cleopatra.

En este contexto, la liberación de la tutela facilitó que Octavia pudiese disponer libremente de sus medios (aunque rechazase divorciarse de Antonio), mientras que la *sacrosanctitas* de los tribunos permitía que cualquier ataque contra su persona fuese punible. La inclusión de Livia en estos honores parece motivada por la necesidad de no plantear esta concesión como un elemento especialmente dirigido hacia Octavia, sino que al tratarse de dos mujeres se pretendía que la maniobra pareciese menos impropia, dada la extrema infrecuencia de los honores para estas[57].

La leyenda dictaba que las acciones de Veturia y Volumnia, al convencer a Coriolano de no atacar Roma, habrían sido las que propiciasen que el Senado concediese una serie de privilegios a las matronas: elementos para su movilidad por la ciudad, adornos de oro y púrpura en sus vestimentas (Val Max. 5.2.1). En ese caso, la acción de dos mujeres era la que había llevado a que se premiase en su totalidad al *ordo* de las matronas. El conjunto de mujeres también fue premiado por su sacrificio para la ofrenda de Apolo Délfico en el 395 a.C. (Liv. 5.25.9) y por el pago de un rescate a los galos, para el cual usaron sus joyas (Diod. Sic. 14.116.9). Ciertamente, en comparación, era poco habitual que dos matronas como Octavia y Livia recibiesen honores nominativos.

La erección de estatuas públicas también fue un aspecto extraordinario ya que, hasta este momento, no era frecuente que las mujeres fuesen representadas en público. Solo se conocen a través de las fuentes literarias cuatro casos previos en los cuales matronas fuesen premiadas con el honor de una estatua. La mayoría de ellos presentan tintes claramente legendarios. Estos incluyen la estatua de Taracia Gaia, quien habría regalado el campo que bordea el Tíber al pueblo (Plin. *HN* 34.11.24); la de Cloelia, quien habría guiado hacia la libertad a rehenes tomados por Porsenna (Liv. 2.13.6-11), o la de Claudia Quinta, quien logró desencallar una estatua de Magna Mater del lecho del Tíber gracias a su pureza (Val. Max. 1.2.11; Tac. *Ann.* 4.64). Todas estas mujeres habían realizado gestas que debían funcionar como *exempla* para

---

56 Esta imagen ideal de Octavia es especialmente predominante en las descripciones de Plutarco, quien la contrapone a Cleopatra: Plut. *Ant.* 31; 35; 53.2; 54.

57 Purcell 1986; Flory 1993: 294.

otras mujeres. Estas debían poner su *virtus* al servicio del Estado a través de obras heroicas, al mismo tiempo que mantenían su castidad.

36 Además de estos casos legendarios, hay una estatua femenina de época republicana de la que se ha comprobado su veracidad. Cornelia, madre de los Graco, recibió el honor de una estatua pública tras su muerte. De esta, se conserva la basa con su dedicatoria (*CIL* 6.10043). Plutarco (*CG* 4.2-5) recoge que este honor póstumo fue un premio a la moderación, compasión y acción benéfica de Cornelia sobre sus hijos, usando como ejemplo su influencia para convencer a Cayo de perdonar a Marco Octavio. Sea real o una reconstrucción, este episodio entroncaba con la exaltación e idealización de las virtudes femeninas en época de Augusto[58].

Es en relación a la estatua de Cornelia cómo mejor se comprende la concesión del 35 a.C.[59] Cornelia había actuado como padre y madre de sus hijos e hijas tras la muerte de su marido. Ella se encargó de la socialización de los niños, una responsabilidad propia del padre, lo que, junto a su numerosa prole, la convirtió en el epítome de matrona[60]. Del mismo modo, los autores presentan a Octavia como madre de cinco hijos, que pese a ser abandonada por su marido, también se encargó de los hijos de este. Al igual que Cornelia fue viuda a una joven edad, encargándose ella sola de la crianza[61]. En la memoria popular, Cornelia se relacionó con la obra de sus hijos y en época de Augusto se promovió el mismo tipo de vinculación entre Octavia y Marcelo[62]. A diferencia de la gran mayoría de notables figuras femeninas, nunca hubo una corriente contraria a la oficial que pudiese crear un retrato distinto al de la devota matrona romana.

En esta época también se forja el relato sobre Livia como amante esposa que viaja con su marido incluso a las zonas en riesgo[63]. No obstante, la imagen de esta era necesariamente más complicada y resultaba más difícil presentarla como una encarnación de ciertos valores femeninos, al haberse esposado poco antes con Octavio cuando todavía estaba embarazada de su segundo marido, tras un apresurado divorcio[64]. No obstante, una vez Augusto llegó al poder y, sobre todo, a su muerte, se consagró una imagen de casta matrona romana, devota madre y esposa, que habría

---

58 Dixon 2007; Roller 2018: 197-ss. Secundariamente, puede que Cornelia fuese usada como elemento ideológico en la búsqueda de expresar los lazos entre Escipiones y Sempronios en un momento de crisis posterior a su muerte, como fue la guerra contra Yugurta. Cornelia, dado que era una mujer y, además, popular por las virtudes de las que hizo gala a lo largo de su vida, era un elemento de consenso, siendo demasiado arriesgado rescatar la memoria de los hermanos Graco en este punto (Daveloose 2023: 460).

59 López Gómez 2024a.

60 Daveloose 2023: 449-450.

61 Plut. *Ant.* 35.5; 53.2; 54.2.

62 Ov. *Ars Am.* 1.69-70; Woodhull 1996.

63 Suet. *Tib.* 6.1-2.

64 Suet. *Aug.* 62.2.

criado a gran cantidad de niños en su casa[65]; también siguiendo la estela marcada por el ejemplo de Cornelia[66].

Así pues, aunque en su conjunto los honores tributados a Octavia y Livia no tienen precedente en la historia anterior y se encuadran en medio de la lucha de propaganda entre Octavio y Antonio, lo cierto es que ensalzan ciertos aspectos tradicionalmente vinculados a la feminidad. Ellas habían desarrollado unas gestas de puertas aden-tro de su casa que podían ser igualadas a las acciones públicas de las mujeres de los legendarios orígenes de Roma. Así pues, pese a la transgresión de la norma en el momento en que se conceden honores públicos y masculinos a mujeres, estas concesiones se hacen en reconocimiento de logros vinculados a la maternidad y a los roles femeninos de cuidado de los hijos. Como se verá, estas ideas se introducen en la propaganda no solo por la necesidad de crear una dinastía, sino como parte de la cultura augustea de propagación de un ideal de vida tradicional y basado en las *mores*. Las mujeres imperiales fueron *exempla* en vida para las restantes matronas vinculadas a un ideal de domesticidad[67].

No obstante, este tipo de honores para mujeres no vuelven a darse hasta la muerte de Augusto. La época del Triunvirato fue retratada como un momento de excepcio-nalidad constitucional en los relatos de la Antigüedad, plagado de acciones también excepcionales. El protagonismo femenino para este periodo (no solo de Octavia y Livia, sino también de otras mujeres como Hortensia y Fulvia), fue destacado en los relatos para poner de manifiesto lo transgresivo del momento haciendo hincapié en las temáticas y escenarios domésticos. La crisis política y militar había sido de tal calado que lo privado se había convertido en público[68]. Con la vuelta a la normalidad republicana del 27 a.C. dicha situación también debía invertirse.

Así pues, se puede percibir un cambio en la manera de representar a Augusto y a su familia, quien pasa de ser *divi filius* a *princeps Senatus*. Después del énfasis puesto en la divinización de César[69], la finalización de sus obras públicas y la construcción de su templo[70], desde el 27 al 23 a.C. el protagonismo del divino antepasado decreció en gran medida[71]. Durante los primeros años de su gobierno constitucional no recla-mó una posición de preeminencia basada en la descendencia de César, sino en ser el primero entre sus pares.

---

65 DC 58.2.3. Entre estos, los futuros emperadores Calígula (Suet. *Cal.* 10.1) y Galba (Suet. *Gal.* 5.2.), así como el abuelo del emperador Otón (Suet. *Oto.* 1).

66 López Gómez 2022a

67 Milnor 2005.

68 Milnor 2005: 186-235.

69 *RIC* 23. 253.

70 DC 51.22.

71 Severy 2010: 49.

En una línea similar, en el tiempo que va desde el inicio del Segundo Triunvirato y hasta el 28 a.C. se iniciaron proyectos constructivos que reflejan el culto a la personalidad, como el mausoleo o el templo a Apolo dentro de la casa del propio Octavio[72] (DC 53.1.3). En el periodo que sigue, las construcciones puestas en marcha serán obras públicas al servicio de la ciudadanía y la restauración de templos (*RG* 19-21; Suet. *Aug.* 29), con el objetivo de alcanzar una nueva *pax deorum*. Augusto no fue conmemorado ya a través de grandes obras, sino con la corona cívica y los laureles colocados en su casa (*RG* 34; Plin. *NH* 36.7).

En consonancia con esta nueva normalidad, las mujeres de la familia de Augusto no aparecieron en las ceremonias del momento. Solo los varones pudieron tener presencia pública entonces, como Tiberio y Marcelo que acompañaron a Augusto en el triunfo (Suet. *Tib.* 6.4.). En general, el papel público de la familia del emperador como una forma de transmitir poder a un sucesor no está aquí presente.

Augusto se presentó también como restaurador de las antiguas costumbres, elaborando una legislación que criminalizaba prácticas consideradas dañinas para el Estado como el adulterio; al mismo tiempo que impulsaba el matrimonio y la producción de hijos. En suma, una visión tradicional de la mujer y de la familia, en la cual esta estaba íntimamente ligada a la domesticidad[73]. En este contexto, no se encuentra mención alguna a las mujeres de su familia entre el 35 y el 23 a.C. De forma notoria, Octavia, Livia y Julia están ausentes en las referencias a la principal de las ceremonias celebrada en la época.

2.2.1 Las *leges Iuliae* y la formación de un ideal de comportamiento femenino
El año 23 a.C. aparece especialmente señalado en las fuentes literarias debido a diversos acontecimientos que tuvieron lugar. Por un lado, Augusto se repuso de una enfermedad que había amenazado su vida. No obstante, su posible sucesor, Marcelo, no lo logró (DC 53.30). En ese mismo año se descubrió una conjura que amenazó el poder imperial, pero que, con su derrota, hizo que este saliese más reforzado[74]. De estos acontecimientos y de las medidas tomadas para consolidar el poder imperial sobre esas fechas[75], se desprende, o se ha querido entender tradicionalmente, que el poder de Augusto se consolidó, lo que le permitió desarrollar los aspectos más destacados de su legislación[76].

---

72 López Gómez 2025.

73 Milnor 2005; Severy 2010: 53-54.

74 Sobre la conjura de Cepión y Murena: McDermott 1941; Swan 1967.

75 Aunque Augusto depuso el consulado, que había tenido de forma ininterrumpida desde el año 23 a.C., recibió en su lugar la *tribunicia potestas* de forma vitalicia y la posibilidad de no deponer el *imperium* al traspasar el *pomerium* (DC 53.22.5).

76 Ferrary 2014.

Se justificó que las guerras civiles se habían dado por una crisis general, pero no en el terreno político, sino en el moral y social. Entre esos problemas se encontraban cuestiones religiosas y, sobre todo, familiares. La superioridad moral romana había entrado en decadencia al olvidar los antiguos usos y costumbres (las *mores antiqui*)[77]. Se había detectado una crisis dentro de la familia tradicional romana, relacionada con el matrimonio y la producción de hijos legítimos (o más bien la falta de ellos), así como en la perversión moral que suponía el adulterio. Para solucionar esos problemas, Augusto no solo asumió la censura para revisar las listas del Senado y de los caballeros (Suet. *Aug*. 27.5), sino que también legisló de forma acorde y novedosa, poniendo a la familia, y con ella a las mujeres, en el centro del debate político, y difuminando las barreras entre lo público y lo privado.

Desarrollo de las Leges Iuliae

A partir del 18 a.C. el adulterio es convertido en un crimen público a través de la *lex Iulia de adulteriis coercendis*. De esta manera, pasa a ser juzgado por una *quaestio perpetua* de *adulterium* y *stuprum*. Era responsabilidad de los familiares masculinos más cercanos (el padre o el esposo) denunciar a una mujer adúltera. En ausencia de una denuncia de la propia familia, cualquier ciudadano podía proceder. El adulterio debía, por lo tanto, ser perseguido por toda la sociedad. En caso de ser hallados culpables, los adúlteros eran relegados a islas distintas. La mujer perdía la mitad de su dote y la tercera parte de sus propiedades; su compañero perdía la mitad de su propiedad (PS 2.26.14).

Dentro de la misma ley también se codificaba que el padre pudiese matar a su hija y al amante si los encontraba en su casa, en *flagrante delicto*. Si era el marido el que mataba a los adúlteros, el adulterio se consideraba como un atenuante del crimen[78]. La mujer, por su parte, no tenía ningún tipo de derecho contra un marido adúltero[79].

Además de legislar sobre el adulterio como un crimen, en el mismo año otra ley establecía el matrimonio como una obligación sino para toda la sociedad, sí para aquellos pertenecientes a las clases altas. La *lex Iulia de maritandis ordinibus* y la *lex Papia et Poppaea* establecían la obligatoriedad del matrimonio, los beneficios para aquellos que cumpliesen con la normativa y las penas para los que no lo hiciesen (*Dig*. 23.3.44). También prohibía los matrimonios entre clases, al prohibir a los senadores y descendientes en la línea masculina el matrimonio con gente considerada infame (esencialmente actores, prostitutas, libertos, etc. *Dig*. 23.3.44).

---

77 Galinsky 1996.

78 *Dig*. 48.5.39.8; *CJ* 9.9.4; Bauman 1996: 32-33; Cantarella 1991: 234.

79 Jacobs 2015.

40

Este tipo de legislación solo se entiende en el marco del anteriormente mencionado clima de crisis, en el cual el descuido de las tradiciones y los ritos habrían abocado a la civilización al desastre[80]. La solución debía impactar de forma directa sobre la vida de los ciudadanos. Así pues, el estado civil de una persona y el número de hijos determinaba su estatus en la sociedad. La descendencia se convertía en una obligación de la ciudadanía y en parte del deber cívico[81]. De forma acorde, la producción de ciudadanos fue la gran responsabilidad de las matronas. No obstante, el control de su sexualidad también quedaba ligado a la salud del Estado. Se reforzaba así la vinculación ideológica entre la feminidad y valores como *castitas* y *pudicitia*. Paradójicamente estas leyes que pretendían poner coto a las acciones de algunos hombres y mujeres que actuaban *contra morem*, tuvieron el resultado de poner a la mujer, familia y el espacio doméstico en el centro de la vida pública[82].

En consecuencia, la familia imperial se convirtió en modelo de comportamiento y virtud, y las mujeres, aun vinculadas a lo doméstico, recibieron un papel público en relación a estas facetas. Según los autores clásicos, las leyes fueron rechazadas por la sociedad y las sucesivas protestas llevaron a la limitación de ciertas acciones a través de la *lex Papia et Poppaea* (Suet. *Aug.* 34). En este contexto de protesta, se hacía necesario que Augusto se pusiese a sí mismo y a su familia como *exemplum*. Así, ciertos relatos que llegan a nuestros días sobre su conducta aparecen enormemente marcados por este supuesto tradicionalismo (Suet. *Aug.* 64).

Por tanto, la vinculación de las mujeres de su familia con la maternidad y la vida doméstica fue un elemento necesario para justificar una sucesión dinástica y un instrumento al servicio de la nueva política social imperial. En consonancia con el discurso político, el perfil de las mujeres de la familia imperial fue más discreto en las primeras décadas del Principado. Se puede percibir que no hay menciones a mujeres como Octavia o Livia en el acto de sanción de las reformas de Augusto. Los *ludi Saeculares* fueron entendidos no solo en el tradicional sentido de cambio de época o de siglo, sino también como la inauguración de la nueva era de Augusto, marcada por la paz y la prosperidad. En esta serie de ceremonias se concedió un papel central a las matronas, es decir, a las mujeres casadas de alta cuna; estas hicieron sacrificios y celebraron banquetes (*CIL* 6.32323.100-110; 134-138). En el segundo día de las celebraciones 110 matronas cantaron el himno a Juno Regina (*CIL* 6.32323.123-132). No se menciona la presencia explícita de las mujeres imperiales, aunque su alto estatus habría provocado que su asistencia fuese obligada.

En suma, las mujeres de la familia de Augusto se mantuvieron en un discreto segundo plano durante el periodo en el cual se forjó el nuevo sistema y se buscó la

---

80 Treggiari 1991: 211.

81 Severy 2010: 53.

82 Milnor 2005.

aceptación social. Cuando estas mujeres volvieron a tomar un cierto protagonismo en la escena pública, lo hicieron vinculadas a valores sociales tradicionales que vertebraron la política augustea de orden y restauración.

2.2.2 El evergetismo femenino y la idealización de la maternidad

Dado el carácter público del Principado, del *princeps* y de todo lo que con él se relacionaba, algunas de las intervenciones femeninas sí se salieron ligeramente de la norma, aunque, como como se comentaba, siempre con alusiones a los valores ideales conectados con las mujeres. Es el caso de las actividades constructivas, entendidas como actividades evergéticas. Las mujeres imperiales se encontraban en una posición privilegiada desde el punto de vista económico, lo que hacía que pudiesen contribuir con obras al bienestar del pueblo, que, al fin y al cabo, eran un elemento más de la propaganda imperial[83]. Teniendo en cuenta las distintas leyes que regulaban la riqueza de las mujeres, las familiares de Augusto tuvieron que recibir permiso para usar su patrimonio.

Como ya se indicó, Livia y Octavia fueron liberadas de la tutela en el 35 a.C. En el 9 a.C., Livia recibió el *ius trius liberorum* como consolación tras la muerte de Druso (DC 55.2.5). Tras la muerte de Augusto tuvo que ser dispensada de la *lex Voconia* para recibir el legado de su esposo (DC 56.32.1). No hay demasiados detalles para las siguientes mujeres imperiales, pero estas poseyeron grandes cantidades de esclavos e hicieron uso libre de sus recursos económicos, lo que demuestra que pudieron ser dispensadas de este tipo de leyes sobre el patrimonio[84].

Esta liberación de las leyes de control de la riqueza femenina es un dato que apunta a una tendencia a la acumulación de capital por parte de aquellos que estaban en el círculo estrecho del emperador, incluidas las mujeres[85]. Estas no eran las únicas mujeres ricas, pero su proximidad al poder político y su pertenencia a familias eminentes solía situarlas en una posición de gran influencia. Así pues, Livia y otras mujeres imperiales parecen haber gozado de independencia en los asuntos económicos[86]. También parece que sus posesiones eran de tipo diverso y que incluían tanto esclavos como propiedades fundiarias[87]. Su posición privilegiada también las convertía en receptoras de regalos y esclavos de reyes clientes [88].

---

83 Severy 2010: 137; 142; Hãaninen 2016: 208.

84 Sobre los esclavos de las mujeres imperiales: Weaver 1972: 63-64. Para otras dinastías: Helena 1976; Champlin 1983, entre otros.

85 Así, por ejemplo, se considera que Livia fue de las mujeres más ricas de su época (Barrett 2004: 174).

86 Hãaninen 2016: 204.

87 *CIL* 10.8042.41.60; Plin. *NH* 34.3-4; Weaver 1972; Treggiari 1972.

88 Así, por ejemplo, Livia recibió esclavos de Salomé y dinero de Herodes: Joseph. *AJ* 18.2.2; 146. 190; *BJ* 2.9.1; Severy 2010: 151.

42

Volviendo al terreno del evergetismo, como ya se señaló, Augusto en su política de restauración del Estado emprendió un programa de construcción en la ciudad de Roma. Se erigieron y restauraron edificios y templos y se emprendió un programa constructivo que vinculaba a Augusto y su familia con la Ciudad (Suet. *Aug.* 29). Como parte de la familia y siendo mujeres economicamente privilegiadas, estas también contribuyeron en el proceso.

No era habitual que las matronas participasen en grandes proyectos constructivos, siendo más frecuente que se reflejase su intervención en pequeñas restauraciones en templos, ya que el religioso era un terreno especialmente ligado a lo femenino[89]. A las mujeres imperiales se las vinculó con este tipo de restauraciones religiosas[90], pero también con algunos edificios seculares. Entre estos, los más populares fueron los pórticos de Livia y de Octavia[91]. Las intervenciones de las mujeres en este ámbito tuvieron tal entidad que algunos autores entienden que su patronazgo sobre la arquitectura se convirtió en una extensión de su papel dentro del nuevo sistema[92].

No obstante, como ya se señaló, la vuelta a la normalidad republicana exigía una posición tradicional y fundada en los valores domésticos para las mujeres, aunque fuesen de la familia de Augusto y, por ello, desarrollasen un papel institucional. Por este motivo, tanto los edificios religiosos como seculares en los que las mujeres participaron como benefactoras tuvieron claras vinculaciones con las virtudes ideales femeninas y la maternidad. Puede verse de forma clara en el *porticus Octaviae*.

La construcción del *porticus Octaviae* se inició en el año 23 a.C. y relacionó a la hermana de Augusto con su papel como madre de un posible sucesor para el *princeps*, Marcelo. Después de todo, las obras se iniciaron en el año de su edilidad, aunque tuvieron que ser culminadas por su madre en solitario, dada su temprana muerte. El *porticus* se inauguró el mismo año en que Augusto dedicó el teatro de Marcelo[93]. Parece que fue Octavia en solitario quien tomó la responsabilidad del acto, aunque, inicialmente, la idea habría sido que madre e hijo lo hiciesen de forma conjunta[94].

---

89 Por ejemplo: Webb 2024c.

90 Las restauraciones religiosas de las mujeres de la familia de Augusto (sobre todo de Livia) incluyen: el altar a Concordia (Ov. *Fast.* 6.637-640; DC 55.8.1), el templo de *Bona Dea Subsaxana* (Ov. *Fast.* 5.157-158; Coarelli 1995: 352) o el de *Fortuna Muliebris* (*CIL* 6.883; Val. Max., 1.8.4; 5.2.1; Coarelli 1993: 144).

91 Otras edificaciones incluyen el mercado de *porta Esquilina* o el *macellum Liviae* (*LTUR* 3; Ov. *Fast.* 6.635; Sen. *Ep.* 15.3.42; De Ruyt 1983: 166; Purcell 1986: 89.).

92 DC 55.8.1; Ov. *Fast.* 6.637-640; Flory 1984: 309-311; Woodhull 2003: 23; Cenerini 2016: 27.

93 DC 54.26.1; Richardson 1978: 62.

94 Plut. *Marc.* 30.6. Si Livia inauguró su pórtico acompañada por Tiberio (Ov. *Fast.* 6.637-640), la intención original habría sido que el *porticus Octaviae* fuese inaugurado por la propia Octavia y por Marcelo, ya que se había concebido como un proyecto entre madre e hijo (Ov. *Ars Am.* 1.60-70).

Estos elementos, sumados a la decoración del complejo con arte vinculado a las mujeres y a sus roles como madres se habrían usado para resaltar la conexión entre el pórtico y los ideales de feminidad, estando la maternidad entre estos[95].

La edificación y la contribución de Octavia, aunque debió tener repercusión en su época y formar parte de la campaña de propaganda del momento, no tiene demasiado protagonismo en las fuentes literarias y aquellos autores que más tarde reflejaron el acontecimiento confundieron la autoría, atribuyéndosela a Augusto (Suet. *Aug.* 29.4; DC 54.23.6). Curiosamente, los autores más cercanos a los acontecimientos sí acreditan la autoría de Octavia (Ov. *Ars Am.* 1. 66-72; Strab. 5.3.8), con lo cual se puede entender que debió de ser un elemento integrante de la propaganda del momento. Que una mujer contribuyese a la construcción de un complejo de tamañas dimensiones era, no obstante, ciertamente transgresivo, lo que puede explicar que los autores posteriores descartasen la participación de Octavia[96].

2.2.3 El *Ara Pacis* y los roles femeninos

También transgresivos fueron algunos acontecimientos que tuvieron lugar a partir del año 12 a.C., cuando se detecta una progresiva introducción de las mujeres en la vida pública. Estas actuaron, en cierta forma, como representantes del emperador y de la familia romana. Así pues, cuando el Senado dedicó el *Ara Pacis* en honor de Augusto, se inauguró la representación de las mujeres imperiales junto a sus familiares masculinos en Roma.

En los relieves de los laterales del monumento se representó una procesión de los principales exponentes de la *res publica*, tanto políticos como sacerdotes. A mayores de los dignatarios, los restantes individuos representados fueron las mujeres y los niños de la familia de Augusto, siendo estas vinculadas con el ideal de la *pax Augusta*.

El monumento también hacía referencia a la fecundidad traída al territorio bajo control romano gracias a la nueva paz[97], lo que convirtió a las mujeres en representantes del mensaje imperial. Al mismo tiempo, su presencia junto a los niños retrataba a la gens Iulia como una familia con numerosa prole y al cargo imperial como un oficio con vocación de continuidad[98]. En esta misma época se introdujo en la vida pública a Cayo y Lucio, nietos de Augusto y posibles sucesores (DC 54.26.1-2; 55.9.1; 55.10.6-

---

95 La presencia de la estatua de Cornelia, que habría sido resituada en este edificio, así como otros elementos artísticos conectaban ideológicamente la obra con las virtudes maternales. La basa de la estatua fue descubierta durante las excavaciones en las inmediaciones del edificio (Plin. *HN* 34.31; Pellegrini 1861; 1879; Lanciani 1878; Coarelli 1978: 13-28; Kajava 1989: 119-132). Para más detalles sobre el concepto de maternidad durante la era de Augusto: McAuley 2016: 28-116; Hug 2023.

96 Boatwright 2021: 186.

97 Con las representaciones de *Tellus* y de la abundante naturaleza sobre todas las superficies del monumento. Sobre las diversas alusiones presentes en los relieves del *Ara Pacis*: Zanker 1992: 201-ss.

98 López Gómez 2024a.

7). Cuando Augusto actuó con decisión sobre la continuidad del régimen, las mujeres comenzaron a tener más protagonismo como forjadoras de los vínculos entre hombres, como se expondrá más adelante[99].

44

2.3 Las mujeres imperiales y la sucesión: la creación de la *domus Augusta*

Anteriormente se han tratado las distintas etapas en las cuales las mujeres fueron introducidas en la vida pública de Roma, sobre todo como vehículo de la política augustea, la cual también determinó la imagen que estas podían desarrollar ante la sociedad. A continuación, se abordará otro de los roles institucionales desempeñados por las mujeres, como es su intervención en el mantenimiento del sistema imperial en manos de la familia, en suma, en la creación de una dinastía.

Tras el 23 a.C., con la muerte de Marcelo, Octavia desapareció de la escena pública hasta su muerte en el 11 a.C.[100] Marcelo era el familiar masculino más cercano a Augusto y, por lo tanto, un posible sucesor[101]. Pese a la desaparición de su único hijo varón, Octavia seguía siendo madre de otras cuatro hijas que, a su vez, forman distintos enlaces políticos en esta época. Octavia, por lo tanto, no dejó de representar los valores de la feminidad ni de la maternidad ideal. Sí deja de ser, no obstante, de interés en la política dinástica, ante la existencia de otros potenciales sucesores para Augusto.

Esta desaparición fue explicada por los autores de la antigüedad como propiciada por el duelo[102]. Ciertamente es vacuo preguntarse sobre la extensión del dolor de Octavia, pero su desaparición del registro histórico hasta su muerte evidencia que la relevancia de las mujeres en las narrativas es reflejo inmediato de su protagonismo dentro de la propaganda imperial y se vincula a los intereses de esta. Octavia había sido un personaje esencial como forjadora del vínculo político entre Antonio y Octavio primero (App. *B Civ* 5.66; DC 48.31.3; Plut. *Ant.* 31.3; Vel. 2.78.1), después como parte del *casus belli*, al presentarla como encarnación de la *res publica* ultrajada por un romano que había olvidado sus orígenes (Plut. *Ant.* 53.1) y, finalmente, como la virtuosa madre del posible sucesor de Augusto. Pero en el momento que esos papeles se agotaron, dejó de tener importancia dentro del relato.

No así Julia y después Livia, personajes femeninos esenciales durante la restante vida de Augusto. Ellas sirvieron a la maquinaria de propaganda imperial tanto para

---

99 Mujeres como *king makers:* Rutland 1978.

100 El relato histórico se vuelve a centrar en ella en esa fecha por ser honrada con un funeral público: Suet. *Aug.* 61; DC 54.35.4-5.

101 Sobre los indicios que marcaron a Marcelo como posible sucesor: López Gómez 2021: 220-221.

102 Sobre el tema de Octavia y el duelo: Hope 2020.

explicar los vínculos entre Augusto y sus posibles sucesores, como para ejemplificar la política augustea.

2.3.1 Los planes sucesorios de Augusto

Al establecerse en el poder en solitario, Augusto acabó con las guerras civiles. Se autoerigió como *princeps Senatus* y principal detentor de *auctoritas* (*RG* 35). En un terreno más "material", también era el hombre más rico de Roma[103], el personaje con la mayor clientela[104] y el único general de los ejércitos[105]. Al acumular todo este poder, ningún otro hombre de Roma podría disputárselo, impidiendo la repetición de más conflictos civiles.

No obstante, la creación de una posición de líder carismático suponía que, a la desaparición de este líder, todo el sistema podía desmoronarse y que se repetirían los enfrentamientos armados entre facciones[106]. Asegurar que la salvación del Estado no era algo pasajero, suponía también asegurarlo para las siguientes generaciones[107]. En consecuencia, se buscó un sistema de sucesión aceptable para el conjunto de una sociedad cuya idiosincrasia determinaba el odio a la tiranía del gobierno monárquico[108].

Con la persona del propio Augusto ya se había demostrado que el pueblo romano podía tolerar un gobierno de estilo monárquico bajo la fachada de continuidad con la

---

103 A través de la herencia de César, el botín de la guerra en Egipto y otras provincias, legados de ciudadanos privados y reyes extranjeros, etc.

104 Octavio heredó los vínculos de patronazgo de César y, al dividirse el Estado entre él y Antonio, los que se quedaron de su lado pasaron a ser sus clientes. Los partidarios de Antonio a los que perdonó la vida tras Accio también pasaron a engrosar esta lista. Parsi (1963: 4) y Beranger (1961: 150) incluyen en la clientela obtenida por Octavio antes de Accio a todo Occidente a través el juramento de lealtad (*RG* 25; DC 50.6.3-4). Beranger añade que en la República existirían distintas clientelas equilibradas entre sí. Al agrandarse los dominios romanos se perdería esa igualdad hasta llegar al periodo del Imperio, en el cual la clientela de un solo hombre cubriría todo el mundo romano. Aunque es cierto que, tras el ascenso de Tiberio, se sucedieron diversos juramentos de lealtad de todos los estamentos de la ciudad (Tac. *Ann.* 1.7.2), no parece que se pueda afirmar sin más evidencia que la clientela imperial cubriese a todos y cada uno de los habitantes del Imperio. Tiene más importancia el que los lazos de patronazgo del emperador abarcasen a los principales representantes de las clases sociales en Roma, el ejército y los municipios. Estos representantes de las clases sociales tenían a su vez clientes que tenían otros clientes y así el emperador se situaba en la cima de una pirámide que, a través de unos lazos laxos, cubría la totalidad del Imperio.

105 A través de sus disposiciones administrativas sobre las provincias imperiales y senatoriales que acabarán convirtiendo a los militares en sus clientes (Von Premerstein 1937: 22-26; Syme 1939: 394-395).

106 Parsi 1963: 2.

107 La percepción de que solo a través del poder en solitario de un hombre, preferiblemente de la familia de Augusto, se podría mantener la paz, la se puede observar en los sucesos relativos a la conjura de Viniciano y Escriboniano. En el 41 d.C. estos dos hombres intentaron levantar a los ejércitos en contra de Claudio con la promesa de una República restaurada. Los soldados se negaron a seguirles porque ya no creían en esa utopía política y suponían que la vuelta a la República significaba la vuelta a las guerras civiles (DC 60.15.1-3; Suet. *Clau.* 13.1-2).

108 Como se puede percibir en el relato de los acontecimientos que llevaron a la caída de la monarquía en la parte final del libro I de Tito Livio.

República y la división de competencias con el Senado y el pueblo. Por lo tanto, para conseguir una sucesión fructuosa era necesario que las competencias que Augusto había adquirido en vida se transmitiesen a una persona por él elegida.

46   Se puede percibir que se siguió un plan de formación específico a partir de la mayoría de edad de Marcelo y Tiberio, con lo cual la preocupación por la sucesión ya estaba presente desde los primeros momentos del Principado. Así pues, hay una serie de elementos compartidos por la mayor parte de individuos que fueron considerados como posibles "sucesores" en algún momento. Estos individuos tuvieron una formación militar y civil específica, pasando por los distintos rangos y magistraturas de forma acelerada. Para evitar la imagen de monarquía tiránica, se incidió en que los sucesores progresasen por todos esos escalones y que no accediesen directamente a posiciones de relieve como el consulado[109].

No obstante, Augusto no se elevó al poder en solitario basándose únicamente la carrera política. Elementos como la clientela (en la cual también se incluye la militar), al igual que las propiedades privadas, se legaban entre padres e hijos o, en todo caso, entre familiares. Los vínculos de patronazgo no se podían legar por testamento, pero sí pasaban entre parientes a través de la sangre o de la adopción[110]. Un descendiente legítimo de Augusto habría quedado a la muerte de este con una ingente clientela tanto civil como militar, así como con un patrimonio inmenso.

Al mismo tiempo, gran parte de la administración urbana y provincial quedó en manos de los trabajadores (libres y serviles) de la casa del príncipe. Estos también pasarían a depender de sus descendientes legítimos. Por no mencionar que el propio Augusto hacía prestamos de su fortuna al erario (*RG* 27). Aunque la sucesión no se hubiese controlado, cualquier descendiente de Augusto habría adquirido una responsabilidad enorme sobre los asuntos de Estado. No se podía producir, por lo tanto, un retorno a la normalidad republicana[111].

En suma, la posición del *princeps* no podía desaparecer. Con los *ludi Saeculares* en el 17 a.C. se daba inicio a una nueva *aurea aetas* y esta no podía durar la vida de un solo hombre. No es de extrañar, por lo tanto, que esta serie de ceremonias se celebrase tras el nacimiento de Lucio, el segundo de los nietos varones de Augusto, quienes debían dejar sellada la sucesión[112].

---

109 Los pasos de "formación del sucesor" incluían magistraturas y comandos militares asumidos antes de la edad legal marcada por la *lex Villia annalis*. A esto se añadían otros elementos simbólicos como el título *princeps iuventutis*. El paso final sería la concesión de un *imperium* independiente al del emperador, así como de la *tribunicia potestas*. Para un análisis de los cargos y honores disfrutados por los sucesores imperiales de Augusto a Nerón: López Gómez 2022b, tabla 2.

110 Von Premerstein 1937: 267-272; Beranger 1961: 151; Parsi 1963: 4,

111 López Gómez 2021: 272-274.

112 Levick 1972: 779, data el nacimiento de Lucio a inicios del 17 a.C., posiblemente el 29 de enero. Los *ludi Saeculares* tuvieron lugar desde el 31 de mayo al 3 de junio (Zanker 1992: 202). Es cierto que los Juegos

Así se intentó generar la idea de que era necesario que la familia de Augusto estuviese siempre vinculada a la ciudad y a la administración del Imperio, que fuesen generales y benefactores y que no se concibiese el futuro sin su presencia.

Estas ideas, junto a la necesidad de agasajar a Augusto pudieron llevar a ciertos elementos de culto a la personalidad, como la elección de Cayo al consulado en el 6 a.C. (DC 55.9), con solo catorce años. Finalmente, en la vejez de Augusto, este consiguió que tanto las disposiciones de Tiberio como las de los hijos de este tuviesen la misma validez que las del Senado (DC 56.33.1), dando a entender que las opiniones y decisiones de estos eran esenciales para la administración del Estado.

Consecuentemente, la imagen de la familia (en su conjunto o de sus diversos individuos) aparece en elementos como el *Ara Pacis* o en la literatura del momento, con la consagración de la leyenda de la familia Julia a través de la *Eneida*. El programa constructivo de Augusto no hacía más que reforzar este mensaje, con obras como el foro de Augusto con el templo de Marte Vengador[113].

2.3.2 Mujeres imperiales, matrimonio, maternidad y vínculos dinásticos

En este contexto donde no solo la formación sino los vínculos familiares determinaban la sucesión se creó una dinastía donde la influencia de las mujeres como madres fue fundamental.

Al mismo tiempo debe tenerse en cuenta que en la *domus* de Augusto se dio una continua carencia de varones, por lo que la vinculación cognaticia fue usada de igual manera que la agnaticia, privilegiando la descendencia por vía femenina[114]. Incluso en los casos en los cuales se creó una filiación agnaticia artificial por adopción, siempre se eligió a aquellos candidatos que estaban relacionados con Augusto mediante vínculos con las mujeres de su familia. Esta adopción también transmitía al sucesor el carisma necesario para gobernar[115], mientras que la cercanía a la línea de Augusto a través de las mujeres sancionaba esa elección[116].

La política sucesoria de Augusto y la conexión de esta con el desarrollo de estrategias matrimoniales aparece ejemplificada perfectamente con su hija Julia la Mayor. Esta fue sometida a diversos matrimonios con el objetivo tanto de producir sucesores, como de acercar a otros varones a la familia de Augusto. Así, después de la

---

fueron el culmen del proceso de renovación que se inició con la recuperación de las insignias de los partos y las leyes sobre la moral, pero, en todo caso, parece un momento especialmente adecuado, justo tras el nacimiento y adopción de Lucio y su hermano.

113 Sobre el proyecto arquitectónico de Augusto y su conexión con la familia y la sucesión: Zanker 1992: 103-120.

114 Corbier 1994; 1995.

115 Parsi 1963: 25.

116 López Gómez 2022a.

48

muerte de Marcelo fue desposada con Agripa (DC 54.6.5). Augusto adoptó como sucesores a sus dos hijos mayores, mientras que se apoyó en Agripa para el gobierno del Imperio (*RG* 14). A la muerte de Agripa, Julia desposó a Tiberio (Suet. *Tib*. 7.2), a su vez hijo de Livia, esposa de Augusto; en quien Augusto se apoyó para la gestión del Imperio. A la muerte de Cayo y Lucio, Augusto adoptó a Tiberio como sucesor (Suet. *Tib*. 15.2), pasando a desempeñar Livia una posición de especial relevancia como forjadora de los vínculos entre padre e hijo (adoptivo).

Aunque los principales vínculos con motivación sucesoria se orquestaron a través de Julia, lo cierto es que los matrimonios de los familiares de Augusto son notorios por ser de naturaleza endogámica. Así las mujeres de la familia fueron las que orquestaron las conexiones entre sus distintas ramas, siendo centrales a este cometido las hijas de Octavia y los hijos de Livia[117]. En la siguiente generación, los descendientes de estas uniones fueron los protagonistas de otros matrimonios dentro de la familia, como se verá más adelante.

---

117 López Gómez 2022a: 241-242.

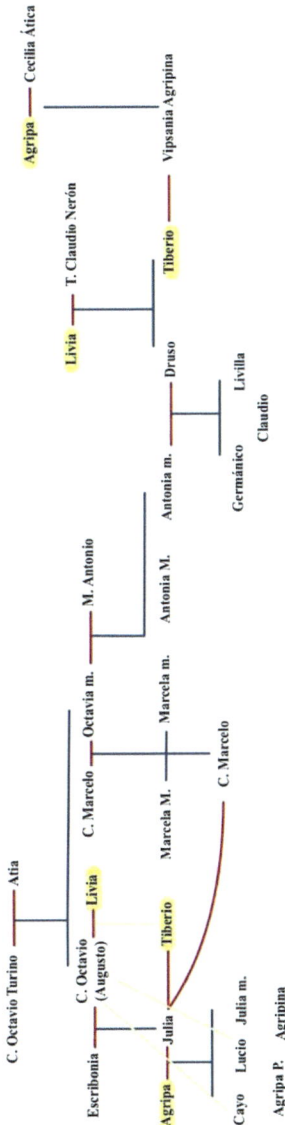

Imagen 1 Vínculos matrimoniales en época de Augusto[118]

118 En la imagen se hace referencia a los vínculos matrimoniales a través de las líneas rojas, los vínculos de filiación con las líneas azules y las adopciones con las amarillas. Se aconseja prestar especial atención a los nombres resaltados, los cuales aluden a personajes que aparecen más de una vez en el árbol genealógico.

Como las mujeres imperiales no pudieron desempeñar cargos oficiales, el matrimonio y la maternidad fueron, por lo tanto, los elementos que las situaron en el centro del relato histórico como urdidoras del porvenir de la dinastía.

50 Esta situación se puede observar con los *omina imperii* relacionados con Livia. El más conocido de estos, narra que, estando Livia en su villa, fuera de Roma, un águila habría dejado caer en su regazo una gallina que portaba una rama de laurel en el pico. Livia plantó el laurel en su finca, a partir de entonces conocida con el sobrenombre de *ad gallinas albas*[119]. De dicho laurel se habrían tomado las ramas para las coronas de los *triumphatores* julio-claudios, mientras que las gallinas blancas se habrían reproducido libremente en la finca mientras la dinastía julio-claudia duró (Suet. *Gal.* 1; Plin. *HN* 15.136-137; DC 48.52.3-4). El poder imperial simbolizado por las gallinas, junto a las proezas militares que portaron aquellos, quedaban unidos a través de Livia y sus descendientes en esta narrativa fruto de la propaganda imperial[120].

La relevancia de la maternidad como elemento dinástico vinculado al poder está claramente plasmada en los honores tributados a Livia en el 9 a.C., cuando muere su hijo, Druso. Este, fallecido a una temprana edad, hubiese sido de capital importancia en el proceso de sucesión[121]. En consonancia con el golpe dinástico que supuso su temprana desaparición, Livia recibió una nueva concesión de imágenes públicas y el derecho de las mujeres con tres hijos (DC 55.2.5). Este *ius trius liberorum* fue una concesión garantizada por Augusto a aquellas mujeres que hubiesen dado a luz a tres hijos o más (Gai. 1.145; 194). La medida fue parte de su política de promoción de la familia. Livia solo había tenido dos hijos, pero la relevancia de estos hizo que, honoríficamente, se le reconociese el mismo derecho que a las mujeres que habían tenido tres[122]. Es decir, se reconocía la contribución pública de las mujeres de la *domus* imperial, pero a través de su faceta maternal y de su producción de hijos para la *res publica*.

Los vínculos creados a través de las mujeres tuvieron tanta relevancia (como se plasmará de forma más clara con los sucesivos emperadores) que en ocasiones la conexión cognaticia podía poner en jaque el juego sucesorio. Se puede percibir con los sucesos relacionados con Agripa Póstumo. Este, tercer hijo varón de Agripa y Julia la Mayor, fue desterrado por Augusto por su mal comportamiento[123]. Tan evidente fue

---

119 También en: Flory 1989.

120 Esta importancia se reflejó de manera acorde en las narrativas posteriores, como se puede ver en el análisis de López Gómez 2022c

121 No en vano fue el padre del emperador Claudio (Suet. *Claud.* 1.6).

122 Flory 1993: 297-300.

123 Suet. *Aug.* 65; Vel. 2.103; D.C. 57.3.6; Plin *NH* 7.150. Aunque también se ha especulado con que este destierro estuviese relacionado con rivalidades de cara a la sucesión. Cogitore (2002: 175-177) relaciona así la revuelta de Asidio y Epicadio con un intento de influir en la sucesión y decantarla del lado Julio de la familia.

su posición secundaria en la familia que fue fácilmente eliminado tras la muerte de Augusto. No está claro quién fue el responsable de su muerte, pero sí que esta no fue lo suficientemente relevante como para ser llevada ante el Senado, pese a ser un familiar directo de Augusto (Tac. *Ann*. 1.6.1; DC 57.3.5-6; Suet. *Tib*. 22).

Por otro lado, la influencia de la sangre imperial de su madre se vio reflejada más tarde en la agitación que surgió por la supuesta reaparición del joven, que resultó ser un esclavo disfrazado (Tac. *Ann*. 2.39.2-3; 2.40.1-3; DC 57.16.3-4; Suet. *Tib*. 25.1). Las fuentes también especulan con la posibilidad de que se hubiese intentado rescatar a Agripa de su isla (justo antes de su ajusticiamiento) con la intención de llevarlo junto a las tropas de Germania (Tac. *Ann*. 2.39.2; Suet. *Aug*. 19.2), donde además se encontraba su hermana Agripina. El objetivo sería situar al joven como alternativa a Tiberio. En este punto se demuestra la importancia de la sangre, ya que Agripa era un muchacho sin formación política (Tac. *Ann*. 1.3.4; 1.4.3; DC 55.32.1-2; Vel. 2.112.7; Suet. *Aug*. 65.1), cuya única ventaja frente a Tiberio era ser descendiente directo y biológico de Augusto[124]. Por esta razón, los autores antiguos llegaron a verlo como una alternativa al nuevo *princeps* en los momentos convulsos que se sucedieron al morir Augusto.

Así pues, a partir de Augusto, aquellos varones descendientes de mujeres relacionadas con la familia imperial pasaron a ser considerados como candidatos a la púrpura. Como vimos en el capítulo anterior, la influencia política de las mujeres era especialmente poderosa dentro del ámbito doméstico, ya que eran ellas las que daban lugar a los lazos matrimoniales entre familias y daban a luz a la siguiente generación de romanos. Consecuentemente, se usaron los patrones de género ya conocidos como forma de controlar el poder político no solo a través de la acción política y de las armas, sino también de la influencia femenina. Como resultado, la fertilidad de las mujeres de la *domus* Augusta se intentó controlar en todo momento, como se puede percibir a través de los muy numerosos matrimonios endogámicos y también a través de la aplicación de duras penas a mujeres del clan julio-claudio acusadas de haber cometido adulterio[125].

2.4 Mujeres imperiales y capacidad de intercesión

El poder imperial hizo uso, por lo tanto, de los vínculos con las mujeres y de sus imágenes tanto para difundir su propia política como para dar forma al sistema. Al mismo tiempo, a la larga, la nueva situación redundó en nuevas cuotas de influencia para estas mujeres.

---

124 Lindsay 2009: 200.
125 Corbier 1994; 1995; López Gómez 2024b; en prensa.

Como se apuntó anteriormente, durante la República las mujeres intervenían en diversos asuntos públicos mediante los varones de su familia. Las mujeres imperiales recibieron esta capacidad de intervención pública a través de sus familiares masculinos. La cercanía de estos al poder también provocaba que la capacidad de intercesión por parte de las mujeres fuese mayor[126].

Como se verá más adelante, en momentos más avanzados del Principado, los autores describieron episodios en los cuales las mujeres intervinieron en temas políticos en favor de sus favoritos de forma abierta. Sin embargo, para época de Augusto y la mayor parte del Principado de Tiberio la influencia es de tipo "doméstico", entendida esta como la intervención que tiene lugar en el interior de la *domus* y a través de familiares masculinos.

En el caso de las mujeres imperiales, sus grandes riquezas también permitieron que esta capacidad de intercesión en favor de individuos y comunidades se potenciase. Ya en época triunviral la influencia femenina se puso de manifiesto en la escena política. Así Octavia habría intercedido en nombre de algún proscrito y de los socios de su marido ante su hermano (DC 47.7.4-5; Plut. *Ant.* 35.2; 54). También Livia ayudó a senadores y familias, incluso concediendo dotes a sus hijas. Dion incide en la *laudatio* a Livia en que esta habría salvado la vida de muchos hombres (58.2.3). Aunque el propio Dion da un ejemplo al respecto, esta alusión no hace sino recordar al figurado discurso que pone en boca de Livia, quien pide la clemencia de su marido tras el complot de Cinna (DC 55.16.2-21.4). Esta capacidad femenina de influencia parece que también habría sido la responsable de que Ovidio insistiese en apelar a Livia en sus obras en el exilio, con la aparente voluntad de convencerla para que abogase en su favor ante su marido (*Trist.* 1.6.25-27;2.161-164; *Pont.* 3.1.114.118; 3.125-128; 3.139-142;14.56).

Las mujeres intervinieron no solo en favor de individuos, sino también de comunidades. Livia intercedió para conseguir la ciudadanía para Samos como se refleja en la carta que envió Augusto al pueblo denegando este derecho y afirmando que su esposa había mediado a su favor (Reynolds B.270. nº13, línea 5). Si bien en este caso la actuación femenina no se saldó con un resultado positivo, es de destacar que se refleje de manera tan pública su influencia a la hora de aconsejar a su marido.

Debe destacarse que, en todas estas ocasiones, a excepción del figurado discurso en favor de Cinna, las actuaciones de las mujeres siempre son mudas. Es decir, se refleja de una manera u otra que tuvieron algo que decir o alguien a quien favorecer, pero no sus palabras exactas o sus reacciones. Estos episodios, al mismo tiempo, parecen siempre tener lugar en un contexto doméstico, lejos de las intervenciones públicas de mujeres imperiales en época de Claudio o Nerón.

---

126 Barrett 2004: 275-276; Paterson 2007: 129; 141.

Así pues, a grandes rasgos, las acciones de las mujeres en época de Augusto se encuadran en un contexto tradicional, cumpliendo con las antiguas *mores* en lo que a comportamiento femenino se refiere. El propio Augusto, como ya se destacó, había puesto a la familia en el centro del debate político y, con ella, a las mujeres, llevando a la necesidad de ejemplificar sus políticas con su propia casa. El resultado es que actitudes que podrían parecer transgresivas por salvar las barreras entre lo público y lo privado y por la magnitud de su visibilidad son respetadas (a grandes rasgos) por los autores de la antigüedad. Después de todo, entre el 35 a.C., con la concesión de los honores anteriormente mencionados, y el 12 a.C., con la inauguración del *Ara Pacis* con los retratos de las mujeres imperiales en el día del cumpleaños de Livia, no parecen darse episodios notables de protagonismo público femenino que no pudiesen encuadrarse en lo establecido por la tradición o en un mensaje firmemente dominado por la propaganda imperial sobre maternidad y domesticidad, como sucede con los pórticos de Octavia y Livia.

El resultado de esta nueva posición, de la situación de cercanía al poder, fue el desarrollo de una capacidad de agencia y beneficencia que, si bien no es extraño para el género femenino, sitúa a las mujeres de la *domus Augusta* en un estatus claramente diferenciado respecto a las restantes mujeres de la *nobilitas*.

La imagen femenina es introducida en público ante la necesidad del momento, sobre todo por los requisitos del establecimiento de la dinastía, lo que llevó a tomar decisiones *ad hoc* sobre su rol en apoyo del poder imperial; pero fueron decisiones que estuvieron firmemente enraizadas en lo considerado apropiado para las mujeres. Una vez más, se hizo uso de la tradición para establecer una fachada de continuidad con la tradición, al igual que sucede con la propia posición de Augusto.

No obstante, esta imagen y este rol femenino fueron cambiando con las siguientes generaciones, sobre todo con la nueva posición concedida a las mujeres imperiales establecida con el testamento de Augusto.

Capítulo 03
La *domus Augusta* y la renegociación del papel femenino

En este capítulo se explorará la aparición del término *domus Augusta*, que estuvo vigente hasta el final del periodo. Con la primera sucesión dinástica se establece la característica hereditaria del poder imperial y, con la posición de Livia como Augusta, el papel femenino. Sin embargo, tras la muerte de esta última, se llega a la necesidad de una renegociación de la posición femenina en relación al poder imperial, como se puede percibir en los intentos fallidos del emperador Calígula por establecer una posición para sus hermanas o los de Claudio y Nerón por situar a sus mujeres en una posición de mayor visibilidad. Aquí se prestará especial atención a la recepción de las imágenes de estas mujeres a través de la literatura de la época, pues son los escritos del momento los que informan sobre esa negociación entre poder imperial y élites. Como se verá, el traumático fin del periodo con la muerte de Nerón y el final de la dinastía plantea un tiempo de inseguridad para la época inmediatamente posterior, sin el establecimiento de unos patrones claros sobre los roles a desarrollar por las mujeres próximas al poder.

Cabe resaltar que la extensión del capítulo está determinada por la necesidad de la división dinástica. Se cubre un periodo no demasiado amplio (14-68 d.C.), pero en el que se suceden gobiernos distintos. Estos, pese a la disparidad de sus caracteres, presentan una unidad familiar que define las relaciones del poder político con las mujeres, al ser estas las que permiten la continuación de la dinastía.

3.1 La domus *Augusta* y la corte imperial a partir de Tiberio

La institucionalización de la familia imperial se plasma desde inicios de la época de Tiberio a través de la acuñación del término *domus Augusta*. Después de todo, la familia imperial estaba conformada por los descendientes de Augusto y Octavia (Julios) y los de Livia (Claudios) sin estar monopolizada por una sola *gens*. El término *domus Augusta* se presentó como el más adecuado para referirse a aquellos que vivían y se relacionaban con la casa imperial.

Este término, aunque parece ya darse desde época de Augusto, se consolida con Tiberio. Ovidio ya se había referido de esta forma a la familia de César, sobre todo en las obras escritas en el exilio[127] (Ov. *Fast.* 1.532; 702; 721; 6.810; *Trist.* 1.2.101; 3.1.41; 4.2.10; *Pont.* 2.1.18;2.2.49; 74; 3.3.87; 4.6.20; 4.9.109). En los últimos años de Augusto, las menciones a su "familia" comenzaron a hacerse cada vez más frecuentes (Suet. *Aug.* 58.2). Este concepto se fue consolidando como una herramienta propagandística, que finalmente se materializó en el término *domus Augusta*. Con el tiempo, este adquirió connotaciones de entidad política y legal, especialmente, como ya se indicó, durante la época de Tiberio, como se evidencia a través de documentos epigráficos como el *Senatus consultum de Cneo Calpurnio Pisone Patre* y la *Tabula Siarensis*[128].

La conexión familiar se convirtió en el medio a través del cual se transmitió el poder imperial, lo que llevó a un renovado énfasis en su importancia. Así, al año siguiente de la muerte de Augusto, Cayo Norbano Flaco dedicó un grupo estatuario a Augusto y a la *domus Augusta* en el Circo Flaminio[129]. Estas representaciones, que comenzaron a difundirse por todo el Imperio, no solo otorgaron un estatus público a la familia imperial, sino que también revelaron que la casa de Augusto estaba en proceso de convertirse en una institución pública reconocible[130].

Además de la *domus Augusta*, término referido a aquellos que tuviesen vínculos de parentesco con la línea que descendía de Augusto, también se empieza a aplicar a partir de este momento el de corte. La corte presentaba la ventaja de englobar también a los amigos y familiares más lejanos.

Marco Aurelio (*Med.* 8.1) ya atribuyó una corte a Augusto y explicó su composición. Esta sería un grupo integrado por su esposa, hija, descendientes, miembros de la generación de sus padres, su hermana, Agripa, familiares, personal de la familia, amigos, Areio, Mecenas, médicos y arúspices. Así, la casa de Augusto, formada por aquellos en quienes se apoyó para gobernar, abarcaba más que su familia nuclear.

Sin embargo, a pesar de la afirmación de Marco Aurelio, tiende a considerarse que el círculo que rodeaba al emperador no puede definirse como una "corte" en un periodo tan temprano. De hecho, la corte como tal no se establecería hasta la época que se abordará a continuación, la de Tiberio[131], y los términos más apropiados para referirse a la familia de Augusto serían *domus* y *Palatium*. El término *aula*, aunque se acabó

---

127 Severy 2010: 216 señala que Ovidio se decantó, en un inicio, por el término *Caesaris*; pero más adelante, probablemente después de dar Augusto muestras de que Tiberio heredaría este apelativo (Suet. *Tib.* 17), acabó definiendo también a la familia como *Augusta*.

128 Flory 1997: 115-117.

129 *Tab. Siar.*, ll. 10-11.

130 Severy 2010: 219.

131 Pani 2003: 22.

aplicando a la casa imperial como entidad física y social, fue una adaptación del griego αὐλή, término usado para definir las cortes de los monarcas helenísticos. En el proceso de adaptación del sistema republicano a la nueva realidad social del Principado, el término *aula* se acabó usando, pero después de un proceso más largo de concentración de la vida social y política alrededor del palacio de los emperadores.[132]

La estructura familiar de Augusto parece tener precedentes en las grandes casas aristocráticas de la República. Aunque, como se indicó, se reconoce comúnmente una influencia oriental en la formación de la corte romana[133], la composición y los rituales que se desarrollaron fueron, en realidad, una evolución de los patrones ya existentes entre las clases altas romanas[134]. La diferencia clave en la *domus* de Augusto radica en su escala y en los abundantes recursos que poseía.

Por último, el tercer elemento relevante a la hora de comprender la intervención de las mujeres en la política es el espacio físico en el cual discurría su día a día. Se denominó *Palatium* a la residencia de Augusto en el Palatino[135] (DC 53.16.5-6). Teniendo en cuenta que, tradicionalmente, los asuntos públicos se dirimían en las casas privadas de los políticos, aquellos que vivieron en el palacio o que pasaban en él mucho tiempo, así como sus trabajadores, asumieron funciones y prerrogativas públicas de forma oficial o extraoficial[136].

La cercanía al palacio también supuso que aquellos que tenían acceso recibiesen privilegios concedidos por el emperador y su círculo[137]. Así pues, la corte incluyó a los que residían dentro de la casa del emperador o tenían acceso directo a esta. Por otro lado, la familia parece haberse estructurado dentro de los confines de esta casa

---

132 El término aula aparece por primera vez en los escritos de Séneca (*de Ira* 2.23.2) y ampliamente aplicado a partir de ese momento: Stat. *Sil.* 4.2.5; DC 67.9.1-5; Suet. *Cal.* 12; 19.3; 39; *Ner.* 6.2; 45; *Vesp.* 14. Sobre la concepción de la corte como un espacio físico y social: Winterling 2009. Sobre la existencia de una corte "escondida" en época de Augusto y la construcción del aula basada en las *domus* aristocráticas: Hurlet 2000; 2001.

133 Pani 2003.

134 Friedländer 1908: 30; Wallace-Hadrill 2008: 288.

135 La elección de la colina palatina también tuvo sus connotaciones simbólicas, ya que el lugar donde Augusto levantó su casa y que antes había pertenecido al orador Hortensio (Suet. *Aug.* 72.1) fue identificado con el punto exacto donde Rómulo habría tenido su cabaña. Curiosamente, en las excavaciones del siglo XX se encontraron bajo la llamada "Casa de Livia" varias urnas cinerarias fechadas en la Edad de Hierro.

136 Teniendo en cuenta la política matrimonial de Augusto y lo extensa que fue su familia, se entiende que gran parte de esta tuviese sus residencias propias (Wallace-Hadrill 2008: 288). Algunos libertos de Augusto, también, parecen haber tenido casas privadas dentro del Palatino pero separadas de la de su amo (Suet. *Aug.* 45; 47).

137 Aunque los antiguos linajes siguieron siendo los primeros en cuanto a rango social, se empezó a formar un nuevo grupo de familias que entraron en concurrencia con estas. Los grandes beneficiados en época de Augusto fueron aquellos que, pese a ser *homines novi*, obtuvieron puestos de poder gracias al favor imperial por su cercanía al príncipe como clientes. Así, aunque como ya se dijo, los antiguos *nobiles* siguieron ostentando gran parte del poder, Otón podrá presumir de ser el primer *homo novus* en gobernar el Imperio (Tac. *Ann.* 2.48.2).

y fue tomando tintes públicos al mismo tiempo que la estructura arquitectónica[138]. Ciertos honores a Augusto tuvieron como fondo el palacio. Entre estos se encuentran los laureles que ornaron su puerta (DC 53.16.4; *RG* 34.2). La cercanía del templo de Apolo Palatino monumentalizaba la estructura y reforzaba su carácter público. Finalmente, parte del palacio fue declarado *domus* pública en el 12 a.C. para que el *princeps* pudiese seguir residiendo en ella tras la asunción del pontificado máximo. En el año 3 d.C. el pueblo ofreció un donativo tras un incendio para ayudar a reedificar la estructura de la casa y a esta se dirigían los senadores para la *salutatio* de forma cotidiana (DC 54.30.1; 56.26.2-3). Estos también se solían reunir en la biblioteca del templo de Apolo (Suet. *Aug.* 29.3).

En este contexto, se unían las funciones públicas y privadas en consonancia con las tradiciones republicanas[139]. En este marco fue donde residió la familia extensa; aquí se crio Julia y también Tiberio y Druso tras la muerte de su padre biológico (DC 48.44.5). Aquí residió Augusto con Livia y, posiblemente, con Octavia y sus hijos tras su divorcio de Marco Antonio (Plut. *Ant.* 54; 57). De la mano de la creación de funciones públicas para la propia estructura sus ocupantes también desarrollaron este tipo de roles, independientemente de su género. Como ya se adelantó, las mujeres pudieron intervenir en los asuntos políticos no solo a través de la influencia sobre sus familiares masculinos, sino también porque ciertos asuntos públicos se discutían y decidían en sus casas. En plena continuidad con la costumbre republicana, la residencia de las mujeres en el *Palatium* les granjeó una capacidad de intervención política nunca antes vista.

3.2 El testamento de Augusto y la definición del papel de la Augusta

La sucesión de Augusto supone la institucionalización del Imperio como sistema político. Este dejó de ser un régimen personalista basado en el carisma del *princeps* al tener continuidad en sus descendientes. No obstante, en este contexto, donde también se desarrollaron los conceptos de palacio y corte anteriormente expuestos, el límite entre lo público y lo privado siguió siendo suficientemente tenue como para que personajes cercanos al poder desarrollen una capacidad de influencia pública sin tener una posición institucional sancionada por la constitución. De una forma más clara que en el periodo anterior, las mujeres desarrollaron una serie de funciones en apoyo del poder imperial que, si bien no estuvieron contenidas ni limitadas a través de leyes, cada vez las apartaron más del resto de su género.

De esta manera, se dieron ciertos cambios y continuidades respecto al periodo anterior. Livia siguió desarrollando funciones que la situaron en un contexto de gran

---

138 Paterson 2007: 151-155
139 Vitr. *De arch.* 6.5.1-2.

visibilidad, pero que, al mismo tiempo, la relacionaron con elementos tradicionales. Su posición se vio reforzada por las disposiciones del testamento de Augusto. En este los dos principales herederos de su fortuna fueron Tiberio y Livia, a quien el Senado tuvo que dispensar de lo marcado por la ley *Voconia* para recibir el legado de su marido (Suet. *Aug.* 101; DC 56.32.1). Aunque este legado económico la dejaba en una situación envidiable de cara a poder intervenir benéficamente a favor de terceros, lo más sorprendente de los designios de Augusto es que también solicitaba que Livia fuese incluida en la familia Julia y que recibiese el nombre de Augusta. Livia Drusilla pasaba a llamarse *Iulia Augusta*.

Al entrar a formar parte de la familia Julia, Livia expresaba de una forma más clara y directa su posición como mediadora entre el emperador divinizado (Augusto) y el emperador vivo[140] (Tiberio). No obstante, no hay precedentes de la asunción, por parte de una mujer, del cognomen honorífico de un miembro de su familia[141]. Siguiendo a Mommsen (*DP* 5, p. 89), algunos investigadores han sostenido que el nombre de Augusta debía aportar poderes constitucionales a Livia. Así, Kornemann afirmó que Augusto habría repartido el poder entre Tiberio y Livia[142]. Las tesis de estos historiadores se apoyan en evidencias circunstanciales, como que Livia recibiese a los senadores en su casa (DC 57.12.; 56.47; 60.33.1; Suet. *Tib.* 50; Tac. *Ann.* 1.6), pero, en la práctica, no hay pruebas de ningún tipo que sugieran que las mujeres en este periodo llegasen a tener poderes constitucionales. Lo que no se puede descartar, si aceptamos que la auctoritas estuvo vinculada al carisma del individuo, es que las mujeres pudiesen desarrollar una *auctoritas* femenina.

En general, desde la siguiente generación a Mommsen se acepta la idea de que Augusta elevó la *dignitas* de Livia, pero sin concederle poderes efectivos. En ningún momento se puede probar que Livia tuviese una concesión de *imperium* o de *tribunicia potestas*, poderes básicos del principado[143]. Aquello hubiese ido totalmente en contra de la cosmovisión romana, en la cual las mujeres no tenían ni el derecho al voto ni a las magistraturas públicas[144]. En su lugar, la posición femenina de máximo relieve en el Estado estuvo marcada por la disposición de Augusto sobre el nombre de Livia. El término Augusta pasó a definir a las principales mujeres imperiales, sobre todo cuando estas participaban de la transmisión del poder dinástico, como veremos más adelante.

---

140 Corbier 1995: 186; Flory 1997: 122; Bartman 1999: 203-211; Barrett 2004: 216; Severy 2010: 232.

141 Flory 1997: 113

142 Kornemann 1930: 35-39.

143 Ritter 1972: 313-338. Aunque sí poseyese la *sacrosanctitas* de los tribunos de la plebe.

144 Ulpiano (*Dig.* 50.17.2) lo deja claro: *feminae ab omnibus officiis civilibus vel publicis remotae sunt*. También Livio (34.7.8): *non magistratus nec sacerdotia nec triumphi nec insignia nec dona aut spolia bellica iis contingere possunt.*

El nombre Augusto o Augusta era una concesión completamente carente de cualquier tipo de poder constitucional, por lo que era un método seguro para honrar a Livia y situarla por encima de su género. De la mano de esta posición se desarrolló un estatus extraoficial de especial eminencia. Así pues, la capacidad de Livia para influenciar los asuntos oficiales fue parte de su *auctoritas* (no de ningún tipo de *potestas*)[145].

Con todo, esta capacidad de agencia se vio reflejada por primera vez en documentos oficiales. Se puede observar de forma clara en la *Tabula Siarensis* (ll. 103-105), cuando se registra que tanto Livia como Antonia fueron consultadas sobre los honores a tributar a Germánico. Más evidente aun es la influencia de Livia sobre los asuntos de Estado en el *Senatus consultum de Cneo Pisone Patre*. Este documento refleja la condena a Pisón, enviado como gobernador a Siria y acusado de sedición y de haberse visto envuelto en la muerte de Germánico. También aparecen diversas alusiones a las mujeres de la familia imperial. Así pues, se las alaba por su *moderatio*, especialmente a Livia, Antonia, Agripina y Livilla. De manera más significativa, al tratar sobre Plantina, esposa de Pisón, quien se encontraba con este en Siria, el decreto especifica que se la dejó marchar sin condena por expreso deseo de Livia. Esta intervención también aparece reflejada en las fuentes literarias (Tac. *Ann.* 3.15.1).

Quod ad Plancinae causam pertineret, qu(o)i pluruma et crimina
obiecta essent, quoniam confiteretur se omnem spem in misericordia(m)
principis nostri et senatus habere, et saepe princeps noster accurateq(ue) ab
eo ordine petierit, ut contentus senatus Cn. Pisonis patris poena uxori eius
sic uti M. filio parceret, et pro Plancina rogatu matris suae deprecatus sit et,
quam ob rem era mater sua inpetrari vellet, iustissumas ab ea causas sibi expositas acceperit, senatum arbitrari et Iuliae Aug(ustae),
optume de r(e) p(ublica) meritae non
partu tantum modo principis nostri, sed etiam multis magnisq(ue) erga cui-
usq(ue) ordinis homines beneficis, quae, cum iure meritoq(ue) plurumum posse in eo, quod
a senatu petere(t), deberet, parcissume uteretur eo, et principis nostri summa(e)
erga matrem suam pietati suffragandum indulgendumq(ue)

---

145 Como sostiene Augusto para sí mismo en *RG* 34.

esse remittiq(ue)
poenam Plancinae placere[146].

"En lo referente a la causa de Plancina, a la que muchos y gravísimos crímenes ‖ se habían imputado, puesto que confesaba que tenía depositada toda su esperanza en la misericordia de nuestro príncipe y del Senado, y a menudo y con toda solicitud nuestro príncipe ha pedido de este orden que el Senado, contento con la pena de Gneo Pisón padre, perdonara tanto a su mujer como a su hijo Marco, y ha suplicado por Plancina a ruegos de su madre y ha aceptado los muy justos motivos, expuestos a él por ella, sobre por qué su madre quería que se impetrara el perdón, ‖

el senado opina que hay que votar a favor y complacer tanto a Julia Augusta, de tan óptimos merecimientos ante la República, no sólo por el parto de nuestro príncipe, sino también por los muchos y grandes beneficios dispensados a la gente de cualquier condición, quien, aunque por derecho y mérito gozaba de gran poder en lo que debiera pedir del Senado, hacía un uso muy parco de ello, como a la suma devoción de nuestro príncipe para con su madre, y así acuerda condonar ‖ la pena a Plancina"[147].

En el decreto del Senado se reflejan los motivos por los cuales las opiniones de Livia debían ser tenidas en cuenta. Entre estas se encuentra tanto su capacidad maternal (al haber dado a luz a Tiberio), como los méritos que había amasado a lo largo de su vida a través de su labor de beneficencia con individuos y comunidades. No cabe sino recordar aquí las palabras que Dion vertió sobre Livia a modo de panegírico (DC 58.2.3), también recordando la ayuda prestada a individuos y familias. Parece, pues, que para esta época se promueve en la propaganda una imagen de la mujer imperial firmemente vinculada a tradicionales valores femeninos[148]. No obstante, los méritos de esta exceden a los de las mujeres corrientes, por lo que el Senado sanciona que sus opiniones sean tenidas en cuenta "por derecho y mérito" (cum iure meritoque).

En ninguno de los casos se reflejan las palabras exactas de Livia. De hecho, Tácito (Ann. 3.15.1) destaca que la petición de ayuda por parte de Livia a Tiberio tuvo lugar en privado (ut secretis), es decir, en un contexto doméstico, como era hasta ese momento habitual para las mujeres. En todo caso, cabe señalar que las opiniones de Livia tenían el suficiente calado como para influenciar al Senado en pleno. Así mismo, se añade que se toma la decisión de honrar su petición porque, pudiendo pedir más cosas al Senado, no solía hacerlo. No se refleja aquí una capacidad oficial para

---

146 ll. 426-437. Transcripción de Potter y Damon 1999.

147 Traducción de Eck et al. 1996.

148 Severy 2000; Milnor 2005: 55-63.

hacer propuestas ante la curia (como podría ser la de los tribunos de la plebe), pero sí una cierta disposición extra-oficial que podría haber sido más potente de haberlo deseado la propia Livia.

62   Sin embargo, para esta época, esta posición de Livia, como mujer destacada dentro de la *domus Caesaris* parece todavía ser única. Es decir, que ella pudiese influenciar públicamente los asuntos de gobierno no quiere decir que las restantes mujeres de la casa de Tiberio también lo lograsen. Así, notoriamente, cuando Agripina quiso intervenir en favor de su prima Claudia Pulchra que estaba siendo juzgada por *maiestas*, fue rechazada (Tac. *Ann*. 4.52). Es decir, aunque la figura del emperador se consolide con Tiberio y deje de ser una posición personalista, no se puede decir lo mismo de las funciones de la emperatriz o Augusta.

Continuando con los elementos de referencia para Livia tras la muerte de Augusto es importante señalar que la posición de esta se consolidó también a través de la religión. Tras la cremación, Augusto fue consagrado, declarado *Divus Augustus* y un nuevo culto tomó lugar[149]. Se crearon los *sodales* augustales con miembros de la familia imperial, Germánico se convirtió en *flamen* del nuevo culto y Livia en *flaminica*[150]. Para desarrollar su cometido recibió un *lictor*.

La concesión de esta prerrogativa parece que se tomó como ejemplo a las vestales, pero, como señala Tácito (*Ann*. 1.14.2), Tiberio no permitió que se implementara. También otros honores que Livia obtuvo tomaron a las vestales como modelo, como la concesión de un espacio reservado en el teatro (DC 59.3.4). Después de todo, las únicas romanas con un puesto oficial y honores consecuentes fueron estas sacerdotisas, por lo que, en el momento en que las mujeres de la casa imperial empezaron a recibir un trato que las situaba por encima del resto de matronas, el ejemplo más útil para la configuración de su nueva posición fue el de las vestales[151].

La posición como *flaminica* también es ilustrativa del papel de Livia dentro de la política dinástica. El sacerdocio femenino no era necesario, de hecho no era habitual que una mujer rindiese culto a un personaje divinizado que había sido su marido. El culto de Augusto ya contaba con *sodales* y un *flamen*, todo ellos personajes destacados de su entorno. De los sacrificios quedaban encargados los fratres *arvales*[152]. En con-

---

149 Fishwick 1993; Koorbojian 2013.

150 Tac. *Ann* 1.14.2; Grether 1946; Frei-Stolba 2008.

151 Obviamente la diferencia más clara entre vestales y emperatrices es la virginidad y el estatus sacerdotal de las primeras frente a la producción de herederos de las segundas. Sin embargo, la distancia entre ambas no era tan grande. Después de todo, las vestales eran esenciales para la supervivencia del Estado a través de su castidad, sus labores de culto a Vesta y la conservación del fuego sagrado. Mientras, las emperatrices eran representativas de aquellos valores femeninos que conservaban la República y que eran considerados fundamentales. Aunque de ellas se esperase que diesen herederos para el Imperio, la pureza y la castidad eran sus principales virtudes.

152 Barrett 2004: 235

secuencia, el sacerdocio de Livia no estuvo marcado por las necesidades cultuales del nuevo dios. Sí se puede interpretar como un ejemplo de la exaltación pública de su imagen, recurriendo a las posibilidades republicanas ya conocidas[153]. El culto era, al fin y al cabo, una esfera donde se permitía, esperaba e incitaba la intervención de las mujeres[154]. Este sacerdocio establecía, además, una especial conexión en la *domus Augusta*. El rol sacerdotal de Livia permitía reforzar, una vez más, su posición de unión entre Augusto y Tiberio, como los autores del momento se esforzaron en señalar (Ov. *Pont.* 4.9.107-112).

63

Por último, cabe reseñar que, mientras que elementos de la posición pública de Livia fueron planificados en época de Augusto, este no dejó disposiciones relativas a su consagración. Parece lógico interpretar que la concesión del sacerdocio a Livia fue ideada o, al menos, permitida, por Tiberio[155].

Como señalaba anteriormente, las narrativas recogen otro tipo de acciones "públicas" para Livia en este periodo. Dion (57.12) señala Livia habría llegado a recibir al Senado y al pueblo en su casa, recepciones que se reflejaron en los registros públicos. En este punto, debe tenerse en cuenta que la casa romana no era concebida como un espacio completamente privado, en el sentido moderno de la palabra. La casa romana, tal y como la concibe Vitrubio (*De arch.* 6.5.1-2), era un espacio que debía ser flexible para adaptarse a la profesión de su dueño. De este modo, la casa de los hombres políticos era también el lugar donde recibían y tenían reuniones, adaptando los espacios a los cometidos públicos necesarios. Incluso las mujeres recibían visitas de los clientes de sus maridos cuando estos últimos estaban ausentes. Este fue el caso de Octavia durante la ausencia de Antonio (Plut. *Ant.* 54.4).

Teniendo en cuenta los cometidos desarrollados por Livia y otras mujeres imperiales a lo largo de este periodo, la capacidad de recibir visitas e incluso a senadores en su casa, seguía esta línea de publicidad de la *domus* e intervención femenina. Las mujeres de la *domus Augusta* asumieron funciones relevantes para la *res publica* y, como consecuencia, recibieron a distinguidos visitantes que acudían en busca de su favor o intercesión. Estas visitas quedaron registradas tanto en documentos domésticos como en archivos públicos. La legitimación de sus acciones se sustentó en la combinación entre el peso simbólico de su figura y la significación del espacio en que actuaban.

No obstante, al mismo tiempo también se refleja cierta inquietud ante la dificultad de asimilar dentro de la mentalidad tradicional esta preeminencia de una mujer. De esta incapacidad derivan, por ejemplo, narrativas sobre su actitud de superioridad y su de-

---

153 López Gómez 2021: 393.
154 Webb 2024c.
155 López Gómez 2021: 394.

seo de gobernar (Tac. *Ann.* 1. 4.5). De los impedimentos surgidos en la cosmovisión romana a la hora de integrar a Livia en los mecanismos de la *res publica* también surgirían intentos del Senado por adularla junto a Tiberio, proponiendo títulos como *mater patriae* o que el emperador portase el nombre de su madre[156] (DC 57.12.4; Suet. *Tib.* 50.2-3). Estas disposiciones difícilmente se podían integrar en la tradición romana, por lo que se pueden entender dentro de la necesidad de incorporar dentro de los mecanismos de un Estado patriarcal la participación de un género que tradicionalmente se consideraba vinculado a lo doméstico.

En consonancia, la mujer pasó a detentar una posición extraña e indefinida. Esta situación, pese a derivar de la vinculación de lo femenino con lo doméstico, tuvo grandes repercusiones para la *res publica*. La necesidad de negociar el nuevo papel de las mujeres llevó a este tipo de proposiciones oficiales, con la intención de alabar al príncipe pero que, en la práctica, pusieron de manifiesto la indefinición del sistema político y de aquellos que formaban parte de él. Por otro lado, los autores posteriores, influenciados por los sucesos de la corte a partir de época de Claudio, presentarían estas ocasiones y estas concesiones como intentos de las mujeres por usurpar el poder[157].

Así pues, el propio Dion también señala que la influencia de su madre en asuntos públicos habría llevado a que Tiberio la hiciese limitarse a lo doméstico. Una vez que se dio cuenta de que esta medida no era suficiente, el propio Tiberio se habría retirado a Capri.

"ἐκεῖνος μητρόθεν ὀνομάζηται. ἀγανακτῶν οὖν ἐπὶ τούτοις οὔτε τὰ ψηφιζόμενα αὐτῇ πλὴν ἐλαχίστων ἐπεκύρου, οὔτ' ἄλλο τι ὑπέρογκον ποιεῖν ἐπέτρεπεν. εἰκόνα γοῦν ποτε αὐτῆς οἴκοι τῷ Αὐγούστῳ ὁσιωσάσης, καὶ διὰ τοῦτο καὶ τὴν βουλὴν καὶ τοὺς ἱππέας μετὰ τῶν γυναικῶν ἑστιᾶσαι ἐθελησάσης, οὔτ' ἄλλως συνεχώρησέν οἱ τοῦτο πρᾶξαι πρὶν τὴν γερουσίαν ψηφίσασθαι, οὔτε τότε τοὺς ἄνδρας δειπνίσαι, ἀλλ' αὐτὸς μὲν τούτοις ἐκείνη δὲ ταῖς γυναιξὶν εἱστίασε. καὶ τέλος τῶν μὲν δημοσίων παντάπασιν αὐτὴν ἀπήλλαξε, τὰ δ' οἴκοι διοικεῖν οἱ ἐφείς, εἶθ' ὡς καὶ ἐν τούτοις ἐπαχθὴς ἦν, ἀποδημίας τε ἐστέλλετο καὶ πάντα τρόπον αὐτὴν ἐξίστατο, ὥστε καὶ ἐς τὴν Καπρίαν δι' ἐκείνην οὐχ ἥκιστα μεταστῆναι" (DC 57.12.5-6).

"[Tiberio] no le permitió que mantuviera una actitud de superioridad. Por ejemplo, cuando ella erigió en su casa una imagen de Augusto y pretendió celebrar, con

---

156 Flory 1997: 120-121, interpreta la oferta del nuevo nombre para Livia como un insulto abierto hacia Tiberio. El debate sobre el título que se ofrecería a Livia parece haber tenido lugar en una de las primeras sesiones del Senado después del ascenso de su hijo. La autora afirma que querer llamar a Livia *parens patriae* o *mater patriae* y a Tiberio *Iuliae filius* buscaría poner de relieve que Tiberio solo había conseguido el poder a través de su madre y no de sus capacidades. Sin embargo, no parece que los senadores, ante el ascenso de un nuevo emperador con todos los poderes del cargo, se atreviesen a insultarlo abiertamente. Por esta razón, parece ser, más bien, un intento de adular a Tiberio a través de honores concedidos a los miembros de su casa.

157 Sobre la percepción de las mujeres cercanas al poder como usurpadoras de espacio masculinos en las narrativas de la antigüedad: Santoro L'Hoir 1994; Fischler 1994.

aquel motivo, un banquete para el Senado y el orden ecuestre, acompañados por sus esposas, no solo no le permitió que lo hiciera hasta que el Senado no lo votó, sino que tampoco le permitió, en aquella ocasión, que sentara a los hombres en su mesa, sino que fue él mismo quien comió con los hombres y ella, con sus esposas. Finalmente acabó por apartarla por completo de los negocios públicos permitiéndole, sólo, administrar los asuntos domésticos. Y a pesar de todo, puesto que también resultaba molesta su dedicación a esos asuntos, se organizó una residencia fuera de la ciudad y la evitaba por todos los medios. Ella fue la razón por la que Tiberio se mudó a Capri".

No pueden ser tomadas de forma literal las narrativas que presentan a Tiberio profundamente ofendido por la intervención pública de su madre, ya que pueden transmitir una posición tradicional en lo que a la involucración femenina en la política se refiere[158]. No obstante, este pasaje de Dion es ilustrativo sobre la inquietud que el protagonismo femenino podía generar en la época e incluso en posteriores, teniendo en cuenta la experiencia del autor con el notable protagonismo de las emperatrices sirias.

Este pasaje muestra cómo, pese a la posición pública de la familia, desde una perspectiva tradicional heredada de época de Augusto, no debían demostrar tanto poder de agencia como el que históricamente se le atribuyó a Livia. Sin embargo, la irritación de Tiberio al percatarse de que su madre también gozaba de ese poder de influencia dentro de un contexto doméstico es indicativo de la incapacidad de limitar la *auctoritas* femenina.

En el mismo pasaje Tiberio recrimina a su madre el haber querido ofrecer un banquete tanto para los senadores y caballeros como parar sus esposas con motivo de la inauguración de la estatua del divino Augusto. Es considerado transgresivo que una mujer quisiese invitar a hombres, debido a los lazos sociales que se crean en ocasiones de comensalidad[159]. No obstante, vistas las palabras de Dion, parece que la influencia de las mujeres imperiales entre su propio género era deseable y esperable[160]. Lo que se puede observar es una clara crítica a aquellos casos en los cuales las mujeres se excedieron en sus cometidos bien porque las actividades que acometen fueron demasiado públicas, bien por relacionarse con el sexo opuesto.

No obstante, pese a las críticas de los autores, parece que la influencia de las mujeres imperiales era un elemento que debía ser reconocido de una manera acorde, en un proceso de negociación con el Senado y el pueblo. De una forma u otra, debía honrarse la posición legada por Augusto a su viuda. Así, las disposiciones a la muerte de Livia son ilustrativas sobre la imagen que se quiso transmitir sobre ella:

---

158 Tac. *Ann.* 1. 14.2; Barrett 2004: 216; 220-221.

159 Donahue 2003: 425.

160 Cid López 1997; 2018; Hidalgo de la Vega 2003, López Gómez 2022a.

"τοῦτο μὲν τοιοῦτον ἐγένετο, ἐν δὲ τῷ αὐτῷ τούτῳ χρόνῳ καὶ ἡ Λιουία μετήλλαξεν, ἓξ καὶ ὀγδοήκοντα ἔτη ζήσασα. καὶ αὐτὴν ὁ Τιβέριος οὔτε νοσοῦσαν ἐπεσκέψατο οὔτ᾽ ἀποθανοῦσαν αὐτὸς προέθετο· οὐ μὴν οὐδὲ ἐς τιμὴν ἄλλο τι αὐτῇ πλὴν τῆς δημοσίας ἐκφορᾶς καὶ εἰκόνων ἑτέρων τέ τινων οὐδενὸς ἀξίων ἔνειμεν. ἀθανατισθῆναι δὲ αὐτὴν ἄντικρυς ἀπηγόρευσεν. οὐ μέντοι καὶ μόνα οἵ ἡ βουλή, ὅσα ἐκεῖνος ἐπέστειλεν, ἐψηφίσατο, ἀλλὰ πένθος ἐπ᾽ αὐτῇ παρ᾽ ὅλον τὸν ἐνιαυτὸν ταῖς γυναιξὶν ἐπήγγειλαν, καίπερ τὸν Τιβέριον ἐπαινέσαντες ὅτι τῆς τῶν κοινῶν διοικήσεως οὐδὲ τότε ἀπέσχετο· καὶ προσέτι καὶ ἁψῖδα αὐτῇ, ὃ μηδεμιᾷ ἄλλῃ γυναικί, ἐψηφίσαντο, ὅτι τε οὐκ ὀλίγους σφῶν ἐσεσώκει, καὶ ὅτι παῖδας πολλῶν ἐτετρόφει κόρας τε πολλοῖς συνεξεδεδώκει, ἀφ᾽ οὗ γε καὶ μητέρα αὐτὴν τῆς πατρίδος τινὲς ἐπωνόμαζον. ἐν δὲ τῷ μνημείῳ ἐτάφη τῷ τοῦ Αὐγούστου" (DC 58.2.1-3).

"Así fue como ocurrió. En aquellas mismas fechas murió Livia, a los ochenta y seis años de edad. Tiberio no la visitó durante su enfermedad ni expuso en público su cuerpo, una vez fallecida. En su honor, ciertamente, nada le concedió salvo el funeral público, algunas imágenes y algunas otras cosas carentes de importancia. Prohibió expresamente que la declararan inmortal. No obstante, el Senado no decretó solo cuanto Tiberio había ordenado, sino que prescribió, en su honor, luto para las mujeres durante todo el año. Pero, en verdad, también elogiaron a Tiiberio porque tampoco en aquella ocasión había abandonado la administración de los intereses públicos. Y, además, en su honor, decretaron la erección de un arco— algo que nunca se había hecho por ninguna otra mujer— porque había salvado a no pocos senadores, porque había criado a los hijos de muchos otros y había ayudado a muchos con la dote de sus hijas; razón por la que algunos la llamaban Madre de la Patria. Fue enterrada en el mausoleo de Augusto".

Al mismo tiempo, Dion también recuerda algunos detalles concretos que llevaron a esta concesión de honores póstumos para Livia:

"καὶ αὐτῆς ἄλλα τε καλῶς εἰρημένα ἀποφθέγματα φέρεται, καὶ ὅτι γυμνούς ποτε ἄνδρας ἀπαντήσαντας αὐτῇ καὶ μέλλοντας διὰ τοῦτο θανατωθήσεσθαι ἔσωσεν, εἰποῦσα ὅτι οὐδὲν ἀνδριάντων. ταῖς σωφρονούσαις οἱ τοιοῦτοι διαφέρουσι. πυθομένου τέ τινος αὐτῆς πῶς καὶ τί δρῶσα οὕτω τοῦ Αὐγούστου κατεκράτησεν, ἀπεκρίνατο ὅτι αὐτή τε ἀκριβῶς σωφρονοῦσα, καὶ πάντα τὰ δοκοῦντα αὐτῷ ἡδέως ποιοῦσα, καὶ μήτε ἄλλο τι τῶν ἐκείνου πολυπραγμονοῦσα, καὶ τὰ ἀφροδίσια αὐτοῦ ἀθύρματα μήτε ἀκούειν μήτε αἰσθάνεσθαι προσποιουμένη. τοιαύτη μὲν ἡ Λιουία ἐγένετο" (DC 58.4-6).

"Ella salvó a unos hombres que le salieron al encuentro desnudos, razón por la que iban a ser ejecutados. Dijo que aquellos hombres, a los hijos de mujeres castas, en nada se diferenciaban de las estatuas. En cierta ocasión en la que alguien le preguntó cómo y gracias a qué tipo de comportamiento había conseguido adquirir tanta influencia sobre Augusto, ella contestó que siendo extremadamente casta, haciendo todo aquello que a él le agradaba, no interviniendo en ninguno de

sus asuntos y fingiendo no escuchar ni enterarse de los placeres sexuales que le apasionaban. Tal fue Livia".

Así pues, la culminación de los honores votados a Livia es, según Dion, un arco; una forma de conmemoración pública, de tipo político, nunca antes decretado para una mujer y que, de acuerdo a las *mores* tradicionales, Tiberio nunca llegó a construir. Dion sitúa el arco como el mejor ejemplo de glorificación del tipo de comportamiento que Livia había tenido durante toda su vida, marcado, esencialmente, por virtudes femeninas ideales y domesticidad. No solo había ayudado a individuos, sino también a familias. Su discurso sobre la clemencia en favor de Cina puede ser tenido en cuenta al respecto[161] (DC 55.16.2-21.4). Por otra parte, desplegó sus virtudes maternales, además de con sus propios hijos, con los de otras familias. Incluso su influencia sobre Augusto aparece aquí vinculada a la virtud femenina de la castidad[162], mientras que declara nunca haber intentado influir en sus decisiones. Según Dion, la vía correcta a través de la cual las mujeres podían intervenir en la vida pública era la domesticidad y otras virtudes femeninas. Livia es honrada por sus intervenciones, pero no debido a una abierta injerencia política.

El relato de Dion sobre Livia fue resultado de la recepción de la propaganda Augustea que, con estos ejemplos, dejaba clara la forma ideal de comportamiento para las matronas y, al mismo tiempo, establecía una capacidad de pública agencia para las mujeres imperiales basada en el mismo ideal de domesticidad. Asimismo, con sus acciones en lo que respecta a la ayuda brindad a individuos y a la crianza de niños, Livia extendía el típico rol maternal (basado en la disciplina y el cariño[163]) a la totalidad de la población.

Los honores decretados por el Senado también ponen de manifiesto la extensión de este rol maternal, así como la intención de situar a Livia como ejemplo para el *ordo matronarum*[164]. Es enormemente simbólica la decisión de hacer que las mujeres guardasen luto por ella durante un año. Esto mismo había sido ya decretado para Augusto y parece que no es una novedad de la época, sino que también se habría dado tras los funerales de Sila[165] (App. *B Civ.* 1.105.493; Plut. *Sull.* 38.2; Cic. *Phil.* 9.16). Sin embargo, en el caso de Livia, sí es la primera vez que se decretó el luto prolongado por una mujer.

---

161 Sobre este asunto: Adler 2011.

162 Sobre la posición central de *castitas* en el conjunto de valores romano: Cohen 1991: 114; Culham 2004: 128.

163 Una doble faceta maternal que estará aun más presente cuando las mujeres reciban el título de *mater castrorum* (Boatwright 2003, entre otros).

164 Purcell 1986.

165 Flower 1996: 96; Erker 2011: 285.

En todo caso, debe resaltarse aquí que las mujeres que deben guardar este luto no son solo las de la propia familia de Livia, sino "todas las mujeres". Esto ha sido entendido por algunos autores como una referencia a las mujeres de la élite y no a la totalidad del género[166]. Teniendo en cuenta que, normalmente, las mujeres solo guardaban un luto tan prolongado por sus padres o maridos[167], al hacer que tratasen de la misma forma al fallecido Augusto se buscaba una identificación de este con las familias de la élite, como si Augusto formase parte de las distintas *domus* senatoriales. Al extender ese honor a Livia, ahora la pareja imperial era celebrada como padre y madre de los distintos integrantes de la élite; consolidando la imagen de Augusto como *pater patriae*, con una *mater* de su lado.

Finalmente, hay que tener en cuenta que a la hora de entender la posición pública femenina en los primeros años del gobierno de Tiberio el relato está profundamente marcado por la necesidad de presentar a este como un tirano. En consonancia, tanto las representaciones de Livia como las de las restantes mujeres imperiales se ven posiblemente afectadas. Mientras que Agripina la Mayor es presentada como una víctima de las injusticias de un emperador que buscaba promocionar a una rama de la familia frente a otra (Tac. *Ann.* 4.57.3; DC 55.13.2-3), Livia es descrita como una mujer ávida de poder que, al mismo tiempo, también sufrió las consecuencias de la conducta tiránica de Tiberio. Esta es retratada ocasionalmente en su intento de exceder lo considerado como apropiado para las mujeres, mientras que Tiberio es presentado contraviniendo la *pietas* filial al no reconocer de forma abierta la influencia de la mujer que le había granjeado el Imperio (Tac. *Ann.* 4.5; 5.4; 6.2; 10.5). Así pues, la imagen que se recibe de Livia se ve afectada, pero, al mismo tiempo, el conjunto de evidencias pone de manifiesto una continuación de los roles femeninos establecidos en época de Augusto.

En suma, Livia siguió conectada a las virtudes tradicionalmente femeninas y a los roles de género considerados adecuados, desarrollando una posición de mayor protagonismo público, pero dentro de estos parámetros. El sacerdocio del culto imperial reforzó la conexión entre mujeres y mundo sacro, al mismo tiempo que trataba sobre la concordia marital en la pareja imperial, destacando también el rol maternal sobre el heredero. En los documentos de la época las mujeres imperiales aparecieron así retratadas, como progenitoras que estrecharon los lazos entre las distintas generaciones de la *domus Augusta*. Los medios económicos legados por Augusto en su testamento también permitieron que continuase en su labor de benefactora, ayudando a las familias tal y como refleja Dion, en un papel evergético de nuevo vinculado a virtudes típicamente femeninas. Si algo trasmiten los relatos sobre los intentos de Tiberio por limitar la influencia de su madre es que, en esta

---

166 Price 1987: 62-63.
167 Price 1987: 62-63.

época, pese a los ofrecimientos del Senado, no se permitió elevar la influencia de las mujeres de la casa imperial más allá de estos patrones ya marcados en la época anterior.

3.3 Renegociación del rol de la Augusta tras la muerte de Livia

Livia no era la única mujer en la *domus Augusta* durante el gobierno de Tiberio. En el momento de la adopción, Augusto hizo que Tiberio adoptase también a su sobrino, Germánico (Suet. *Tib*. 15; *Cal*. 1; *Claud*. 2), aunque ya contaba con su propio hijo biológico, Druso. Además, las mujeres de estos, Agripina y Livilla, tenían lazos familiares directos con Augusto. Ambos fallecieron antes de llegar al poder imperial, pero todo parece indicar que, si se hubiese sellado una sucesión, una de estas mujeres habría desarrollado unas funciones similares a las de Livia, en un intento de estrechar más los lazos dinásticos de toda la línea julia. Por tanto, las principales protagonistas de este periodo, además de Livia, fueron Agripina la Mayor, Livilla y su madre, Antonia.

Antonia era la hija menor del matrimonio de Octavia con Marco Antonio. Dentro de la política dinástica de Augusto, esta se desposó con Druso, hijo de Livia, en un nuevo intento de unir las ramas julia y claudia de la familia (Suet. *Claud*.1). Ella fue la madre de Germánico (Suet. *Cal*. 1), principal sucesor de Tiberio, así como del futuro emperador Claudio y de Livilla. A la muerte de su marido, Druso, no se volvió a desposar.

Agripina la Mayor fue hija del matrimonio entre Julia la Mayor y Agripa, hermana de los hijos adoptivos de Augusto, Cayo y Lucio y, en consecuencia, parte destacada de la casa imperial al ser pocos los descendientes directos del primer *princeps*[168] (Suet. *Aug*. 64.1; *Cal*. 7). Casada con Germánico, nieto de Livia e hijo de Druso, tuvieron nueve hijos de los que sobrevivieron seis (entre ellos el futuro emperador Cayo Calígula). Aparece en las narrativas como figura sumida en las intrigas de corte para promover el futuro de sus hijos tras la muerte de Germánico.

Por último, Livilla, hija de Antonia y Druso, fue desposada en un nuevo matrimonio endogámico con su primo paterno, Druso el Menor, hijo de Tiberio y Vipsania Agripina. En las narrativas de la antigüedad aparece esencialmente descrita por su participación en las intrigas de Sejano (Tac. *Ann*. 4.3).

Como se señalaba con anterioridad, los relatos que describen el Principado de Tiberio aparecen especialmente marcados por la necesidad de presentarlo como un tirano hacia su propia familia, quizá por el impacto que la conjura de Sejano tuvo en

---

168 De hecho, Suetonio la menciona entre los descendientes de Augusto a los que este enseñó las letras y registra varias cartas intercambiadas entre este y su nieta (Suet. *Aug*. 86.3; *Cal*. 8.4).

el momento, al precipitar la caída de numerosos miembros de la *domus Augusta*[169]. A la dificultad de entender este momento se suma la pérdida de los libros de Tácito que cubren el final de la vida de Tiberio e inicios del gobierno de Calígula. Además, la experiencia de Tiberio con Livia parece indicar una continuación de los patrones de Augusto de limitar la influencia pública de las mujeres a su vinculación con lo doméstico[170], por lo que ninguna de estas parece desarrollar un papel similar al de Livia. Como resultado, es complicado llegar a conclusiones sobre las funciones institucionales desarrolladas por las mujeres en esta época, siendo sus caracteres difícilmente reconstruibles. Las personalidades presentadas parecen, más bien, los elementos necesarios dentro de una narrativa dirigida a crear un determinado sentimiento o impresión en el lector.

No obstante, la imagen general en lo que al argumento de este libro se refiere lleva a percibir un proceso de renegociación de la posición femenina a partir de esta época. Tras la muerte de Livia, dado el estado de soltería de Tiberio y la progresiva caída en desgracia de sus sucesores, ninguna mujer se mantuvo en el centro de poder suficiente tiempo como para desarrollar una imagen tan compleja o que, al menos, diese continuidad al papel de la Augusta. El descrédito de Agripina tras la muerte de Germánico, así como su destierro junto a su hijo Nerón (Suet. *Tib.* 53.2; *Cal.* 15.4; Tac. *Ann.* 5.3.2; 6.25.1-2; DC 57.4b; 58.22.4-5), más el encarcelamiento de Druso (Tac. *Ann.* 4.60.3) imposibilitaron que pudiese heredar el papel de su abuela. Claudia Livia (o Livilla), esposa de Druso, parece que tuvo una posición más destacada de la que le acreditan las fuentes literarias[171], pero también acabó desapareciendo (Suet. *Tib.* 62.1; DC 58.11.6-7; *Oct.* 941-943).

Después del desastre dinástico, Tiberio no designó abiertamente sucesor y esto, junto a su retirada a Capri (DC 57.12.6), imposibilitó que la familia volviese a mostrarse como un frente unido en el que las mujeres jugasen un rol relevante. No obstante, el papel de estas como matriarcas siguió estando presente. Después de todo, Tiberio no adoptó a ninguno de los dos nietos que lo acabaron sucediendo, pero la legitimidad dinástica de los mismos no se perdió y no se puso en duda su capacidad para heredar la púrpura. Para este periodo, por lo tanto, es necesario observar elementos individuales en lo que a la posición femenina se refiere, para analizar si el poder imperial siguió apoyándose en las mujeres tanto para el desarrollo de su política como para la consolidación de la dinastía.

---

169 Bauman 1974: 147.

170 Bauman 1974: 131.

171 Los restos materiales reflejan una sistemática *damnatio memoriae*, siendo la primera dirigida contra una mujer imperial (Varner 2001: 62-64).

3.31 Livilla, los matrimonios dinásticos y la conjura de Sejano

La presencia de Livilla, nieta de Livia, en las fuentes se centra específicamente en el papel desempeñado como esposa de Druso y madre de sus hijos, para pasar luego a ser el elemento necesario en la historia del complot de Sejano[172]. El ser la única nieta de Livia la situaba en una posición de máxima preeminencia, como personaje que podía unir las dos ramas de la familia, facilitando una unión que repitiese la de Augusto y su abuela. Así pues, en un primer momento se desposó con el nieto de Augusto, Cayo, dentro de los matrimonios dinásticos orquestados en esta época[173]. Tradicionalmente se ha dudado de la posición de preeminencia de Cayo sobre su hermano Lucio a la hora de una posible sucesión[174], pero precisamente el matrimonio con la nieta de Livia refuerza la idea de que estaba destinado a la sucesión antes que su hermano. Así pues, incluso para momentos tan iniciales del periodo, el matrimonio con una determinada mujer de la familia imperial fue un marcador de preferencia hacia la sucesión.

Como se adelantaba, en la narrativa Livilla es solo protagonista cuando se la acusa de orquestar la muerte de Druso al haber caído víctima de las atenciones de Sejano, quien pidió a Tiberio casarse con ella (Tac. *Ann.* 39. 1-4; 40; 41). No está claro si, finalmente, el matrimonio se llevó a cabo[175]. La política imperial desarrollada en época de Tiberio no aclara del todo el asunto. Se actuó para no crear contendientes al poder imperial a través de los matrimonios; así, tras el divorcio de Julia (Tac. *Ann.* 1.53), Tiberio no se volvió a casar. Después de todo ya tenía dos hijos que heredasen el poder imperial, por lo que un nuevo matrimonio no era necesario. Con Agripina se siguió la misma política, se le negó el derecho a contraer un nuevo matrimonio (Tac. *Ann.* 4.53). Tal y como Tácito sugiere, esta negativa parece motivada por la preeminencia que el matrimonio con una nieta de Augusto habría dado a cualquier individuo.

En el caso de Livilla, se podría haber argumentado de manera similar. Sin embargo, en la narrativa de Tácito (*Ann.* 4.39.3), Sejano recuerda a Tiberio que Augusto había considerado la posibilidad de casar a Julia con un caballero. Puede que Augusto evaluase esta opción como una forma de relativizar la influencia que el matrimonio

---

172 Bauman 1974: 147.

173 Corbier 1995: 183.

174 Análisis sobre las carreras distintas de Cayo y Lucio en López Gómez 2021: 293-ss. La adopción de ambos muchachos se habría basado en la necesidad de asegurar la sucesión en un contexto de alta mortalidad infantil y juvenil. En todo caso, Augusto parece haber mostrado una cierta preferencia por Cayo (Mellado Rivera 2003; Horster 2011).

175 Hay diversas teorías y, claramente, parece extraño que, en caso de haberse producido el matrimonio, este no se hubiese plasmado de forma más clara en los registros históricos. Ello no ha impedido que investigadores contemporáneos teorizasen sobre el posible enlace. Así, Bellemore 1995 defiende, a partir de los *Fasti Ostienses*, no solo la existencia del matrimonio, sino también su celebración clandestina. Desde el punto de vista de la autora, habría sido precisamente el enlace lo llevase a la desconfianza de Tiberio y la caída de Sejano.

con Julia podría otorgar a otra familia, dado que la distinción entre caballeros y senadores seguía siendo relevante.

El pasaje comienza con Sejano haciendo alusión a su propia humildad al pertenecer a una familia ecuestre. Así, ser considerado un candidato digno para una alianza con la *domus Caesaris* se interpreta como un halago, pero también resalta que su supuesta inferioridad social lo convertía, en teoría, en un candidato seguro que no aspiraba a competir por la púrpura. Como él mismo dice: *[ita] haberet in animo amicum sola neccessitudinis gloria usurum. Non enim exuere imposita munia*, aunque los acontecimientos finalmente acabaron desarrollándose de manera diferente.

En este contexto, no se debería descartar la posibilidad de que, ante la falta de hombres de confianza con los que casar a Livilla, Tiberio considerara esta opción. Al mismo tiempo, como se verá más adelante, la elección de candidatos adecuados para las jóvenes de la casa imperial fue un tema de gran relevancia en esta época. Además, dado que se dio un "excedente" de mujeres en la casa imperial —en el sentido de que los varones de la *domus Augusta* no eran suficientes para concertar matrimonios dinásticos con todas las mujeres de la familia—, los enlaces con personajes que perteneciesen a la aristocracia, pero que fuesen de familias lo suficientemente humildes como para no suponer un peligro, se convirtieron en una opción preferente[176].

3.3.2 Agripina la Mayor: la mujer imperial fuera de Italia y con el ejército

La imagen de Agripina aparece muy destacada, al menos en la obra de Tácito[177], sobre todo por sus acciones junto a las legiones, pero no debe ser entendida fuera de su contexto o como un indicativo de una faceta militar para la mujer imperial. En cualquier caso, transmite cierta información sobre la capacidad de las mujeres imperiales para viajar con sus maridos en esta época.

Agripina es alabada por Tácito por haber acompañado a Germánico en sus cometidos militares tanto en Germania como en Oriente. Uno de los episodios más célebres sobre esta mujer es su intervención, apoyando a los militares tras las batallas. Así pues, Tácito transmite que esta habría evitado que se cortase un puente que evitaría la retirada de las legiones, para después esperar junto a ese puente para recibir a los soldados, a los que habría ayudado con vendas y otros útiles (Tac. *Ann.* 1. 69).

Como se señalaba, Agripina es aquí alabada por sus acciones, al contrario que otras muchas mujeres que se vieron en situaciones similares antes y después que ella. Así, por ejemplo, mientras que a Agripina es comparada con los comandantes en un sentido positivo: *sed femina ingens animi munia ducis per eos dies induit*, Fulvia es

---

176 Corbier 1994; 1995; Hidalgo de la Vega 2003; Cenerini 2009.
177 McDougal 1981; Marshall 1984; Santoro L'Hoir 1994; Joshel 1995; Gillespie 2020.

despreciada por Plutarco (*Ant.* 10.3) por haber hecho lo mismo ἀλλ᾽ ἄρχοντος ἄρχειν καὶ στρατηγοῦντος στρατηγεῖν βουλόμενον.

El tema de la presencia de las mujeres junto a sus maridos cuando estos desempeñaban puestos de gobierno en las provincias parece haber sido conflictivo, sobre todo cuando se encontraban cerca las legiones. Tácito (*Ann.* 3.33.4) transmite un discurso pronunciado por Cecina Severo en el Senado, destinado a solicitar que se interrumpiese esa costumbre. Dada esta intervención, se ha interpretado que la presencia de las mujeres de los gobernadores en las provincias sería algo habitual en esta época[178].

Desde luego, la presencia de las mujeres imperiales en las provincias parece haber sido algo continuo ya en este periodo. En su respuesta a Cecina, Druso, hijo de Tiberio, afirma que Livia había acompañado a Augusto y que él mismo se hacía acompañar por Livilla. En otros episodios se presenta a Julia en Oriente junto a Agripa, o dando a luz a su hijo con Tiberio en *Aquileia*. Antonia dio a luz a Claudio en *Lugdunum*, mientras que Agripina, además del ya mentado episodio, también acompañó a Germánico en otras ocasiones, de forma que tuvo a muchos de sus hijos fuera de Roma. Livilla, por su parte, habría seguido a Druso a Ilírico[179].

No obstante, la presencia de las mujeres junto a las legiones no era recibida con tintes tan positivos en otras muchas ocasiones. Se pueden destacar los casos de Triaria y Cornelia, esposa de Calvisio Sabino, pero los más representativos son los de Fulvia y Plancina, con una recepción completamente contraria al episodio de Agripina[180].

Fulvia tuvo, en las narrativas, una función destacada en la guerra de *Perusium*. Pero para entender su participación en esta contienda, es útil atender a la descripción que Plutarco ofrece de ella en su relato sobre la vida de Antonio:

> "ἀπαλλαγεὶς γὰρ ἐκείνου τοῦ βίου γάμῳ προσέσχε, Φουλβίαν ἀγαγόμενος τὴν Κλωδίῳ τῷ δημαγωγῷ συνοικήσασαν, οὐ ταλασίαν οὐδὲ οἰκουρίαν φρονοῦν γύναιον, οὐδὲ ἀνδρὸς ἰδιώτου κρατεῖν ἀξιοῦν, ἀλλ᾽ ἄρχοντος ἄρχειν καὶ στρατηγοῦντος στρατηγεῖν βουλόμενον" (Plut. *Ant.* 10.3).

---

178 Análisis del discurso de Cecina en Marshall 1975a; 1975b; Ginsburg 1993; Barrett 2005a, entre otros. Sobre la continua presencia de las mujeres de los gobernadores en las provincias: Pflaum 1950: 303-306; Raepsaet-Charlier 1982; Barrett 2005a; Boatwright 2021: 251 o Foubert 2011. Contra: Marshall 1975a; 1975b; Marshall 1984.

179 Julia habría viajado con sus distintos maridos a las provincias, donde también dio a luz a Agripina y, quizás, a Julia (FgrHist 90 F134; Joseph. *AJ* 16.2.2; Fantham 2006: 59; 66; 108). Sobre su parto en *Aquileia*: Suet. *Tib.* 7.3. Sobre Antonia en *Lugdunum*: Suet. *Claud.* 2.1. Parece que Agripina ya se encontraría junto a las legiones antes de la muerte de Augusto (Tac. *Ann.* 2.54.1; 57.4; 75.1; Suet. *Cal.* 8.3). Partos de Agripina fuera de Roma (Tac. *Ann.* 2. 54.1); Julia Livilla En el Ilírico (Tac. *Ann.* 3.34.6).

180 Triaria: Tac. *Hist.* 3.77.6-7; Cornelia: Tac. *Ann.* 6.9.5-6; DC 59.18.

74

"De hecho, como medida para alejarse de esa vida disoluta, Antonio se dispuso a casarse y tomó por esposa a Fulvia, que había estado casada antes con el demagogo Clodio. Aquélla era una mujer que no circunscribía sus pensamientos a las tareas del hogar, como cardar la lana, ni se veía digna de domeñar a un simple ciudadano, sino que tenía designado casarse con un gobernante al que quería gobernar y un capitán dispuesto al que se le capitaneara".

Por tanto, Plutarco establece a través de la descripción de Fulvia una oposición directa entre el trabajo de la lana y comandar tropas, presentando a Fulvia como la antítesis del ideal de comportamiento femenino. Esta imagen es puesta por Dion (48.10.3) en un contexto militar, cuando afirma que en la guerra de *Perusium* Fulvia: "se ciñó con una espada, dio la consigna a los soldados y, en algunos casos, los arengó". Estos ejemplos son claras exageraciones propias de un contexto de crisis. Sin embargo, los momentos conflictivos son reforzados en las narrativas a través de la transgresión entre lo masculino y lo femenino, lo privado y lo doméstico; presentando a las mujeres como listas para comportarse de manera inadecuada al ser puestas en un contexto no doméstico[181].

Otro ejemplo claro es el de la ya citada Plancina, esposa de Gneo Pisón. Esta, según Tácito (*Ann.* 2.55), acudía a los ejercicios de caballería e infantería y las tropas estaban dispuestas a mostrarle lealtad. Así pues, la de Plancina es una narrativa completamente opuesta a la de Agripina, dentro de la obra del mismo autor. Si bien el sentido de este episodio sobre Plancina es el de presentar ante la audiencia con un tinte negativo a aquellos que fueron acusados de la muerte inesperada de Germánico, se percibe que la crítica a las mujeres que se acercaban demasiado al poder político a través de los ejércitos es habitual en diversos autores.

Por la contra, las mujeres que se mantenían al margen de los asuntos políticos y militares durante el despliegue de sus familiares masculinos en contextos provinciales eran ampliamente halagadas. Es el caso de la tía de Séneca (Sen. *Hel.* 19.6), a quien este elogia por no solo haberse mantenido al margen de los asuntos de su marido mientras este fue prefecto en Egipto, sino también por no haber abandonado su hogar ni haber recibido a los nativos en él.

Así pues, no podemos evitar ver una clara contraposición entre lo que las narrativas exponen como propio para mujeres imperiales e impropio para otras mujeres aristocráticas, siendo la aparente diferencia la pertenencia (o no) al clan de Augusto. Después de todo, pese al rechazo de la propuesta de Cecina, en esta misma época se

---

181 Por ejemplo, los autores imperiales insistieron en la rapaz naturaleza de las mujeres de los gobernadores o en su mal comportamiento y tendencia a volverse ingobernables cuando estaban rodeadas por soldados. Sobre los relatos de usurpación femenina del poder masculino: Santoro L'Hoir 1994. Otros ejemplos de mujeres usurpando el poder de los hombres en contextos militares en: Mart. *Epig.* 2.56; Juv. 6. 398; 8.128; 6.400-401; Sen. *Med.* 4.2; Val. Max. 9.1.3; Plut. *Luc.* 6.; *Ant.* 10.3; 33.3; DC 45.13.2; 35.3; 47.8.4; 48.10.4; 15.2; 63.12; Tac. *Hist.* 2.63; 3.77; App. *B Civ.* 3.4; 4.29; 5.14.

presenta a Augusto como contrario a la idea de que los oficiales fuesen visitados por sus mujeres (Suet. *Aug.* 24). Pese a que Mesalino en su respuesta a Cecina defendiese los beneficios que a los hombres otorgaba el tener a sus esposas al lado, también afirmó que era responsabilidad de estos controlar a sus esposas. Finalmente, tres años después de este discurso, un *Senatus consultum* aprobó una medida por la cual los esposos serían considerados responsables de los comportamientos de sus mujeres en las provincias[182]. De esta manera, la presencia de mujeres aristocráticas en las provincias ofrece un ejemplo de tensiones entre la vida diaria y percepciones generales[183].

Pese a que la vida de Agripina en Tácito parezca un relato exagerado, posiblemente afectado por la biografía que Agripina la Menor escribió sobre su madre, al mismo tiempo ofrece una buena oportunidad para entender los viajes de las mujeres de esta familia junto a sus esposos como parte de su labor cívica. Con su presencia en las provincias y campamentos daban una imagen de concordia marital dentro de la familia imperial y exponían a los ciudadanos de las provincias y a los soldados a la ideología imperial y dinástica que se quería imponer desde Roma[184]. Las mujeres eran las representantes de la *concordia* marital y del propio emperador[185]. Su presencia en las provincias, pese a lo transgresiva que podía ser en las mentes de la época, se convirtió en parte de su labor cívica.

En conclusión, más allá de Livia y Octavia, las mujeres con un rol político más destacado en el momento debieron ser las de los dos herederos, Druso y Germánico. Sin embargo, la narrativa no permite determinar si desempeñaron funciones similares a las de las mujeres de la época anterior. Tiberio parece haber tenido una visión más tradicional del papel que las mujeres debían desempeñar en su corte y, tras la muerte de Livia, ninguna volvió a disfrutar de su protagonismo.

En consecuencia, las fuentes literarias dificultan percibir si la alta posición social de Livia se prolongó en sus sucesoras. No obstante, el análisis de los episodios que transmiten los autores (si bien no se pueden tomar al pie de la letra), son orientativos, en líneas generales, sobre ciertas funciones desarrolladas por las mujeres para esta época. Claramente se mantiene su influencia como madres y esposas y sus labores como vehículo de la propaganda imperial.

La posibilidad de acceder al poder imperial a través de las mujeres de la familia es otro elemento que también se puede percibir a través de la importancia dada a las

---

182 Tac. *Ann.* 4.20.4; Ulp. *Dig.* 1.16.4.2.

183 Foubert 2011: 349.

184 Sobre la creación del consenso "imperial" en las provincias: Ando 2000.

185 Boatwright 2021: 261. Agripina la Mayor también fue ejemplo de ese tipo de concordia en Tácito, pues se dice de esta que era una mujer indomable, que solo se sometía ante el gran amor que sentía por su esposo (Tac. *Ann.* 1. 33.4; 2.72.1).

acciones de Sejano a la hora de cortejar a Livilla o de deshacerse de la familia de Agripina. Al mismo tiempo, la reticencia de Tiberio a darle un nuevo marido debe entenderse dentro de este contexto.

76   Ambas mujeres murieron de forma prematura: Livilla, enclaustrada por su madre, Antonia, después de conocerse su involucración en los planes de Sejano (DC 58.11.7); Agripina, condenada al destierro por Tiberio, debido a ciertas acusaciones que le habían llegado sobre ella (DC 57.22.4b; 58.22.4). Su memoria y la de sus hijos fue rehabilitada posteriormente por Calígula.

3.3.3 Antonia y la influencia "doméstica"

Pese a la presencia de Livilla y Agripina como mujeres de los Césares, desde la muerte de Livia el papel de matriarca lo ostentaba Antonia, como matrona de más edad en la *domus Augusta*. Después de la temprana desaparición de su hija y su nuera, además, fue la única al frente de la casa de los Césares, encargada, sobre todo, de la crianza de las siguientes generaciones.

Así pues, Antonia habría heredado las responsabilidades de Livia en relación a la crianza de los niños de la corte (Suet. *Cal.* 10). Pese a su posición central, las fuentes la asemejan a su madre, Octavia: una figura constantemente presente pero muda en el relato histórico, centrada en la *domus* y alejada del rol institucional anteriormente desarrollado por Livia. No obstante, las narrativas que sobre ella elaboraron los autores de la antigüedad ayudan a entender la influencia que estas mujeres pudieron desarrollar a través de vías informales, sin necesidad de tomar una posición institucional destacada.

Antonia, parece haber desarrollado una capacidad de influencia ciertamente notable. Entre otros actos importantes, los autores le achacan el descubrimiento del complot de Sejano[186] (Jos. *AJ* 18.180; DC 66.14). También se estima que, tras la muerte de Livia, su casa se convirtió en un centro de influencia social y política[187]. A ella acudían con frecuencia Valerio Asiático y Lucio Vitelio, y además mantenía relación con sus familiares lejanos, hijos del rey Cotis de Tracia[188]. Fue ella quien convenció a Claudio de que no escribiese una historia sobre la época de Augusto (Suet. *Claud.* 42. 1-2) y, curiosamente, varios de sus libertos fueron de gran importancia para emperadores posteriores, llegando hasta la dinastía flavia. Su célebre liberta, Caenis, fue concu-

---

186 Algunos autores contemporáneos le achacan a Antonia no solo la caída sino también el ascenso de Sejano (Sumner 1965: 140-144). Josefo es el único autor que menciona abiertamente que Sejano habría intrigado contra Tiberio y añade que Antonia sería quien hiciese entrar en razón al emperador. Algunos investigadores han interpretado un epigrama de Honesto de Corinto en el mismo sentido, aunque esta visión es más que improbable (Nicols 1975: 50-51).

187 Bauman 1974: 139.

188 Tac. *Ann.* 11.3.1; Barrett 1990: 24.

bina de Vespasiano y quien le granjeó el acceso a la corte de Claudio (Suet. *Vesp.* 4). Aparentemente sus riquezas también habrían sido notables, siendo heredera del patrimonio de Antonio, a través del cual le llegaron regalos y lazos de clientela con príncipes orientales[189].

La figura de Antonia en esta época, su centralidad en todo lo relativo a la conjura de Sejano, en la crianza de las siguientes generaciones de emperadores, así como al granjear el acceso de nuevas familias a la corte, demuestran que la cercanía al poder determinaba la capacidad de agencia de las mujeres. La relativamente modesta posición de Antonia en esta época no modificó su capacidad de influencia, aunque sin ser parte central de la propaganda o representante del emperador.

Al mismo tiempo, la inexistencia de una figura femenina especialmente destacada en esta época (o un fracaso en la renegociación del papel femenino a la muerte de Livia) y el hecho de que Tiberio no se volviese a casar demuestran que no era esencial la existencia de una "primera dama" que diese soporte al poder imperial. La presencia femenina se hacía indispensable a la hora de forjar los lazos dinásticos y recordar al pueblo la relación entre los distintos integrantes masculinos de la dinastía. Tras la muerte de Livia, había suficientes herederos masculinos como para que la sucesión estuviese bien asentada y la relación entre estos y Tiberio era tan cercana como para que no fuese necesario reforzarla a través de las alusiones femeninas.

3.4 Calígula, las mujeres julio-claudias como transmisoras del poder imperial y la renegociación del rol de Augusta

Las características del ascenso al poder de Calígula influenciaron de manera decisiva el importante rol jugado por las mujeres durante su gobierno. Su juventud y su falta de preparación para el cargo harán que busque legitimar su principado en su descendencia de Augusto. También se apoyará en los otros miembros de su familia que, en el momento de su ascenso se reducían a Antonia, sus tres hermanas y su tío, Claudio[190].

Tiberio no llega a adoptar a Calígula, sino que lo nombra principal heredero en su testamento, junto a su otro nieto, Tiberio Gemelo, quien desaparece pronto de la narrativa histórica (Tac. *Ann.* 6.46.1-3). Además de ser excepcionalmente joven para el cargo (25 años), no había tenido una carrera civil ni militar demasiado intensa. Detentó la cuestura y varios sacerdocios antes de recibir el privilegio de ser elegido a las magistraturas con cinco años de adelanto respecto a lo marcado en la ley (DC 57.7.4; 58.8; 58.23.2). Calígula también acompañó a Tiberio en Capri (Tac. *Ann.* 6.20),

189 Häaninen 2016.
190 López Gómez 2022b.

bien para mejorar su formación[191], bien para protegerlo de los peligros de Roma y la corte. En todo caso, cuando Calígula asciende al poder era muy joven y su formación, a ojos de la aristocracia romana, insuficiente (Tac. *Ann.* 6.48.2).

78 En consecuencia, el gobierno de Calígula se basaba exclusivamente en el carisma de sus ascendentes[192]. Su tatarabuelo, Augusto, su abuelo, Tiberio, y su padre, Germánico, aportaban un excelente "pedigrí" al nuevo emperador[193]. De esta manera, algunos autores sostienen que el silencio de Tiberio al respecto de quién debía sucederle se traducía en un acuerdo tácito, teniendo en cuenta la vinculación a la familia de Augusto y también el incipiente pensamiento dinástico[194].

Por tanto, debido a la necesidad de introducir de forma continua en la propaganda la legitimidad dinástica del nuevo emperador, así como a su bisoñez y juventud, vemos que se da una necesaria renegociación del papel público e institucional de las mujeres (tanto de las vivas como de las fallecidas). Estas expresaban la conexión del nuevo *princeps* con sus antepasados y al mismo tiempo eran un elemento esencial de la corte en el que apoyarse para su gobierno.

3.4.1 El título de Augusta después de Livia

El gobierno de Calígula se inició con una exaltación de su *pietas* familiar. Como heredero de la línea imperial, las narrativas recuerdan que sus primeras decisiones una vez en el poder versaron sobre los honores a tributar a sus familiares. Se dirigió en persona a las islas donde habían muerto su madre y su hermano para llevar sus cenizas de vuelta a Roma, al mausoleo de Augusto (DC 59.3.5). Las urnas fueron llevadas por los miembros más ilustres del orden ecuestre[195]. Además, instituyó otros honores a la memoria de estos familiares, como sacrificios a sus manes y juegos circenses en honor a su madre, donde una carroza llevó su imagen en procesión (Suet. *Cal.* 15.). Sus hermanos recibieron, también, otros honores, ya que Suetonio sostiene que Claudio estuvo a punto de ser destituido de su cargo como cónsul por poner poca diligencia al arrendar y erigir las estatuas de Nerón y Druso (*Claud.* 9.1).

---

191 Los autores dicen que Calígula solía estar presente durante las audiencias de Tiberio en la isla (Suet. *Cal.* 11).

192 Parsi 1963: 109.

193 Germánico, pese a no haber llegado a convertirse en emperador por su prematura desaparición, era celebrado en la memoria popular como casi un héroe (Bianchi 2006: 597)

194 Beranger 1975: 142.

195 Parece que se intentó replicar el ceremonial de los funerales imperiales, en los cuales los miembros del orden ecuestre acompañaban los cuerpos de los varones fallecidos desde fuera de Roma hasta la ciudad. En el funeral de Augusto, los caballeros también aguardaron junto a Livia al pie de la pira hasta que esta se extinguió (DC 56.42.4). Sin embargo, en este caso, Dion (59.3.6) argumenta que, considerando los ropajes de Calígula y la presencia de lictores, la ceremonia emulaba más bien un triunfo.

Otras disposiciones incluyeron un consulado para su tío Claudio; nombrar el mes de septiembre Germánico o nombrar *princeps iuventutis* a Tiberio Gemelo. También otorgó a los herederos los legados de Livia que Tiberio había invalidado y durante su gobierno se inauguró el templo del divino Augusto (Suet. *Cal.* 15; *Claud.* 11.2; DC 59.2.4; 3.4; 6.5-6).

En este contexto de exaltación de las conexiones familiares que lo acercaban a Augusto, decretó una serie de honores para su abuela Antonia. Estos incluían todos aquellos de los que Livia había gozado y, de forma notable, el nombre Augusta. Así pues, con la sucesión de Calígula y las disposiciones sobre Antonia, la continuación del nombre de Augusta se convirtió en un título, aunque por ahora se mantuviese dentro de *domus*.

Un aspecto notable de su estrategia fue el apoyo que buscó en sus familiares femeninas. Como se avanzaba, a través de un solo decreto, equiparó a su abuela Antonia con Livia (Suet. *Cal.* 15.2), con la intención de que Antonia asumiera el papel de legitimadora de su gobierno, similar al que Livia había desempeñado durante la época de Tiberio. La designación de Augusta tenía como objetivo elevar su estatus y resaltar el vínculo entre padre e hijo. A pesar de los esfuerzos de Calígula por rehabilitar la imagen de su madre, incluso llegando a quemar en el foro los documentos que la incriminaban a ella y a sus hermanos (Suet. *Cal.* 15.4; DC 59.4.3; 6.3), el recuerdo de su muerte en el destierro, acusada de buscar el poder para sus hijos (DC 57.22.4b; 58.22.4), seguía presente en la memoria colectiva. En contraste, Antonia era vista como una viuda casta que había ayudado a muchos y criado a numerosos niños, lo que inevitablemente evocaba la imagen de Livia. La centralidad de la familia de Augusto fue, pues, una parte central de la política de Calígula[196], quien en este momento desarrolló un programa de glorificación femenina continuista con el periodo augusteo.

No obstante, Antonia falleció al poco de la llegada de Calígula al poder, con lo cual su influencia durante el gobierno de su nieto debió de ser mínima y no se consolida un nuevo papel público para una mujer[197]. Sí podemos observar que el rol de la Augusta sigue siendo maternal. La Augusta es la mujer que forja el vínculo entre ascendientes y descendientes, pues Calígula no lo conferirá a ninguna de sus hermanas, pese al papel señalado que les concedió en su gobierno.

---

196 Shotter 2000: 356.

197 De hecho, Suetonio dice que Calígula no le rindió ningún tipo de honra fúnebre (Suet. *Cal.* 23.2). Esta afirmación parece un tanto inverosímil en el contexto del momento en el cual se buscó en Antonia a una nueva Augusta, por lo que las palabras de Suetonio parecen más bien dirigidas a introducir la imagen de tirano que posteriormente desarrollará en todo su esplendor (Suet. *Cal.* 22-ss.).

3.4.2 Agripina, Drusilla y Livilla: la filiación matrilineal y la renegociación del papel femenino

Desde el ascenso imperial de Calígula pero, sobre todo, desde la muerte de Antonia, tomaron gran relevancia en las narrativas las tres hermanas del emperador. Estas recibieron reconocimiento y honores, pasando a desarrollar un papel preponderante en la *domus*[198]. Recibieron, por ejemplo, los privilegios de las vestales y asientos en el palco imperial para ver los juegos (DC 59.3.5), en una línea similar a la de sus predecesoras. Sin embargo, ninguna de ellas tuvo el título de Augusta, presumiblemente por los tintes de veteranía y maternidad que este había tomado con Livia y Antonia[199].

No obstante, otra serie de concesiones a estas mujeres pueden ser consideradas como innovadoras. Se afirma que las hermanas pasaron a figurar en los juramentos de lealtad al emperador y en los preámbulos de las proposiciones que los cónsules presentaban en el Senado[200]. Esta información debe ser tomada con cautela. Es difícil llegar a profundizar sobre la veracidad del relato histórico sobre ciertas partes del gobierno de Calígula debido a la intención de los autores de presentar esta época como una autocracia con ciertos matices tomados de las monarquías orientales, sumado a una descripción del emperador como un joven que no estaba completamente en sus cabales[201].

El nuevo honor contaba con ciertos precedentes: en época de Tiberio se incluyó en los votos públicos el nombre de Livia debido a la posición de preeminencia desarrollada tras la muerte de Augusto; presumiblemente también se habría incorporado el de Sejano y los de Druso y Nerón, aunque Tiberio censurase al Senado por incluir los nombres de individuos tan jóvenes e inexpertos (Tac. *Ann.* 4.17.1). Estos episodios son normalmente utilizados como muestra del poder de individuos que no eran el emperador y como forma de criticar la actitud de este por permitir o alentar semejante transgresión. Al mismo tiempo, tanto Livia como los nietos de Tiberio tuvieron posiciones destacadas en el Estado de cara a asegurar la pervivencia del sistema. En época de Calígula sus disposiciones informan sobre la promoción de las mujeres de su familia como aquellas que podían asegurar la sucesión en caso de necesidad. Al mismo tiempo, el relativo anonimato de sus hermanas hasta ese momento —en contraposición al ejemplo previo de Livia—, muestra la posibilidad de elevar la posición de los miembros de la *domus* imperial por el único mérito de formar parte de esta.

Por otro lado, no hay precedentes sobre la inclusión de los nombres femeninos en

---

198 Bauman 1974: 159,

199 Flory 1993.

200 Suet. *Cal.* 15.3; DC 59. 3.5-6; Barrett 1990: 232-233.

201 De hecho, Suetonio (*Cal.* 22) hace una división en la vida de Calígula entre una etapa en la que se rigió como un emperador y otra en la que lo define como un "monstruo". Para más información sobre el análisis de Calígula en las narrativas de la antigüedad: Alfaro 2012.

juramentos de lealtad al emperador[202]. Después de la concesión de la *sacrosanc-titas* tribunicia a Livia y Octavia en el 35 a.C., este honor no se volvió a conferir a ninguna otra mujer imperial que, por lo que parece, quedaban protegidas por la ley de *maiestas*[203]. Con sus disposiciones, Calígula no llegó a revivir el decreto triunviral de concesiones extraordinarias para las mujeres, pero se da una aparente busca por exaltar la imagen de la *domus* imperial a través de los miembros principales que aún sobrevivían, las hermanas de Calígula. Por tanto, la intención del emperador a través de las mujeres fue la de exaltar el prestigio de su familia y el suyo propio[204]. Al introducirlas en las proposiciones de los cónsules recordaba al mundo que no era el único que aseguraba la continuidad del régimen[205].

A mayores de las concesiones a sus hermanas en vida, los honores decretados a la muerte de Drusilla son sintomáticos de las funciones desarrolladas en esta época por las mujeres imperiales y del nuevo rol concebido por el régimen de Calígula. Drusilla nunca llegó a recibir el título de Augusta ni las narrativas reflejan una preparación para dicho evento. No obstante, a su muerte, esta recibió más privilegios a su memoria que Livia. Así pues, se convirtió en la primera mujer romana en ser deificada (DC 59.11; 13.8; 24.7). Se le ofreció una imagen de oro en la curia y otra en el templo de Venus. La estatua de Drusilla divinizada se situó en el lugar de culto de su legendaria antecesora, haciendo referencia a la línea divina que conectaba a los Julios con Troya y con Venus. La colocación de la imagen en el templo de otra diosa es un gesto especialmente llamativo, teniendo en cuenta que en el decreto de su consagración también se reflejaba la creación de un templo propio con sacerdotes y sacerdotisas. Su *funus publicum* también fue especialmente destacado, los pretorianos y parte del orden ecuestre corrieron alrededor de la pira y se celebró el *lusus Troiae*. Se ordenó que las mujeres jurasen usando su nombre y que en su aniversario se celebrasen juegos y banquetes para el Senado y el orden ecuestre.

Aunque Livia ya había abierto el camino de los honores extraordinario para mujeres, como señala Barret[206], lo llamativo del caso de Drusilla es que se le diese tanta importancia a una mujer que había tenido tan poca relevancia en el porvenir del Imperio. En consecuencia, los decretos que siguieron as u muerte han sido interpretados como un intento de salvar el golpe dinástico y mantener la memoria de la fallecida presente en las imágenes y representaciones[207], de forma similar a como sucederá posteriormente con *Iulia Titii*. Al mismo tiempo, es posible que la relevan-

---

202 Barrett 1990: 62.

203 Sobre la *Lex Iulia de Maiestatis*: Allison y Cloud 1962; Levick 1979; Keaveney y Madden 1998.

204 Barrett 1990: 63.

205 Bauman 1974: 160.

206 Barrett 1990: 87.

207 Wood 1995: 460.

cia póstuma dada a Drusilla fuese un reflejo del papel que hubiese estado destinada a cumplir en vida.

82   Aparentemente, ante la carencia de hijos varones descendientes de Calígula, la sucesión se habría planeado a través de sus hermanas. El segundo marido de Drusilla, Emilio Lépido, fue marcado como favorito por Calígula. Este recibió los honores típicos de los sucesores, sobre todo el de presentarse a las magistraturas cinco años en adelanto (DC 59.22.6). En línea con lo que sucedió con otros sucesores y colaboradores estrechos del poder imperial, Lépido fue retratado en las narrativas como amante de Calígula en una relación adúltera e incestuosa[208], lo que dio pie a que los autores plasmasen que este habría sido el natural sucesor en el Imperio por su relación con el emperador (DC 59.22.6). Es decir, Lépido es un elemento más usado para retratar la incompatibilidad de Calígula con el Principado o su "desviada" naturaleza, pues el emperador se dejaba llevar por sus deseos carnales más que por las necesidades de la *res publica,* lo que generaba favoritismos injustificables.

Suetonio (*Cal.* 24.1) da una versión ligeramente distinta. Este afirma que, durante una enfermedad, Calígula habría dejado a Drusilla como depositaria de sus bienes y del Imperio, vinculando la transmisión de los bienes materiales con la del poder político. No obstante, no se critica la posición de una mujer como sucesora, sino que el pasaje se encuadra en la exposición del desaforado cariño que Calígula profesaba a su hermana.

A través de las narrativas de Dion Casio y Suetonio se ha llegado a la conclusión de que Calígula pretendía que, en caso necesario, le sucediese el marido de su hermana[209]. Después de todo, las mujeres no podían detentar el poder político per se. Drusilla, sin embargo, sí tenía la capacidad de transmitir la legitimidad dinástica a sus hijos, quienes, con el tiempo, se convertirían en los sucesores y devolverían el Imperio a la sangre de Augusto. De este modo, durante el gobierno de Calígula, se consolidó el principio de que la línea de descendencia cognaticia era capaz de garantizar la continuidad del poder imperial dentro de una misma familia.

En suma, con el ejemplo de Drusilla en época de Calígula se reconocía que las mujeres podían ser transmisoras del poder imperial[210]. No obstante, se puede entender que de haber tenido Calígula un hijo varón este habría sido el candidato preferido para el Imperio. La capacidad generadora femenina suponía que las mujeres podían

---

208 Ya la propaganda de Marco Antonio había defendido que la adopción de Octavio por parte de César se debía a los favores sexuales que el sobrino ofrecía a su tío (Suet. *Aug.* 68.1). Las narrativas de descrédito de los gobernantes tocaron muchas veces el terreno del adulterio y el incesto, como la denostación de Mesalina como ninfómana; la de Agripina la Menor como madre con tendencias incestuosas, o una similar narrativa entre Domiciano y su sobrina Julia. En general, una forma común de retratar al mal gobernante es a través de conductas sexuales desviadas.

209   Barrett 1990: 81-82

210   Wood 1995: 459.

dar continuidad a la línea dinástica, pero esa línea iría en segundo lugar por detrás de la filiación agnaticia.

3.4.3 Las mujeres y el problema de las fuentes en la época de Calígula

Como se señalaba anteriormente, las mujeres de la *domus Augusta* fueron una potencial fuente de herederos en caso de necesidad. No obstante, pese al protagonismo que las hermanas tuvieron en los primeros acontecimientos que siguieron al ascenso de Calígula, tras la muerte de Drusilla se reduce su protagonismo en las narrativas. Al mismo tiempo, las fuentes literarias que tratan la vida de Calígula tienden a centrarse en su descripción de soberano tiránico con tintes helenizantes, motivo por el cual no hay una precisa descripción de los personajes de sus hermanas o de otras mujeres pertenecientes a la corte en esta época. Al igual que en el caso de Tiberio, algunas mujeres de su familia son usadas como instrumento narrativo que ayudase a mostrar la depravación del emperador. Las mujeres en la narrativa sobre Calígula parecen haber sido un instrumento utilizado para expresar su *pietas* familiar en un primer momento y, después, como ejemplo de su locura.

Estos episodios de crueldad de Calígula hacia sus hermanas se resumen en dos elementos concretos: sus relaciones incestuosas y la prostitución forzada y, por otro lado, el destierro como resultado de sus relaciones adúlteras con Emilio Lépido[211]. Las narrativas sobre la relación incestuosa de Calígula con sus hermanas han llevado a distintos investigadores actuales, como Bauman, a suponer la existencia en la corte romana de prácticas en imitación de las costumbres ptolemaicas, de la mano de la rehabilitación de la figura de Marco Antonio[212]. La existencia de costumbres egipcias en el *Palatium* de Roma parece poco probable y las afirmaciones de los autores deben interpretarse, más bien, en consonancia con las exageraciones destinadas a presentar a Calígula como un emperador atípico[213].

Como se mencionó anteriormente las acusaciones de conductas sexuales inapropiadas hacia figuras como Lépido, Mesalina, Agripina la Menor o Julia *Titii* se presentan como un tema recurrente en la literatura antigua, asociado con la figura del mal gobernante. Así presentaron los autores antiguos la relación del emperador con sus hermanas cuando este, probablemente, buscaba solo ganar popularidad a través de la exaltación de su familia, al tiempo que denunciaba los abusos cometidos

---

211 Se afirma que este tuvo relaciones con todas sus hermanas, pero que Drusilla era su favorita, manteniendo una relación con ella desde la niñez en casa de Antonia (Suet. *Cal.* 24.1-3; 36.1).

212 Interpreta Bauman (1992: 91) en este mismo sentido helenístico-ptolemaico la cita de Suetonio (*Cal.* 23.1) en la que defiende que Agripina sería el fruto de una relación incestuosa entre Augusto y Julia.

213 Otros autores, como Barrett (1990: 24; 220) restan toda credibilidad a este tipo de afirmaciones sobre la vida de Calígula y añade que, según Suetonio (*Cal.* 24.1), Antonia habría descubierto la relación incestuosa cuando ambos muchachos eran jóvenes, momento en el que difícilmente Calígula aspiraría a acceder al poder imperial o tendría en mente una supuesta idealización ptolemaica.

por el *princeps* anterior sin hacer una alusión directa[214]. Además, al ser Calígula un emperador joven y con poca experiencia, es posible que se apoyase en la imagen de sus hermanas para fortalecer su gobierno, como ya se señaló[215]. En este contexto de un sistema político que intentó exaltar la figura femenina dentro de una sociedad patriarcal, las narrativas posteriores, escritas de forma retrospectiva, desarrollaron la historia del incesto como una explicación para el protagonismo de individuos que, por contexto social, eran tradicionalmente relegados a esferas domésticas.

Estas acusaciones también fueron propiciadas por la representatividad dada a las hermanas, ya que estas llevaban a cabo el ceremonial público típico de las esposas. Sus efigies fueron un elemento habitual en las acuñaciones de esta época, más que las de las esposas del emperador. Así pues, ante la ausencia de herederos legítimos, las hermanas del emperador tuvieron una posición más destacada que sus esposas en un intento de reforzar la idea de dinastía descendiente de Augusto. Las maniobras de Calígula honraban lo que quedaba de la casa de Germánico y, al mismo tiempo, preparaban al público para aceptar como sucesor a cualquier hijo nacido de sus hermanas[216].

Aparentemente, el uso que Calígula quiso hacer de sus conexiones familiares y del papel de las mujeres de su familia avanzó en los patrones creados por Augusto. Pretendió mantener el papel de la emperatriz en una posición similar a la de Livia, como la gran matriarca que daba apoyo al emperador y se encargaba de los cultos de los antepasados divinos. Los honores concedidos en un primer momento a sus hermanas y el uso que hizo de sus imágenes persiguieron expresar la solidez de su poder basado en la familia. Esta orientación cambió cuando se intentó transmitir el poder a Lépido a través de Drusila y se dejó ver en las posteriores honras fúnebres a esta. Así pues, ante una posición dinástica inestable, se manifiesta un intento de incrementar la influencia de la familia en los temas de Estado.

El aumento de la influencia familiar en los temas políticos también tiene otras consecuencias a partir de esta época. La repercusión dinástica de las mujeres las convertía en un peligro para la estabilidad del régimen. De este modo, en el momento en que Agripina la Menor y Livilla fueron acusadas de cometer adulterio con Emilio Lépido, fueron rápidamente relegadas a una isla (Suet. *Cal.* 24.3; 39.1; DC 59.22.6-8; Tac. *Ann.* 14.2.4). La relevancia de las mujeres para la legitimación dinástica supuso que, si estas decantaban su favor personal hacia otro candidato, podían dar hijos a una familia externa al círculo de poder o participaban en conspiraciones[217], podían

---

214 Levick 1976b: 66-67

215 También en Barrett 1990: 85 y López Gómez 2022b.

216 Wood 1995.

217 Algunos autores han querido ver en los repetidos casos de acusaciones de adulterio contra mujeres imperiales una tapadera que ocultaba conspiraciones políticas (Carcopino 1958; Meise 1969; Bauman 1974; Levick 1975; 1976a; Raepsaet-Charlier 1987; Ehrdhardt 1987; Wood 1992; Williams 1996; Barrett

transmitir una capacidad de influencia que pusiese en peligro el orden establecido[218]. La frecuencia de condenas de adulterio en la *domus* imperial (la *relegatio ad insulam* en este momento y, en época de Claudio, la ejecución) informa sobre una actitud de intolerancia hacia comportamientos femeninos que se saliesen de la norma o del control del emperador[219].

Por tanto, es complicado establecer interpretaciones definitivas sobre ciertos aspectos relativos al género en época antigua. Pese a todo, sí podemos concluir que, en época de Calígula, si bien no se culmina el proceso de renegociación del papel femenino tras la muerte de Livia ante la traumática desaparición del emperador, sí se consolida la relevancia de las mujeres sobre el poder político imperial.

3.5 Claudio, las mujeres como ancestros y la reelaboración de la función pública femenina

Claudio reniega de la figura de Calígula, pero, una vez más, se apoya en los miembros de su familia para gobernar. Después de todo, su ascenso fue más complicado que el de su predecesor, pues tiene lugar tras un magnicidio (Suet. *Claud.* 10). No obstante, la elección de Claudio (presumiblemente por parte de los pretorianos) evidencia que no se produjo una crisis en el sistema de gobierno, sino solo un cuestionamiento de la persona en el poder. El sistema aún no había tomado los tintes institucionales que tendrá en años posteriores, cuando se dé el cambio de dinastía, sino que seguía basándose en la personalidad carismática de Augusto y en la preeminencia de la línea que de él descendía. En consecuencia, tras los tumultos que se dieron a la muerte de Calígula y el ascenso de Claudio, este desarrolló en inicio una política familiar similar a la de su predecesor. Claudio puso en valor a sus ascendientes, destacando su conexión con la línea de Augusto a través de Octavia y de Livia. Suetonio (*Claud.* 11.2-3) informa de los honores destinados a recordar a esta rama familiar:

> "conuersus hinc ad officia pietatis ius iurandum neque sanctius sibi neque crebrius instituit quam per Augustum. auiae Liuiae diuinos honores et circensi pompa currum elephantorum Augustino similem decernenda curauit; parentibus infe-

---

1996). No obstante, sustituir el papel de víctimas de las mujeres agraviadas por el de mujeres ávidas de poder, perpetúa la distorsión histórica de sus personalidades. En las narrativas, las mujeres adúlteras se convierten en personajes ficticios en un relato con connotaciones sexuales, políticas y morales dentro del juego de poder imperial (Bessone 1994; Joshel 1995: 52; 58; Edwards 1993: 36). Traducir la actividad sexual por intriga política supone asignar acciones y motivos a figuras históricas construidas a través del discurso de la sexualidad y el poder (Joshel 1995: 56.). Aunque en algunos casos hubiera motivos políticos, esto no justificaría extrapolar esa explicación a todas las acusaciones de adulterio, sobre todo en una cultura donde el honor masculino y el control de la sexualidad femenina parecen ir estrechamente relacionados: Fagan 2002: 577; Cohen 1991: 120.

218 López Gómez 2024b; en prensa.

219 López Gómez en prensa.

rias publicas, et hoc amplius patri circenses annuos natali die, matri carpentum, quo per circum duceretur, et cognomen Augustae ab uiua recusatum. a fratris memoria per omnem occasionem celebratam comoediam quoque Graecam Neapolitano certamine docuit ac de sententia iudicum coronauit. ne Marcum quidem Antonium inhonoratum ac sine grata mentione transmisit, testatus quondam per edictum, tanto impensius petere se ut natalem patris Drusi celebrarent, quod idem esset et aui sui Antonii. Tiberio marmoreum arcum iuxta Pompei theatrum, decretum quidem olim a senatu uerum omissum, peregit. Gai quoque etsi acta omnia rescidit, diem tamen necis, quamuis exordium principatus sui, uetuit inter festos referri" (Suet. *Claud*. 11.2-3).

"Pasó luego a encargarse de los deberes impuestos por la piedad, y estableció que su fórmula de juramento más sagrada y frecuente sería por Augusto. Hizo que se decretaran a su abuela Livia honores divinos y un carro tirado por elefantes, semejante al de Augusto, en la procesión del circo; a sus progenitores exequias públicas y además, en el caso de su padre, unos juegos circenses que debían celebrarse cada año el día de su nacimiento, y en el de su madre, una carroza para pasear su imagen por el circo y el sobrenombre de Augusta, que había rechazado en vida. Honró la memoria de su hermano en cuantas ocasiones se le presentaron, e hizo incluso en un concurso celebrado en Nápoles, representar una comedia griega, otorgándole la corona de acuerdo con el dictamen de los jueces. Ni siquiera dejó de honrar a Marco Antonio ni de hacer una grata mención de él, pues un día declaró en un edicto que, si pedía con tanta insistencia que se celebrara el cumpleaños de su padre, Druso, era porque coincidía con el de su abuelo Antonio. En honor de Tiberio levantó, junto al teatro de Pompeyo el arco de mármol que le había sido decretado en otro tiempo por el Senado, pero que no había llegado a construirse. Y aunque anuló todos los actos de Cayo, prohibió, sin embargo, que se incluyera entre los días festivos el de su muerte, por más que señalara el comienzo de su principado".

Con sus disposiciones, Claudio, quien no descendía directamente de Augusto, pasaba a tener la sangre divina de su abuela y a una Augusta como madre. Explotaba, además, la popularidad de su padre y de su abuelo e incluso las conexiones con su tío Tiberio y con Marco Antonio. La política de Claudio en su ascenso al poder supuso la consolidación del uso de la imagen de las mujeres como ancestros[220]. No se puede decir que sea una completa novedad para el periodo, pero, aunque las familias republicanas ya habían hecho referencia a antepasados ilustres a través de líneas femeninas, la consagración de Livia iba un paso más allá. Tiberio había legitimado su ascenso en su descendencia adoptiva de Augusto consagrado y ahora, con la apoteosis de Livia, se demostraba que este tipo de vinculación también podía darse

---

220 Häaninen 2011; Webb 2017.

con las mujeres, teniendo consecuencias de relieve para las dinastías venideras. Al mismo tiempo, la madre de Claudio, también fallecida, asumía el título de Augusta y, si bien no era consagrada, aparecía como vínculo de Claudio con la familia de Augusto. Una vez más, el emperador era hijo de una Augusta.

Otras mujeres de su familia recalcaban la legitimidad de Claudio dentro del clan de Augusto. El matrimonio con Mesalina, aunque tuvo lugar varios años antes del ascenso al poder, unía una vez más a los descendientes de Octavia y a los de Livia. La vinculación de ambos con Octavia se hizo más patente en la elección del nombre de la hija de estos.

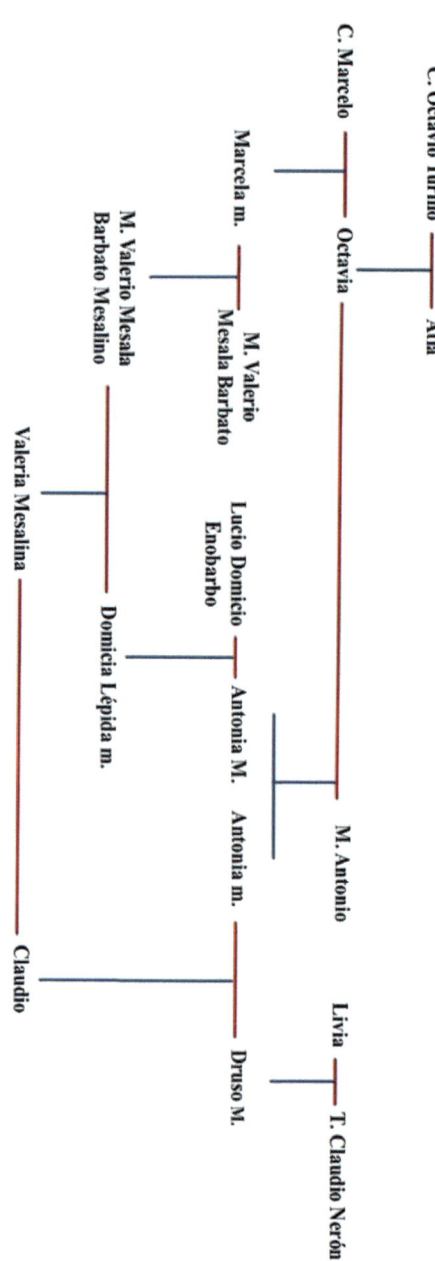

Imagen 2 Árbol genealógico de Claudio y Mesalina

La necesidad de mostrar vínculos con la dinastía de Augusto mediante las mujeres, así como de explotar la legitimación que estas aportaban se puede percibir claramente en los relatos que llevaron al matrimonio entre Claudio y Agripina. Estos vínculos a través de las mujeres redundaron en un mayor protagonismo público.

Tras la caída en desgracia de Mesalina, las narrativas ponen gran énfasis en las rivalidades de corte que habrían dado lugar a la elección de Agripina como nueva mujer de Claudio. Los principales motivos dados para el matrimonio entre tío y sobrina se basaban en la ascendencia célebre de la novia y en la necesidad de impedir que su conexión con la línea de Augusto fuese a parar a otra familia (Suet. *Claud.* 26.2; Tac. *Ann.* 12.1). Al mismo tiempo, Agripina llevaba consigo al descendiente por vía directa más cercano a Augusto, su hijo, Nerón, quien fue adoptado con rapidez y prometido en matrimonio con la hija de Claudio (Tac. *Ann.* 12. 4; 5-7; DC 60.31.8). Los primeros años de Claudio en el poder parecen haber sido especialmente convulsos, con multitud de conspiraciones en su contra[221]. El acercamiento a los últimos sucesores de Germánico y la unificación de las líneas que descendían de Augusto y Livia habría sido usado como elemento de refuerzo de su gobierno[222]. Solo así se explica el énfasis puesto en justificar un matrimonio socialmente inaceptable entre tío y sobrina[223].

Como se adelantaba, de la mano de una vinculación más potente entre legitimación dinástica y mujeres, estas también volvieron a desarrollar unas funciones públicas más institucionalizadas, en comparación con las matronas del periodo de Calígula. Así pues, en algún momento tras el ascenso de Claudio, Mesalina habría recibido el uso ceremonial del *carpentum*, pues sabemos que participó en el triunfo de Claudio montada en este vehículo (Suet. *Claud.* 17.3; DC 60.22). Cabe destacar que era altamente inusual que las mujeres participasen en este tipo de desfiles militares sino como cautivas[224].

Claudio rechazó para esta el título de Augusta tras el nacimiento de Británico (DC 60.12.5), a diferencia de lo que sucedió en un momento posterior con Agripina (Tac. *Ann.* 12.26.1). Aparentemente, en este momento Claudio estaba más preocupado por asentar su propio gobierno, utilizando las imágenes de sus antecesoras y creando una línea ascendente; que, por asegurar la línea descendiente, hacia su hijo. Hasta época de Nerón con la concesión del título a su hija, Augusta estuvo íntimamente vinculado con la posición de matrona que ejercía como vínculo entre generaciones al ascenso de un nuevo emperador[225] (Livia o Antonia). El título tuvo una ligera modifi-

---

221 López Gómez 2022b, tabla 1.

222 López Gómez 2022b.

223 Green 1998.

224 Flory 1998; Östenberg 2009; Webb y Brännstedt 2022.

225 Flory 1997.

cación con su concesión a Agripina, pero se justificaba ante la necesidad de presentarla como la madre de la siguiente generación de sucesores.

90 Volviendo al rol institucional, las mujeres de Claudio también estuvieron presentes en embajadas y audiencias y se menciona que, al igual que Livia, Agripina recibía visitas que se reflejaban en los registros públicos (Tac. *Ann.* 11. 1-3; 37.1; 13.43.3; DC 60.29.4-6a; 33.1; 33.7). A Agripina, al igual que a Mesalina, se le otorgó el derecho a emplear el *carpentum* (Tac. *Ann.* 12. 42.2; DC 60.33); un elemento necesario para destacar su estatus especial entre las demás mujeres aristocráticas que, al mismo tiempo, podría estar destinado a favorecer sus movimientos por la ciudad y, de esa manera, sus intervenciones en la vida pública[226].

Las narrativas destacan en este momento una posición de extrema influencia para las mujeres de Claudio que puede ser consecuencia del protagonismo dado en el terreno dinástico[227]. Sigue siendo necesario abordar las fuentes literarias con la crítica correspondiente, pues la posición central de las mujeres imperiales va acompañada por acusaciones de usurpación del poder y manipulación del emperador[228]. A ellas se las suele culpar, junto a los libertos imperiales, de la mayor parte de crímenes del gobierno de Claudio y de convencerlo para acabar con algunos miembros de las familias más distinguidas. Los autores clásicos critican además que estas vendiesen favores, puestos y honores (Suet. *Claud.* 29.1; *Ner.* 9.1; 34.1). Se insiste en que Agripina habría promovido su propia posición de cara al matrimonio con Claudio y también la de su hijo para que este fuese adoptado.

Aunque es arriesgado ofrecer alguna interpretación al respecto, más allá de la incapacidad de una sociedad patriarcal para comprender la influencia que una mujer podía detentar por su cercanía al emperador, cabe señalar algunos puntos interesantes. En primer lugar, como ya se plasmó, Augusto y Tiberio desarrollaron de una forma más discreta y moderada las funciones institucionales a realizar por las mujeres. No obstante, poco a poco se fue forjando la presencia pública femenina en ese periodo, vinculada a valores tradicionales de la feminidad y, aparentemente, aunque habrían influenciado decisiones a través de su capacidad de intercesión ante sus familiares, no habrían tomado una posición tan pública como la de las mujeres en época de

---

226 Purcell 1986.

227 Claudio solventó su falta de relación con Augusto mediante sus conexiones matrimoniales: Wiseman 1982: 59-63. Los reversos de las monedas de oro y plata acuñadas por Claudio estaban protagonizados por su propaganda política y militar, al menos hasta su matrimonio con Agripina, donde el tema se vuelve familiar, con muchas monedas dominadas por la imagen de Nerón (Barrett 1996: 109; Trillmich 1978: 55-63; 78-79). Nerón también empleó la imagen de su madre y sus conexiones con esta, mientras que fue extremadamente cuidadoso con cualquier otra persona conectada con la *domus Augusta*, como sus hermanas adoptivas u hombres como Junio Silano, Rubelio Blando o Rubelio Plauto (Tac. *Ann.* 13.1; 13.19; 14.22; Barrett 1996: 152).

228 DC 60.2.4; 8.4; 14.2: 32; Fischler 1994; Santoro L'Hoir 1994.

Claudio. Nunca se llega a afirmar que Livia, por ejemplo, recibiese embajadas junto a Augusto o que presidiese juegos junto a este.

Claudio, por el contrario, intentó explotar la relación de sus esposas con la *domus divina*, poniéndolas en el centro de la vida pública como forma de legitimarse a sí mismo y a su gobierno. El resultado fue una mayor influencia y visibilidad de las mujeres, desarrollándose en consecuencia un relato en el cual se denuncia que estas estaban demasiado cerca del poder.[229] Se puede percibir en las narrativas previas al final de Agripina, donde esta amenaza a Nerón con apoyar a Británico pues, entre la sangre divina de esta o el apoyo de Séneca y Burro, el ejército y el pueblo preferirían la primera opción (Tac. *Ann.* 13.13.4). Estas palabras directamente recuerdan a las de su madre, Agripina la Mayor, afirmando ante Tiberio que Augusto vivía a través de su sangre y siendo alabada como *decus patriae, solum Augusti sanguinem* (Tac. *Ann.* 3.4; 4.52).

Estos ejemplos demuestran que las conexiones familiares aun determinaban la capacidad de las mujeres para intervenir en público e influenciar la política, no obstante, de una forma distinta. Vista la manera en que Augusto había dado forma al Principado, basado en la descendencia desde su propia persona, la conexión familiar con este acabaría por tener prioridad sobre los vínculos con los emperadores vivos. Como resultado, tras la muerte de Augusto, las mujeres obtuvieron la capacidad de intervenir en asuntos públicos gracias a su propio linaje y no tanto a través de su influencia sobre el emperador en el cargo. Así pues, las acciones de Mesalina y Agripina, su capacidad de agencia, son presentadas en la narrativa como ecos del poder femenino y de una influencia pública que no se podían definir tan claramente como domésticas. Además, al ser las mujeres las únicas que produjeron herederos de la línea julio-claudia, se hizo más visible que estas cargaban con la responsabilidad de mantener la dinastía[230].

En consonancia, para esta época, pese a la visión patriarcal sobre los intentos de usurpación del poder, Claudio fue, mediante la boda primero con su prima y, después, con su propia sobrina, quien probablemente obtuvo o buscó obtener más rendimiento en el estatus de las mujeres que lo acompañaban. La explotación de la imagen femenina, junto a los desarrollos en la centralización de la administración, así como en la institucionalización de la corte llevaron a que la aristocracia percibiese esta falta de separación entre los asuntos domésticos y los intereses de la *res publica* controlada por el emperador[231].

---

229 De hecho, en el discurso que pronunció en su ascenso a la púrpura, Nerón declaró la necesidad de mantener su casa alejada de los asuntos públicos (*discretam domum et rem publicam*, Tac. *Ann.* 13.4), dando a entender que Claudio había sido incapaz de separar las dos esferas.

230 Milnor 2005: 291.

231 Winterling 1999; Winterling 2009.

3.5.1 Mujeres, poder político y adulterio en época de Claudio

Este aparente mayor protagonismo femenino en tiempo de Claudio fue emparejado con condenas más duras en los casos de adulterio[232]. Ya se resaltó que las condenas por adulterio fueron un elemento común en las narrativas sobre la familia imperial. Si durante la época anterior se seguía lo marcado por la *lex Iulia de adulteriis* y se enviaba a las mujeres a islas, a partir de Claudio, se añade la ejecución, bien en islas durante el destierro o bien en Roma[233].

Julia Livila y Agripina pudieron retornar a Roma tras el ascenso de Claudio, en medio de su política de puesta en valor de su familia. No obstante, poco después Livila fue exiliada de nuevo, acusada de adulterio con Séneca, y ejecutada (Suet. *Claud.* 29.3; Tac. *Ann.* 14.63.1-2; DC 60.8.4-5).

De forma notoria, Mesalina, esposa del emperador, fue ejecutada en la propia Roma (sin juicio previo) por un caso de adulterio con Cayo Silio, quien fue acusado de traición. La severidad de la condena se entiende al considerar la repercusión que las mujeres imperiales tenían sobre la política del Imperio. Mesalina, al dirigir su atención a Silio, no solo debilitaba a Claudio, sino que aportaba la legitimidad julia a una familia distinta. De hecho, la condena que siguió a su muerte muestra que sus acciones fueron consideradas excepcionalmente graves, pues, además de la ejecución sumaria, sufrió la *damnatio* de su nombre y sus imágenes (Tac. *Ann.* 11.38), convirtiéndose en la primera mujer de un emperador en el cargo en ser condenada[234].

El caso de Mesalina ha sido tratado tradicionalmente como una conspiración política contra Claudio[235]. Ya se comentó anteriormente que no es adecuado analizar todas las condenas contra mujeres como ejemplos de conspiración política. No obstante, sí se debe destacar que, aunque la condena por traición no se extendió a Mesalina, su intervención fue la más dañina para el poder imperial. Después de todo, como se mencionó, sus acciones podían llevar la legitimidad imperial a una familia distinta, poniendo en riesgo a Claudio. Para minorar el golpe, la propaganda imperial emitió una imagen de Mesalina retratada como ninfómana que quería tener dos maridos[236]

---

232 López Gómez en prensa.

233 Julia la Mayor fue condenada por adulterio (Suet. *Aug.* 65.2-3; Sen. *Ben.* 6.32.1; DC 55.10.12; Plin. *HN* 21.9), también lo fue su hija, Julia la Menor (Suet. *Aug.* 65.2-3; 101.3; *Tib.* 11.4; 50.1; Tac. *Ann.* 4.71.4). La otra hija de Julia, Agripina la Mayor, fue relegada por (aparentemente) conspirar contra Tiberio, y, tras su muerte, también fue acusada de adulterio (Suet. *Tib.* 53.2; *Cal.* 15.4; Tac. *Ann.* 5.3.2; 6.25.1-2; DC 57.4b; 58.22.4-5). En época de Calígula, Cornelia Orestila fue relegada por el mismo motivo (Suet. *Cal.* 25; DC 59.8), así como Agripina la Menor y Julia Livilla (Suet. *Cal.* 24.3; DC 59.22.6-8). Se puede encontrar una tabla con todas las condenas contra mujeres imperiales en López Gómez 2024b.

234 Análisis sobre la *damnatio* de Mesalina en las imágenes e inscripciones en Varner 2001.

235 Al igual que con la condena de las dos Julias y de las hermanas de Calígula, la ejecución de Mesalina y Silio es tratada por algunos autores como la respuesta a un intento de golpe de Estado: Meise 1969; Ehrdhardt 1987: 68-69; Levick 1990: 56-66; Cenerini 2010.

236 Análisis sobre la representación de Mesalina como una mujer dominada por la lujuria en: Joshel 1995 y Fagan 2002. Es destacable que la caricatura de Mesalina aparece en autores de décadas posteriores, como

(Tac. *Ann.* 11.26-38; Suet. *Claud.* 26-27; 29.3; 36; DC 60.31.1-5; Joseph. *AJ* 20.8.1; *BJ* 2.12.8). Este retrato que, de alguna manera, limitaba las repercusiones políticas de una posible relación extramatrimonial de Mesalina, presentaba la posibilidad de condenarla sin deslegitimar a sus descendientes.

En todo caso, la severidad en las condenas femeninas desde inicios de la época de Claudio refuerza la hipótesis de que la renegociación del papel femenino en el poder estaba entonces en curso. Ante una mayor cuota de influencia de estas y de relevancia para la estabilidad del régimen, las condenas que se establecieron también fueron más significativas. Esta tendencia se mantuvo en época de Nerón.

En suma, la intención de Claudio habría sido dar estabilidad y legitimidad a su posición por medio de los vínculos familiares con el padre de la dinastía. Claudio trató de reforzar la imagen de aquellos que controlaron directamente el poder, así como de aquellos que dejaron mejor recuerdo en el imaginario romano, como su padre, Druso. En este contexto se sitúan los honores concedidos a la memoria de su madre y de su abuela, que se corresponden con los patrones generados por Augusto, añadiendo la divinización de Livia. Claudio dio un paso adelante en la relación con sus esposas. Si Augusto había buscado un papel tradicional y moderado para Livia y Octavia, Claudio les ofreció honores ampliamente criticados por la tradición posterior. A diferencia de Augusto, no logró captar la sensibilidad de las élites romanas respecto a los diferentes estatus sociales que estaban determinados por el género. La presencia de mujeres en lugares demasiado cercanos al poder se entendió como una transgresión, haciendo que fracasase cualquier intento de negociación social que suavizase el golpe y llevando a la imagen peyorativa que nos transmiten los autores posteriores. No obstante, cabe también tener en cuenta que la mala imagen tanto de Mesalina como de Agripina parece especialmente influenciada por la propaganda imperial que condenó su memoria tras sus ejecuciones.

3.5.2 Agripina la Menor, el rol de Augusta y el problema de las fuentes

Aunque en términos generales se puede detectar cierto continuismo en la función política desempeñada por las mujeres en época de Nerón, lo cierto es que, a la hora de analizar su gobierno, se vuelve a encontrar la problemática de las fuentes. La crítica a Nerón es un elemento común en todos los analistas que narran su gobierno. La deformación histórica hace que sea difícil entender algunas narrativas pues, en la intención de formular una imagen de monarca tiránico y despótico, Nerón es presentado desde un primer momento manejado por su madre; contexto en el que se encuadran, por ejemplo, los relatos sobre sus relaciones incestuosas (Suet. *Ner.* 28.2).

Juvenal, Tácito y Suetonio, mientras que en la *Apocolocyntosis* de Séneca (más cercana a los hechos) Mesalina es presentada como una víctima de Claudio, ejecutada sin juicio (Flower 2006: 188).

94

Así pues, la descripción de Agripina es complicada. Cumple con la función de ejemplificar la conducta incorrecta de su hijo y de explicar las decisiones erradas de Claudio. Nerón es un mal emperador porque tiene una mala madre y toda la política de la época de Claudio y Nerón está pervertida porque las mujeres intervinieron demasiado en ella. A la vez, Agripina es una mala mujer porque sus familiares fueron malos emperadores.

Por otro lado, como ya se ha señalado, en política familiar los inicios del gobierno de Nerón tuvieron puntos en común con Calígula y Claudio. Exhibió *pietas* familiar al conseguir la consagración de Claudio y dio grandes honores no solo a la memoria de este, sino también a la de su padre biológico, Domicio Enobarbo (Suet. *Ner.* 9.1).

Parte de su *pietas* familiar se relacionó con la obediencia a su madre, al menos hasta el momento en que esta situación se pervirtió. Los autores transmitieron que, al menos durante los primeros años y debido a la juventud del nuevo *princeps*, fueron Seneca, Burro y Agripina quienes controlaron el poder (Tac. *Ann.* 13.12.1; 13.13.1; DC 61.3.3). En este contexto, se orquestó un papel público para Agripina en clara vinculación con el que Livia había tenido. Una vez más, una Augusta actuó como vínculo entre un emperador divinizado que fue padre adoptivo del hijo de la propia Augusta. Al igual que en el caso de Livia, los autores destacaron su protagonismo en los funerales de Claudio, convirtiéndose posteriormente en sacerdotisa del culto imperial[237] (Tac. *Ann.* 13.2).

En continuidad con la época anterior, se transmitió una clara intervención en los asuntos de gobierno (DC 61.3.2). De hecho, los autores afirmaron que se llegaba a convocar las sesiones del Senado en palacio con la única misión de que Agripina pudiese escucharlas a escondidas. De la misma forma, se la acusó de haber estado presente en las embajadas, como también hiciera en vida de Claudio (Tac. *Ann.* 13.5). Finalmente, en las acusaciones que Nerón le dirigió para justificar su ejecución, se llegaría a afirmar que tanto el pueblo como el Senado y las cohortes pretorianas juraban en nombre de esta mujer (Tac. *Ann.* 14.11.1).

En relación a la función desempeñada por Agripina, debe ser tenida en cuenta la situación particular del ascenso de Nerón al poder. Después de todo, este era un joven de solo diecisiete años. Se da una situación similar a la de la sucesión de Calígula. Nerón no contaba con verdadera experiencia administrativa o militar[238]. Había

---

237 A diferencia de Livia, a Agripina se le concedieron no uno sino dos *lictores*. Además, es transmitido por Tácito y Dion (*Ann.* 13.18.1; DC 61.8.4-6) que tuvo una escolta militar; primero como esposa del emperador y después como su madre, a la que además le habían añadido guardias germanos. Se desconoce si fue una novedad introducida después del matrimonio de Claudio con Agripina o si su anterior esposa ya gozaría de esta escolta.

238 Nerón fue *princeps iuventutis*, se le permitió presentarse al consulado a los veinte años y tuvo formación oratoria (Tac. *Ann.* 12.58; Suet. *Ner.* 7.2). Tácito (*Ann.* 12.41.2) sostiene que Nerón también tuvo un *imperium consulare extra urbem* en época de Claudio. No obstante, no llegó a participar en acciones militares antes de la muerte de su predecesor.

pasado de forma acelerada por algunos cargos públicos que permitirían que ganase la *auctoritas* necesaria para gobernar, pero, en la práctica, es dudoso que estuviese suficientemente preparado.

En este contexto, Nerón no solo necesitaría de la legitimidad dinástica aportada por Agripina, sino también del apoyo de personas con más experiencia. Las referencias que encontramos en los relatos sobre su gobierno pueden ser entendidas en esta dirección. Agripina, superviviente de los gobiernos de Tiberio y Calígula, pudo intentar aconsejar a Nerón (DC 61.3.2). La impropiedad de esta relevancia de Agripina aparece reflejada en las intervenciones de Séneca y Burro, quienes habrían intentado reducir su protagonismo (Tac. *Ann.* 13.12.1; 13.13.1; DC 61.3.3).

También en consonancia con la relevancia dada a las mujeres como consejeras y como forma de apoyo dinástico, se reforzaron en esta época las narrativas de reivindicación política por parte de estas.

> "ὡς δὲ οὐδὲν ἐπέραινεν, ὑπερήλγησε καὶ εἶπεν αὐτῷ ὅτι 'ἐγώ σε αὐτοκράτορα ἀπέδειξα,' ὥσπερ ἀφελέσθαι τὴν μοναρχίαν αὐτοῦ δυναμένη· οὐ γὰρ ἠπίστατο ὅτι πᾶσα ἰσχὺς αὔταρχος, παρ᾽ ἰδιώτου δοθεῖσά τῳ, τοῦ τε δόντος αὐτὴν εὐθὺς ἀπαλλάττεται καὶ τῷ λαβόντι κατ᾽ ἐκείνου προσγίνεται" (DC 61.7.3).

> "Pero cuando vio que no conseguía nada, se lo tomó muy a pecho y le dijo: 'Fui yo quien te hizo emperador', como si tuviera el poder de arrebatarle la soberanía. No se dio cuenta de que cualquier poder absoluto otorgado a alguien por un ciudadano privado deja inmediatamente de ser propiedad de quien lo otorga y se convierte en un arma adicional en manos de quien lo recibe para la guerra contra quien lo otorga".

Las afirmaciones que se ponen en boca de Agripina en este momento son un indicio más de la percepción social de que en esta época se había dado demasiada relevancia a las mujeres y de que estas habían asumido su relevancia personal. La tradición historiográfica ya marcó para periodos anteriores este tipo de reivindicaciones por parte de los personajes femeninos. Así, Suetonio (*Tib.* 51.1-2), narra cómo Livia habría recriminado a Tiberio el no obrar conforme a su consejo, como si fuese ella quien le hubiese dado el poder; también Agripina la Mayor habría criticado a Tiberio por dañar a la sangre de Augusto (Suet. *Tib.* 53.1). Aun así, parece que fue en época de Claudio y Nerón cuando se trató de una forma más abierta la consolidación del papel de las mujeres como creadoras de emperadores.

Después de todo, aunque Claudio convirtió a Nerón heredero en vida, su adopción y su vinculación con la línea julio-claudia tuvieron lugar a través de su madre. Y así, tras su muerte que, si seguimos a los autores del momento, habría tenido lugar por orden de su hijo, este se vio obligado a mantener su memoria y organizar un festival en su honor (DC 61.17.2).

3.6 Papel político y condenas contra mujeres imperiales en época de Nerón

El final violento de Agripina también lleva a reflexionar sobre otro elemento que se mantiene desde época de Claudio, las condenas a la relegación y ejecución de mujeres de la familia imperial. Si el gobierno de Claudio ya había sido especialmente prolijo al respecto, la época de Nerón no fue distinta. En cuanto a mujeres de primera línea política podemos apreciar que sufren un final no natural su mujer Octavia, su hermana adoptiva Antonia, su tía paterna Domicia Lépida y su propia madre.

Las referencias al final de las dos Domicias son un tanto oscuras. La primera, madre de Mesalina que, aun así, cuidó de Nerón durante el exilio de Agripina y apoyó a este frente a su propio nieto, Británico[239], es presentada en el relato histórico como frontalmente opuesta a Agripina y procesada por su culpa, bajo la acusación de poseer demasiados esclavos a los que no podía controlar[240], así como de practicar magia (Tac. *Ann.* 12.65.1; Suet. *Ner.* 7.1).

Sobre la otra Domicia, se dice que murió al ordenar Nerón que le diesen una dosis extra de laxante durante su convalecencia por estreñimiento (Suet. *Ner.* 34.5), con la intención de hacerse con su herencia cuanto antes[241] (DC 61.17.1). Así pues, las menciones a las dos Domicias Lépidas, hermanas de Domicio Enobarbo son habituales en las fuentes del momento y, en la mayoría de los casos, se centran en la enemistad de las hermanas con Agripina, por lo que en la antigüedad se tendió a señalar la responsabilidad de Nerón o de la propia Agripina en sus muertes.

En todo caso, ambas mujeres aparecen especialmente introducidas en los patrones de corte y debieron ser personajes destacados en su momento. Eran hijas de Antonia la Mayor, hija de Octavia y Marco Antonio, primas, por lo tanto, del propio Claudio. La hija de una de ellas (Mesalina) se convirtió en esposa del emperador, mientras que el hermano de ambas (Domicio Enobarbo) se unió a Agripina, mostrando el lugar preeminente que la familia tenía en su época. Como familia de nacimiento de Nerón, fueron especialmente honradas en el momento del ascenso de este al poder y a lo largo de su vida[242]. No obstante, la pertenencia a la corte también supuso tener que someterse a los intereses políticos. Así, la Domicia Lépida muerta en época de Nerón, estuvo casada con Pasieno Crispo, pero este la abandonó para casarse con Agripina[243]. Son también las relaciones en la corte en esta época y la inestabilidad del

---

239 Suet. *Ner.* 33; Griffin 1984: 31.

240 Entendido este punto en particular como una acusación de traición (Hayne 1973: 503).

241 La costumbre de los emperadores de declarar inválidos ciertos testamentos y, en su lugar, embolsarse las herencias, podría indicar aquí una acusación por *maiestas*.

242 Griffin 1984: 21-22 destaca el respeto y deferencia prestado por Nerón sobre su familia de nacimiento a lo largo de todo su gobierno.

243 Según Suetonio (*Pas. Cris.*), parece que fue el propio Claudio, aun casado con Mesalina, quien pidió a Pasieno que se divorciase para casarse con Agripina. No deja de sorprender, pues la posición de su ante-

poder imperial lo que marca la desaparición repentina de algunos de los protagonistas de la historia y la aparición de relatos en los cuales el culpable de los crímenes es Nerón o Agripina en su ansia por eliminar enemigos o enriquecerse.

Las narrativas sobre las hijas de Claudio, Antonia y Octavia, están determinadas por la necesidad de condenar la memoria de Nerón. Aunque sus historias son usadas para ejemplificar la personalidad del tirano, también son ejemplos del uso de las mujeres dentro de la corte para mantener el poder en manos de la familia. El caso más notorio es el de Octavia, esposa de Nerón en primeras nupcias. La condena a la memoria del emperador hace que la descripción que llega sobre el final de la joven sea totalmente contraria a la propaganda imperial, mientras que, la versión oficial, denostada por los propios autores antiguos, pone en evidencia a Octavia. Así pues, Nerón le habría solicitado el divorcio ante su supuesta esterilidad. Ya como mujer divorciada, fue acusada de adulterio y relegada a una isla, donde tiempo más tarde fue ejecutada[244]. Al igual que la mayoría de las mujeres imperiales desterradas por adulterio, no parece que fuese sometida a la *quaestio de adulteriis*, ni que su condena a muerte fuese decretada por ningún tribunal[245].

Independientemente de la imposibilidad de entender el caso de Octavia, su condena ofrece varios datos sobre las funciones a desempeñar por las mujeres imperiales. Por un lado, está la importancia de las mujeres como productoras de herederos. Este elemento, claramente, fue una continuidad con los periodos anteriores que continuó su refuerzo a lo largo de los gobiernos de los distintos emperadores. La principal baza de Nerón para divorciarse de Octavia fue la esterilidad; el momento del divorcio habían estado casados durante cerca de nueve años y no habían tenido descendientes. La publicidad dada a los motivos de la separación lleva a concluir que la supuesta esterilidad en una emperatriz debió ser considerada un motivo lo suficientemente relevante como para provocar un divorcio dinástico; teniendo en cuenta el elevado estatus de la emperatriz, hija del anterior emperador. Aunque fuese una fachada o una excusa (idea que transmiten los autores), dicha fachada tenía que ser creíble, en consonancia, el tema de la fertilidad en la familia imperial parece haber sido central[246].

Por otro lado, el pasaje confirma el mantenimiento de un estatus elevado para las familiares de los emperadores. Aunque se benefició a Nerón sobre los descendientes biológicos de Claudio, parece que Octavia y Antonia siguieron teniendo gran impor-

rior esposa, Domicia, era lo suficientemente destacada como hija de Antonia la Mayor como para que la sometiesen a semejante desplante.

244 Tac. *Ann.* 14.59.3; 14.60.1; 14.63.3; 14.64.1; 15.63.

245 Precisamente la tendencia de los emperadores a relegar a mujeres de su familia sin pasar por la *quaestio* correspondiente priva de los detalles concernientes a los casos (Boatwright 2021: 47-82 y tabla 2.1).

246 Hug 2023: 189-241; López Gómez 2022c.

tancia dinástica dentro de los planes del momento[247]. Esto explica que se llevase a cabo el matrimonio entre Octavia y Nerón, aunque ello supusiese romper el compromiso previo con otro descendiente de Augusto, Junio Silano (Tac. *Ann.* 12.4-7; DC 60.31.8). También se puede apreciar la relevancia del estatus de Octavia a la hora del divorcio, cuando los autores afirman que hubiese sido necesario que Nerón devolviese la dote:

"ἐν δὲ τῇ Ῥώμῃ ὁ Νέρων Ὀκταβίαν τὴν Αὔγουσταν ἀπεπέμψατο μὲν πρότερον διὰ Σαβῖναν τὴν παλλακίδα, ὕστερον δὲ καὶ ἀπέκτεινε, καίτοι τοῦ Βούρρου ἐναντιουμένου αὐτῷ καὶ κωλύοντος ἀποπέμψασθαι, καί ποτε εἰπόντος 'οὐκοῦν καὶ τὴν προῖκα αὐτῇ' τοῦτ' ἔστι τὴν ἡγεμονίαν 'ἀπόδος'" (DC 62.13.1).

"En Roma, Nerón se divorció primero de Octavia Augusta, a causa de su concubina Sabina, y más tarde la condenó a muerte. Lo hizo a pesar de la oposición de Burro, que trató de evitar que se divorciara de ella, y una vez le dijo: 'Bueno, entonces, devuélvele su dote', con lo que se refería a la soberanía".

Así pues, pese al accidental ascenso al poder de su padre, Octavia tuvo una elevada posición dentro del esquema dinástico. Ello explica además su relegación y ejecución, pues parece que Nerón no podría arriesgarse a permitir que Octavia desposase a un rival. La importancia de la línea que descendía de Claudio también justifica que, a la muerte de la sucesora de Popea Sabina, Nerón intentase desposar a la otra hija de Claudio, Antonia (Suet. *Ner.* 35.4).

En consecuencia, las condenas a mujeres imperiales en época de Nerón también son un continuismo de tiempos de Claudio y el mantenimiento de las ejecuciones para mujeres muestra que la relevancia política de estas se mantuvo intacta. No obstante, el papel de la Augusta no se llegó a consolidar, precisamente por la incapacidad de llegar a un punto de encuentro entre las necesidades políticas del régimen y la aceptación de la élite.

Por último, de la mano de la condena a Octavia también se transmite la idea de la extrema popularidad de algunas mujeres en la Roma del momento. Así pues, se dice que Nerón dio marcha atrás momentánea al ver el descontento de la plebe y cómo la masa urbana acabó derribando las estatuas de Popaea, para mostrar su desconformidad con los eventos del momento (Tac. *Ann.* 14.59.3). En consonancia, se puede llegar a suponer que esta misma popularidad influyó a la hora de determinar la necesidad de alejar a ciertas mujeres de la atención pública en Roma[248].

Entre las causas de esta popularidad se puede situar la publicidad dada a sus imágenes a través de la propaganda imperial y, en continuidad con los periodos anteriores,

---

247 Tac. *Ann.* 12.9; 12.62.2; 12.42.2; DC 61.32.5.
248 López Gómez 2024b: 81-82.

una capacidad de evergetismo y de intervención en favor de terceros ante el propio emperador[249].

3.7 Política matrimonial de la *domus Augusta* en época julio-claudia

Se ha considerado adecuado explicar en un apartado independiente las políticas matrimoniales seguidas a lo largo del periodo julio-claudio después de la muerte de Augusto, por presentar estas una cierta continuidad en los gobiernos de los distintos emperadores y, al mismo tiempo, para ofrecer una visión más clara de un asunto complejo. En todo caso, la consideración por separado de la política matrimonial permite entender la creación de una familia amplia alrededor de la figura del emperador, que facilitase la sucesión en caso necesario. Así pues, en esta época se percibe la búsqueda de una posición destacada para las mujeres de la familia, al mismo tiempo que se explotaron las conexiones dinásticas y las alianzas matrimoniales.

La política matrimonial de Tiberio se entiende en continuidad con la de Augusto. No obstante, la edad de algunos individuos que celebraron sus matrimonios en la época anterior y el fallecimiento de otros llevó a que en muchos casos se mantuviese la viudez de algunos exponentes de la familia, contraviniendo lo marcado por la *lex Iulia de maritandis*. Los lazos entre los herederos Germánico y Druso fueron diseñados por Augusto, fortaleciendo así el círculo de poder y apoyo al príncipe en torno a su familia. Con esta estrategia, Augusto aseguraba a Tiberio una posición estable, respaldado no solo por uno, sino por dos sucesores, quienes a su vez tendrían numerosos hijos, garantizando la continuidad del régimen. Ambos matrimonios reforzaron la unión entre las ramas julia y claudia de la familia, ya que en cada uno de ellos un descendiente de Livia se unía a un descendiente de Augusto o de su hermana.

Sin embargo, las prematuras muertes de estos dos sucesores dejaron a viudas jóvenes con la posibilidad de tener más hijos. La necesidad de asegurar la sucesión de los individuos más cercanos, sumada a la falta de candidatos adecuados, llevó a que se replicara el ejemplo de Antonia tras la muerte de Druso. Así, se optó por mantener a ambas mujeres solteras (o, en el caso de una, casada con un caballero que, teóricamente, no representaba una amenaza para la sucesión) antes de permitir que se casaran con hombres ajenos a la familia, a pesar de que Agripina había solicitado un esposo[250] (Tac. *Ann.* 4.53).

---

249 Así, por ejemplo, Agripina intervino para lograr el perdón de Claudio sobre Séneca, quien fue exiliado junto a Julia Livilla (DC 60.8.5). Cuando Agripina cayó en desgracia también lo hicieron sus partidarios, como el liberto Palante (Tac. *Ann.* 13.14.1).

250 Algunos autores (Shotter 2000: 353-354; Bauman 1974: 149) sostienen que Agripina habría tenido un candidato en mente, Asinio Galo. Sin embargo, el hecho de que Augusto lo hubiese contemplado como un hombre lo suficientemente bueno como para tener el Imperio (Tac. *Ann.* 1.12.6), no habría favorecido la opinión de Tiberio respecto a él. Un hombre senatorial de buena familia y con una importante carrera

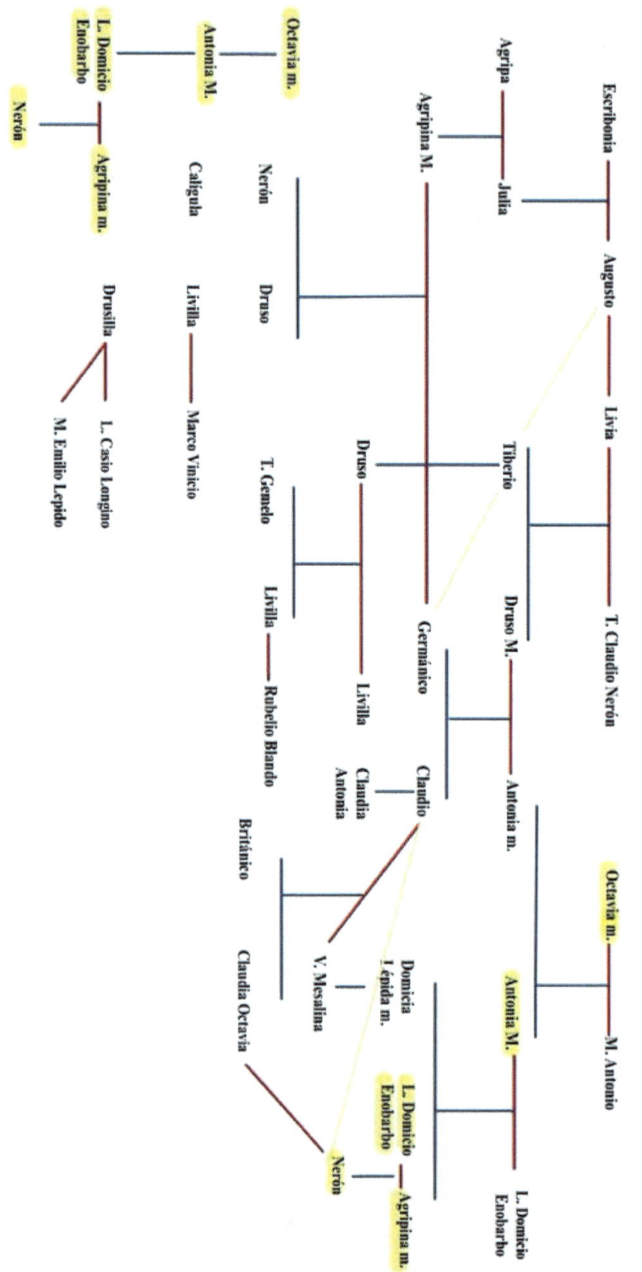

100

Imagen 3. Principales vínculos matrimoniales en época de Tiberio

En la siguiente generación, se retomaron los planes iniciales de Augusto siempre que fue posible. Sin embargo, surgió un desafío debido a la gran cantidad de descendientes de Germánico en comparación con el número de hijos de Druso, quienes habían sido sus consortes naturales. El hijo mayor de Germánico, Nerón, se casó con su prima, Julia Livia, la única hija de Druso. Para el segundo enlace, el del hijo menor de Germánico, también llamado Druso, fue necesario buscar una conexión más lejana dentro de la familia. La elegida fue Emilia Lépida, hija de Marco Emilio Lépido, quien era sobrino de Julia la Menor a través de su matrimonio con Lucio Emilio Paulo. Años más tarde, para el matrimonio de Calígula, se optó por Junia Claudilla, la hija del destacado senador Marco Junio Silano. Este último era un amigo cercano de Tiberio, lo que brindaba a Calígula una ventaja en su sucesión, ya que su abuelo le proporcionaba un suegro en quien podía confiar plenamente[251].

Agripina la Menor se destacó de sus hermanas al casarse con un hombre de un árbol genealógico notable. Aunque pertenecía a la *gens* Domicia, su esposo era uno de los nietos de Octavia, lo que le otorgaba un prestigio considerable. Sus padres, Antonia la Mayor y Lucio Domicio Enorbarbo, también tenían un linaje destacado[252].

Por otro lado, Drusilla tuvo dos matrimonios. Su primer esposo, Lucio Casio Longino, provenía de una noble familia plebeya, pero no había alcanzado gran distinción en el momento de su unión con ella.

Livilla, por su parte, se casó con Marco Vinicio, cuyo abuelo era conocido por su cercanía a Augusto[253]. Después de la muerte de Calígula, Vinicio fue considerado un posible candidato al poder imperial, gracias a su nobleza y sus conexiones matrimoniales (Joseph. *AJ* 19.102.251). Esto demuestra que, en ausencia de un heredero varón, el matrimonio con una princesa imperial podía ser una vía para acceder al trono[254].

En esta misma época se produjo el matrimonio de Julia, hija de Druso y Livilla y viuda de Nerón, quien fue prometida a Rubelio Blando[255]. Tácito afirma que la unión fue triste por lo poco distinguido de la familia del novio, nieto de un caballero de Tibur. Tácito ofrece así una clave para interpretar los movimientos matrimoniales del momento. Como ya se señaló, las mujeres en esta generación superaron en número a

---

política podía ser un peligro demasiado grande al entrar en alianza con la casa de los Césares mediante matrimonio.

251 Levick 1976b: 207.

252 Tácito (*Ann.* 4.75) dice que, al casar a Agripina con Domicio, Tiberio se fijó no solo en su antiguo linaje, sino en la posibilidad de asociarse con la sangre de los Césares.

253 Barrett 1990: 33.

254 Corbier 1995: 191.

255 Destaca que, pese a la condena de Nerón, no se cuestionó el papel de Livilla en la familia imperial y continuó dentro del esquema dinástico de Tiberio.

los hombres, por lo que, con la intención de no crear fricciones dentro de la casa imperial y generar más contendientes a la púrpura, se eligió como esposos a individuos de familias destacadas que podrían ejercer como apoyo de Tiberio o su sucesor, pero que no tendrían un origen lo suficientemente distinguido como para aspirar a la púrpura[256]. Así, pese a que Vinicio fuese considerado como posible contendiente al Imperio, el sucesor fue Claudio. Así pues, a excepción del matrimonio de Agripina la Menor, las restantes uniones de la época muestran que la capacidad legitimadora de las mujeres ya era considerada como un elemento clave de la sucesión y la estabilidad política en este momento.

El enlace matrimonial más reseñable en época de Calígula es el de Claudio y Mesalina, el cual retrotrae a los patrones usados por Augusto [257]. Claudio fue hijo de Antonia la Menor y Druso, por lo tanto, nieto de Octavia y Livia. Mesalina fue doblemente nieta de Octavia a través de su padre, Mesala Barbato (hijo de Marcela la Menor), y su madre, Domicia Lépida (hija de Antonia la Mayor)[258]. El ascenso político de Claudio se dio al mismo tiempo que su matrimonio con una mujer de gran relevancia social[259]. Mesalina pertenecía a una rama lateral de la misma familia, pero su posición era de extrema relevancia, al relacionarse con los detentores del poder tanto por línea materna como paterna. Lo inesperado del enlace, basado en la diferencia de edad de los contrayentes y la ausencia de una posición pública (hasta ese momento) para Claudio, ha llevado a suponer que la unión marcó el despegue de la carrera de Claudio o que Calígula quiso mantener a Mesalina dentro de los límites de la propia familia, para no aportar su legitimidad a posibles contrincantes[260].

También fue destacado el segundo matrimonio de Drusilla, que tuvo lugar en esta época. El elegido fue Emilio Lépido. Este podía presumir de tener a Julia la Menor como abuela y a Cornelia, hija de Escribonia, en su linaje. Además, su hermana había

---

256 Barrett 1990: 34; Levick 1976b: 208-209; 1990: 61; Corbier 1995: 188; López Gómez 2021: 419.

257 Claudio ya había tenido varios matrimonios. Durante su juventud, en vida de Augusto, Claudio estuvo prometido con la nieta de Julia la Mayor, Emilia Lépida; sin embargo, la caída en desgracia de la madre de la novia, Julia la Menor, provocó que el compromiso se rompiese. El enlace era de suficiente calado como para mostrar que, pese a que Claudio era considerado un miembro de segunda en la *domus*, seguía siendo bastante relevante como para alcanzar un matrimonio dinástico. Esta unión habría ido en la línea de aquellos que cerraban la brecha entre las familias Julia y Claudia. Posteriormente estuvo prometido con Camila, descendiente de una importante línea republicana (Suet. *Claud.* 26.1). Sus dos siguientes matrimonios fueron de menor importancia. Primero se casó con Urgulanilla, nieta de la Urgulania amiga de Livia (Suet. *Claud.* 26.2). Esta pertenecía a los círculos de amigos más cercanos dentro de la corte, pero se trataba de un enlace fuera de la familia. Elia Pétina era hija de un consular, criada por el padre de Sejano y fue la madre de su hija Antonia.

258 Bauman 1974: 167.

259 Levick (1993: 55) sostiene que la mayor importancia política de Claudio en época de Calígula explicaría que este se divorciase de Elia Pétina para casarse con Mesalina. Sin embargo, parece que las fechas no coinciden, ya que Claudio se divorció de Pétina en el año 31 d.C. y no se casó con Mesalina hasta el 37 o 38 d.C.

260 Ehrdhardt 1987: 56.

estado casada con Druso el Menor, lo que fortalecía sus conexiones familiares[261]. Los matrimonios de Claudio y Drusilla parecen haber estado destinados a revertir la situación dinástica en época de Tiberio. La *domus Augusta* se había vaciado de candidatos a la púrpura y Calígula no tenía descendientes, por lo que usó las conexiones matrimoniales para rodearse de posibles sucesores. Aunque Claudio había estado apartado de la política hasta ese momento, el matrimonio con Mesalina lo colocaba en una posición central. Una situación similar se daba con Emilio Lépido, descendiente, él mismo, de Augusto

Los enlaces matrimoniales en época de Claudio tienen, si cabe, mayor importancia dinástica que en tiempo de Calígula. El propio matrimonio entre Claudio y Agripina ofrece una imagen de búsqueda de estabilidad en el poder a través de la idea de familia imperial descendiente de Augusto. Si ya con Mesalina intentó afianzar su ascendencia dinástica, su matrimonio con Agripina fue incluso más notorio.

Las fuentes transmiten que se discutió sobre la elección de la nueva esposa de Claudio (Suet. *Clau.* 26.1-3; Tac. *Ann.* 12.1-2); debate que puede ser resultado de la propaganda imperial que buscó justificar un matrimonio entre tío y sobrina (Tac. *Ann.* 12.5.7). La elección de Agripina fue la más lógica y útil, pues en cuanto a conexiones familiares era la exponente con una línea más cercana a Augusto[262]. Pese a que los autores antiguos la presentan seduciendo a su tío (Suet. *Claud.* 26.3; Tac. *Ann.* 3.1; DC 60.31.6-8), el matrimonio beneficiaba a este en gran medida y fue debido a los intereses del Imperio.

Antes del matrimonio con Agripina, Claudio buscó aportar estabilidad a su gobierno acercando a las familias más destacadas del momento, algunas de las cuales también tenían lazos con Augusto. Para ello se sirvió de los lazos matrimoniales con sus hijas[263]. Así, Octavia se comprometió con un Junio Silano, y Antonia primero se casó con Pompeyo Magno[264] y después con Fausto Sila. Estos hombres, que pertenecían a una generación intermedia entre la de Claudio y su hijo Británico, también estaban destinados a apoyar el gobierno del suegro y aportar estabilidad de su Imperio[265].

---

261 Bauman 1974: 162.

262 Las fuentes, sin embargo, citan numerosos ejemplos en los cuales Agripina se habría esforzado por eliminar a la competencia femenina forzando acusaciones contra aquellas mujeres que tenían algún tipo de vinculación o descendencia de la familia imperial (Suet. *Ner.* 7.2; Tac. *Ann.* 12.22.1; 64-65). Esto transmitiría que Claudio y Agripina podrían no estar tan seguros en sus posiciones como se pensó, sobre todo si se tiene en cuenta que, antes del matrimonio con Agripina, las fuentes cuentan que Mesalina ya se había encargado de hacer desaparecer a Julia, la otra hermana de Calígula y a Julia, la hija de Druso (DC 60. 8.4; 18.4).

263 Ehrdhardt 1987: 58-59; Levick 1990: 57-58.

264 Este hombre no solo era descendiente del triunviro, sino que unía los linajes de cuatro importantes familias como los Licinios Caros, Calpurnios Pisones, Pompeyos y Escribones Libones (Ehrdhardt 1987: 60).

265 Para Ehrdhardt (1987: 54) tuvieron la misma función que los tres maridos de Julia en época de Augusto.

Recibieron grandes honores y acompañaron a Claudio en su triunfo sobre *Britannia*. No obstante, estos individuos y sus familias acabaron cayendo al igual que otras muchas familias influyentes en esta época[266].

104 Ya se destacó que durante el gobierno de Nerón se produjo su divorcio de Octavia, seguido de destierro y ejecución (Suet. *Ner*. 35.1; Tac. *Ann*. 14.60.1; 64.1). Octavia aparece en las fuentes de una forma similar a su tocaya varias generaciones atrás, aunque con un final más cruel. En todo caso, parece que Nerón buscó impedir que Octavia pudiese casarse con algún exponente de la nobleza que se convirtiese en su opositor. La hija de un emperador otorgaría gran poder al hombre que la recibiese en matrimonio, más aún si este era contrario a Nerón y podía ofrecer una alternativa a su gobierno supuestamente despótico[267].

Es posible que la otra hija de Claudio, Antonia, también fuese ejecutada por los mismos motivos. En la narrativa aparece vinculada a un intento de conjura política, pero, al mismo tiempo, se justifica su ejecución en la negativa a desposar a Nerón (Suet. *Ner*. 35.4).

En suma, las conexiones matrimoniales en época julio-claudia suponen al mismo tiempo la base y la prueba de la influencia que las mujeres detentarán a lo largo de todo el periodo. Así pues, Livia obtuvo su preeminencia a través del matrimonio con Augusto, sumado a su propia pertenencia de nacimiento a una *gens* distinguida. Las mujeres que descendieron de esta y de la familia de Augusto desarrollaron capacidad de acción sobre los asuntos políticos (tanto indirecta a través de la intercesión sobre sus familiares como directa a través de su pertenencia a la *domus Augusta*) y pudieron transmitirla a aquellos con los que contrajeron lazos matrimoniales y a sus hijos. Los matrimonios también son prueba de la influencia que el enlace con una de estas mujeres podía transmitir. En consecuencia, esta capacidad se intentó limitar a través de matrimonios con individuos de nacimiento humilde, en algunos casos, mientras que en otros, las mujeres fueron utilizadas para reforzar las aspiraciones a la púrpura de distintos individuos.

3.8 Cambios en la nomenclatura como indicio de capacidad de agencia

Aunque sutiles, también en esta época se dan ciertos cambios en los patrones de nomenclatura de las mujeres. Estos, por diversos motivos, pueden ser tomados como un indicativo de la incrementada capacidad de agencia de las matronas imperiales.

---

266 Levick 1990: 53; 79.

267 El matrimonio de Nerón con Octavia tuvo la misma función de impedir que ella diese hijos con sangre imperial a algún individuo externo a la familia y, al mismo tiempo, reforzaba la posición de Nerón. Burro se lo dejó claro en el momento en que, cuando Nerón se divorció de ella, le pidió que devolviese también su dote, en referencia al Imperio (DC 61.13.2-3).

Corbier ya puso de relieve que las mujeres julio-claudias fueron las primeras en llevar nombres matrilineales de forma sistemática[268]. La capacidad para influir en los patrones de nomenclatura latinos se ha tomado como un ejemplo de su relevancia social e influencia.

Entre los distintos casos, el más temprano es, posiblemente, el de las hijas de Julia y Agripa. Aunque ambas hijas de Julia debieron haberse llamado Vipsania Agripina, una de ellas llevó el *nomen* de los Julios, es decir, de la parte materna de la familia. Es posible que Vipsania Julia Agripina (Julia la Menor) llevase ese nombre en referencia a su abuelo Augusto o bisabuelo Julio César, pero queda clara la capacidad de su madre, Julia la Mayor, para transmitir su propia nomenclatura.

Otro ejemplo ilustrativo es el de Claudia Livia o Livilla, nieta de Livia e hija de Druso y Antonia la Menor. Aquí se unieron los *nomina* de la *gens* Claudia y la *gens* Livia. Livilla recibió el *nomen* Claudia de su padre. No obstante, la ascendencia Claudia la recibió a través del primer marido de Livia, Tiberio Claudio Nerón, un personaje que quedó fuera del relato imperial. En este contexto, Livilla hereda el nombre de su abuela e hizo uso de este como nombre personal, a modo de homenaje[269]. Livilla pone de manifiesto no solo que los nombres empiezan a transmitirse por línea materna, sino también que pasan a tener un significado femenino. Las niñas julio-claudias que recibieron al nacer el nombre de Livia no lo harán por el casi desconocido Marco Livio Druso Claudiano, sino por la primera emperatriz de Roma y esposa de Augusto.

Un significado similar tienen los nombres de las dos Julia Livia, la hija de Germánico y la hija de Druso el Menor. Asimismo, se puede conjeturar que Julia Agripina (Agripina la Menor) pudo recibir su nombre como forma de honrar a su madre, en lugar de a su abuelo, Agripa.

En época de Claudio, los nombres de las niñas nacidas en la casa imperial se usaron para recordar los vínculos de este emperador con la rama central de la dinastía. Así, Claudia Antonia no recibió su cognomen de Marco Antonio, sino de su abuela e hija de Octavia, Antonia la Menor. Más ilustrativo aun es el nombre de su segunda hija, Claudia Octavia, ya que tanto Claudio como Mesalina eran descendientes de Octavia. A través de Antonia y Octavia se ponía de manifiesto que, pese a que Claudio solo hubiese entrado en el *ordo* senatorial en un momento avanzado de su vida y tuviese un papel secundario en la familia, su ascendencia determinaba su vinculación a la familia imperial.

Así pues, las niñas nacidas en el seno de la domus Augusta recibieron un nomen que las vinculaba a sus padres biológicos, pero su cognomen las relacionaba con importantes exponentes de su línea materna, fuesen hombres o mujeres. Los cambios en

---

268 Corbier 1994: 250.
269 Cenerini 2016: 32

la nomenclatura se acabaron extendiendo al conjunto de la aristocracia romana[270]. En el caso de la casa imperial también se mantuvo esta dinámica, como se puede ver en el nombre de Julia, hija de Tito, previsiblemente heredado de la familia de su madre. El culmen llegará con Faustina la Mayor, Faustina la Menor y las hijas de esta última, las cuales exponían a través de sus nombres referencias a las grandes antepasadas de su familia, tanto por línea materna como paterna[271].

En términos generales, se puede concluir que durante la época julio-claudia las mujeres de la familia imperial jugaron un papel crucial en el fortalecimiento de la posición del emperador en el poder. El rol asignado a estas mujeres parece haber surgido de los honores otorgados a Livia durante el gobierno de Tiberio, ya sea por el testamento de Augusto o por decisiones tomadas por Tiberio y el Senado. Sin embargo, su función principal consistía en legitimar el régimen a través de su identidad como madres, esposas e hijas de príncipes. Tras la muerte de Livia, su papel como representantes del emperador, patronas y benefactoras comenzó a decaer.

Es probable que, dentro de los patrones de la corte, estas mujeres mantuvieran su función, aunque las fuentes históricas no les otorgan la misma relevancia que en períodos anteriores. Su influencia en los asuntos políticos resurgió principalmente en momentos de vulnerabilidad para los emperadores. En estos contextos, se enfatiza la importancia de las conexiones mediante las mujeres y su imagen pública, lo que, sumado a gobiernos inestables, ha llevado a que las representaciones de estas figuras femeninas en la historia a menudo tengan connotaciones negativas, transformando el relato histórico en una caricatura difícil de interpretar.

No obstante, a través de las fuentes podemos llegar a importantes conclusiones sobre el papel político desarrollado. A lo largo de este periodo, el rol institucional de las mujeres como sacerdotisas, representantes del emperador y benefactoras se mantuvo. Sin embargo, las últimas mujeres de la dinastía consolidaron su papel como matriarcas, destacando su capacidad para engendrar emperadores y transmitir el poder imperial. Durante los momentos de mayor estabilidad, se observa un desarrollo de sus funciones más institucionales. En contraste, cuando se interrumpió la transmisión hereditaria del poder y la sucesión se basa en fundamentos precarios, se reforzó la imagen dinástica de las mujeres como el vínculo que unió a todos los emperadores con su antepasado común.

---

270 Kajanto 1972; Kajava 1994.
271 Levick 2014: 114-118.

Capítulo 04
El papel de las mujeres en la política imperial
y en el relato histórico entre el 68-96 d.C.   107

Con respecto a las mujeres imperiales a partir de la caída de los Julio-Claudios en el 68 d.C., las fuentes son mucho más parcas en información, lo que hace difícil llegar a conocer sus funciones con la misma profundidad que en el periodo precedente. El número de emperadores y emperatrices para esta época también es menor, lo que hace que proporcionalmente la información sea más escasa, por no mencionar unos patrones distintos en cuanto a la exposición de las mujeres para este momento. No obstante, a grandes rasgos y pese a estos pequeños condicionantes, se pueden obtener algunos datos clave en cuanto a las funciones desempeñadas por las mujeres.

4.1 Mujer y dinastía en el contexto de la Guerra Civil (68-69 d.C.)

En primer lugar, es necesario resaltar la influencia del evento traumático que es la guerra civil del año 68-69 d.C. en los patrones dinásticos. Debido a lo efímero de los gobiernos de tres de los cuatro emperadores que se suceden en ese año, no se llega a establecer la primacía de una familia, sino solo de un individuo como líder militar y de forma temporal. No obstante, en continuidad con la época anterior, sí se dan algunos gestos (si bien de breve duración) que permiten apreciar el mantenimiento de unos patrones de asociación entre el gobierno de un individuo y el protagonismo de su familia.

Así pues, una de las primeras decisiones de Galba (y la que llevará a su caída) es la adopción de un sucesor fuera de su familia, una acción que es presentada por Tácito como la elección del más válido, en franco precedente del gobierno de Nerva y Trajano[272]. También Vitelio se ocupó de elevar la posición de su hijo, un niño, dándole el nombre de Germánico e imperator (DC 65.2a; Tac. *Hist.* 2.59). Y, aunque todos estos

---

272 Tac. *Hist.* 1.14-16. También en Suet. *Gal.* 17; DC 64.5.

gobiernos fueron demasiado efímeros, se dieron intentos por solidificarlos a través de la introducción de las mujeres en la propaganda imperial.

108 De este modo, por ejemplo, la madre de Vitelio fue nombrada Augusta (Tac. *Hist.* 2.89). Este gesto es curioso, ya que ayuda a sustentar la tesis de que son las madres las que reciben un trato especial por su actuación como vínculos entre generaciones[273]. En el caso de Vitelio, este además contaba con una esposa que, no obstante, no es honrada de la misma forma que su madre. También es significativa su elevación a Augusta, ya que Vitelio no era hijo de emperador, con lo cual su madre no ejercía de vínculo de unión necesario[274].

Por otra parte, es llamativa una acción llevada a cabo por Otón para, aparentemente, afianzar su intento de tomar el poder. Según las informaciones de los autores, Otón se habría prometido con Estatilia Mesalina, viuda de Nerón (Suet. *Oto.* 10.2). Este gesto podría encuadrarse dentro de un programa de recuperación de la memoria de Nerón, a la postre bastante popular entre el pueblo. No obstante, al mismo tiempo también informa (una vez más) de la posibilidad de las mujeres imperiales para legitimar a ciertos individuos. Así pues, se debe notar que no quedaban herederos masculinos de los Julio-Claudios. En tal contexto, la viuda del anterior emperador podía suponer un vínculo importante con la dinastía, aunque ni siquiera perteneciese a esta por sangre. En el mismo sentido, cabe señalar que Calígula alejó a sus exmujeres de Roma tras el divorcio (Tac. *Ann.* 12.1; DC 60.31.8); actuaciones que se pueden entender como una forma de intentar eliminar a posibles rivales en las personas de los futuros esposos de esas mujeres[275].

Por tanto, otro rasgo compartido por las mujeres imperiales, que debe ser tenido en cuenta aquí, es que a través de las conexiones matrimoniales o maternofiliales estas podían establecer los vínculos necesarios no solo entre generaciones o entre diversos varones de la misma familia, sino también entre dinastías, como se verá como Domiciano y Domicia.

---

273 Flory 1997.

274 No obstante, el padre de Vitelio sí había sido un personaje destacado en la corte de los Julio-Claudios (Suet. *Vit.* 2.4-6).

275 Cornelia Orestila fue relegada en el momento en que volvió a prometerse con un varón romano (Suet. *Cal.* 25; DC 59.8). También de la otra exmujer de Calígula, Lolia Paulina, se dice que se le prohibió tener relaciones con otros hombres aun después de su divorcio. Más tarde fue considerada como esposa para Claudio (Tac. *Ann.* 12.1), posiblemente por su estatus elevado al haber sido, si bien brevemente, emperatriz. Esta posición destacada llevó a un final similar al de muchas otras mujeres imperiales influyentes: la relegación por adulterio y la ejecución (Tac. *Ann.* 12.22-23; 14.12; DC 61.32.1; 61.10.1). Sobre las esposas de Calígula: Wardle 1998.

4.2 Mujeres a inicios de la época flavia: familia y legitimación imperial

Tras una cruenta guerra civil entre cuatro bandos, Vespasiano se encontró con una situación similar a la de Octavio en el 31 a.C., ante la necesidad de restaurar y reinventar[276]. Al igual que Augusto, Vespasiano expresó su intención de que el poder no desapareciese con él, sino que se prorrogase en sus hijos. No solo avanzó sus carreras y compartió la mayor parte de sus consulados con su hijo mayor[277], sino que (según los autores) habría expuesto abiertamente sus intenciones dinásticas ante sus colegas en la curia (Suet. *Vesp.* 25; DC 65.12).

No obstante, la situación dinástica en este momento es abiertamente distinta en comparación a los Julio-Claudios. Vespasiano y su familia no pudieron presumir de una antigüedad que se retrotrajese a los orígenes de Roma o a Troya, ni de antepasados divinos[278]. De hecho, el propio Vespasiano habría desdeñado a quienes intentaron relacionar su árbol genealógico con los dioses (Suet. *Vesp.* 12). Este no era el último exponente de una línea divina que legitimase el carisma y la sucesión de sus descendientes. Con Vespasiano se inicia algo nuevo.

Al mismo tiempo, la situación de sus posibles sucesores fue mucho más estable que la de los Julio-Claudios que siguieron a Tiberio. Tito ya contaba con una carrera destacada antes del ascenso de su padre a la púrpura. Esa carrera se complementó a partir del 70 d.C. con nuevos cargos, así como la de su hermano Domiciano, notablemente más joven pero que, al igual que Tito, pasó por los escalones más distinguidos del *cursus honorum*[279].

En este contexto, en vida de Vespasiano la cuestión sucesoria en la *domus* flavia no se pudo plantear como un asunto divino, aunque finalmente este fuese consagrado, sino como un asunto práctico, justificado por la necesidad de mantener la paz. Los hijos de Vespasiano sucederán no por la sangre divina de sus antepasados remotos, sino porque contaron con los recursos necesarios para gobernar el Imperio, aunque con matices. De la misma forma, tuvieron que luchar contra numerosos obstáculos y detractores.

---

276 Así han sido comparados los inicios de las épocas augustea y flavia por Alexandridis 2020: 423.

277 Tito fue tribuno en Germania y Britania, además de cuestor en Roma (Suet. *Tit.* 2; 4.1-2). En Judea fue legado militar bajo las órdenes de su padre, jugando un papel destacado y ocupándose de terminar la guerra mientras Vespasiano marchaba hacia Occidente (Suet. *Tit.* 4.3; Tac. *Hist.* 2.82). Después de un consulado en ausencia en el año 70 d.C., Tito gozó de otros seis más, todos compartidos con su padre, así como de una censura en el 73-74 d.C. (Tac. *Hist.* 4.3; DC 65.1.1; Suet. *Tit.* 6). Domiciano, por su parte, actuó como representante flavio en Roma durante la ausencia de su padre y de su hermano, siendo aclamado César por las tropas (Tac. *Hist.* 4.86). Fue pretor con poder consular (Tac. *Hist.* 4.3), además fue cónsul seis veces entre el 71 y 79 d.C., generalmente como *suffectus* de su padre o de su hermano (Jones 1992: 18), pero siendo cónsul ordinario en el 73 (Suet. *Dom.* 2.1).

278 Sobre Los orígenes de la familia de Tito Flavio Vespasiano: Levick 1999.

279 Vid. nota 277.

110

La política familiar de los primeros Flavios, marcada por estas circunstancias, fue (en inicio) diferente a la de los Julio-Claudios. Así, durante el gobierno de Vespasiano no se dio conmemoración ni emisión de imágenes de mujeres de la familia. Esta ausencia estuvo también determinada por la menor cantidad de mujeres imperiales y por la necesidad de distanciarse de la mala prensa de las últimas emperatrices[280]. A la larga, ninguno de los hijos de las esposas flavias sobrevivió el tiempo suficiente o tuvo conexiones destacadas en los círculos sociales superiores como para que la imagen de estas fuese conmemorada en periodos posteriores[281].

Algunos autores han achacado el lugar secundario de las mujeres en este periodo al hecho de que la sucesión ya estuviese definida en el momento del ascenso imperial; sobre todo si se compara este contexto con el julio-claudio[282]. No obstante, pese a esta carencia de mujeres en la familia y a un supuesto menor protagonismo, un elemento novedoso (aunque ya puesto en práctica por Calígula) fue el de la legitimación dinástica a través de la consagración, en este caso, de mujeres. Un principio que marca un cambio de dirección en la política dinástica a partir de Tito.

Precisamente uno de los motivos por los cuales las mujeres no parecen tener tanto protagonismo en este momento es, como ya se estableció, su escasez. La mujer y la hija de Vespasiano (ambas llamadas Flavia Domitila) fallecieron antes de su ascenso a la púrpura. Tito era viudo de su primera esposa y se había divorciado de la segunda[283]. Domiciano solo se casó a inicios del gobierno de su padre[284]. Las mujeres vivas de la familia que pudiese establecer vínculos matrimoniales, maternofiliales o que pudiesen desarrollar funciones institucionales eran dos: Julia *Titii* y Domicia Longina (esposa de Domiciano).

No obstante, hay una serie de evidencias que demuestran la concesión del título Augusta a una Flavia Domitila, así como su consagración. Las fechas son inciertas, ya que algunas evidencias parecen datar de vida de Tito[285], aunque la consagración de *Diva Domitilla* es atribuida por algunos a Domiciano, debido a su diferente con-

---

280 Ambühl 2022.

281 Como defiende Alexandridis 2020: 424. La excepción fue Domitia Longina, quien sobrevivió al asesinato de Domiciano. Su memoria fue conmemorada a escala local en *Gabii* (Varner 1995; Cenerini 2009: 93; Fraser 2015: 246-254).

282 Hidalgo de la Vega 2003: 47-72; Barrett 2005b: 385-386; Cenerini 2009: 83-84.

283 Suet. *Tit.* 4.2; Champlin 1983: 257-264; Jones 1984: 19; 1992: 38.

284 Suet. *Dom.* 1.3-4.

285 Scott 1936: 46-47 (entre otros). Hay varias inscripciones datadas en vida de Vespasiano que hacen referencia a su mujer: Dessau 257; *CIL* 6.31287. En la inscripción de Roma, Kienast (1989) ha reconstruido una alusión a *Diva Domitilla Augusta*, y la sitúa en época de Tito. Otra inscripción a *Domitil(la)* en Ferentium se ha entendido como dedicada a la esposa de Vespasiano, por ser este su lugar natal: AE 1962 no.272; Veyne 1962: 49-ss. Una inscripción de Patavium refleja la existencia de sacerdos Divae Domitillae (Dessau 6692). La existencia de un culto a esta Domitila también se registra en Beocia (IG 7.572).

cepción del principado[286]. En todo caso, parece que Domitila madre recibió el título de Augusta de forma póstuma en época de Tito, como se puede percibir en la evidencia numismática[287].

En consecuencia, cuando los hijos del primer flavio ascendieron al poder contaron con un padre divinizado y una madre Augusta. En algún momento se dio la consagración de una *Diva Domitilla Augusta*, que actuó también como deidad protectora. No obstante, no está claro si esta Flavia Domitila sería la hija o la madre[288]. La teoría de la madre parece ser la más lógica, de forma que Tito y Domiciano pudiesen contar con dos progenitores divinos, pero tampoco se puede descartar la hipótesis de que ambas fuesen divinizadas[289].

En todo caso, pese a la negativa de Vespasiano de retrotraer su linaje a los dioses, se utilizó la costumbre iniciada a la muerte de Augusto de divinizar al emperador saliente como forma de alabar su mandato y, al mismo tiempo, de legitimar el de su sucesor. En este contexto, en el que Tito y Domiciano no contaban con una Augusta que actuase como vínculo con su padre, se concedió este título a su madre de forma póstuma y se divinizó bien a esta, bien a la hermana en común. Esta disposición también fue póstuma y no tuvo en cuenta que las mujeres en cuestión nunca habían llegado a actuar como emperatrices. En continuidad con la época anterior, la mujer divinizada también fue asociada con virtudes típicamente femeninas, como *Fortuna*, *Pietas* y *Concordia*[290]. Consecuentemente, las imágenes de las mujeres de la dinastía se multiplican en estos momentos, volviendo a los patrones típicos en lo que a funciones institucionales de las mujeres se refiere, como se verá más adelante.

---

286 Wood (2010) sostiene en todo momento que la consagración de Diva Domitilla habría tenido lugar en época de Domiciano. La elección de uno u otro hermano depende de en qué año se quieran colocar las primeras acuñaciones que llevan el nombre de la nueva diosa.

287 *BMCRE* 2: 270-271; *RIC* 2: 134; Kienast 1989; Hahn 1994: 228-230. En estas monedas aparece la imagen de Domitila en *carpentum*, haciendo referencia a la misma concesión para la Augusta Livia (*BMCRE* 1: 130-131; *RIC* 1: 97), pero también a la concesión póstuma para Agripina la Mayor (*BMCRE* 1: 159; *RIC* 1: 112), quien recibió el *carpentum* para llevar su imagen en la procesión del circo (Suet. *Cal.* 15.1). Esto ha hecho que se interprete que Domitila, ya como Augusta en las primeras disposiciones de Tito, habría participado en la procesión fúnebre en memoria de su marido, que también se convertiría posteriormente en dios (Wood 2010: 114). Tipos numismáticos similares se habrían emitido para Agripina la Menor en época de Claudio (*RIC* 1: 103).

288 El poema de Estacio (*Silv.* 94-98) hace referencia a la *soror*, por lo que tradicionalmente se ha interpretado que *Diva Domitilla* sería la hermana de Tito (Henderson 1927: 29; Barrett 2005b; Rosso 2007: 143-146; Morelli y Filippini 2014). Kienast (1989), al respecto, ha sostenido que *soror* haría referencia no a una hermana, sino a la recientemente consagrada Julia, hija de Tito. Otros muchos autores sostienen la tesis de que la divinizada sería Domitila madre, sobre todo basándose en las referencias numismáticas: *RIC* 2: 114-115; *PIR* 2. 81; Kienast 1989; Hidalgo de la Vega 2003: 61; Frei-Stolba 2008: 386-388; Cenerini 2009: 84-85; Wood 2010: 45-ss. Por otro lado, cabe destacar que los nietos de Flavia Domitila hija fueron adoptados por Domiciano como herederos y sucesores, por lo que no sería de extrañar que, en caso de que la consagrada fuese la hija, se hiciese con la intención de dotar a la dinastía de una base más amplia de la que extraer candidatos a la púrpura en caso de necesidad, vista la ausencia de hijos varones por parte de Tito y Domiciano durante el gobierno del primero.

289 Como sostiene Alexandridis 2004: 15.

290 Wood 2010: 49.

112

Se consolidó, pues, la presentación de las mujeres imperiales como mediadoras y legitimadoras del gobierno de sus hijos y familiares y, pese a los orígenes humildes de los Flavios, se las consagró como antepasados notables[291]. El conjunto familiar en general y las mujeres en particular aparecieron, pues, como estabilizadoras del poder monárquico de los emperadores.

Se seguía así una vía iniciada en época de Calígula, la consagración de mujeres que poco o nada habían tenido que ver con el poder imperial. En el caso de Calígula, se calificó como medida extrema la divinización de Drusilla por el poco protagonismo que había tenido dada su temprana muerte[292], sobre todo en un momento en que no eran habituales las consagraciones femeninas. En el caso de Domitila, aunque la consagración de las mujeres ya era algo habitual (Drusilla, Livia, Popaea y Claudia Augusta), era poco corriente para una mujer que no había llegado a ver a sus familiares asumir la púrpura. Si en su momento Livia fue consagrada por su representación de los ideales femeninos y el servicio que prestaba al poder imperial al legitimar el ascenso de Claudio, esta medida se justificaba por su popularidad e influencia[293]. Lo que es novedoso en época flavia es, por tanto, la divinización de una mujer que no era conocida para el público. De hecho, se hizo hincapié en transmitir la imagen de esta mujer o mujeres a la población, acuñando moneda con su efigie[294]. Así pues, las medidas de consagración pueden ser entendidas como un paso adelante en la conformación de la imagen de la emperatriz y de la familia imperial como un constructo[295].

La consagración de mujeres en la familia flavia se consolidó en época de Domiciano con Julia *Titii*, quien tuvo un papel de gran protagonismo durante los gobiernos de Tito y de Domiciano a tenor de la divinización que siguió a su prematura muerte[296]. El

---

291 Sobre la presentación de las mujeres como antecesoras en la cultura romana: Flower 1996: 165-ss.; Webb 2017. Respecto a Domitila madre cabe señalar que, mientras que anteriormente se tendía a subrayar que su nacimiento humilde habría hecho que Vespasiano quisiese oscurecer su imagen y no incluirla en la propaganda pictórica (Barrett 2005b), estudios recientes han destacado que su origen pudo no ser tan humilde como se creía. Así pues, se la ha identificado con la hija de un rico caballero de origen africano, cercano a la corte de Claudio, lo que habría explicado el interés de Vespasiano por el matrimonio en un momento en que la carrera política de este estaba en ascenso (La Monaca 2013).

292 Barrett 1990: 87.

293 Sobre el papel institucional de Livia y otras mujeres a inicios del principado: López Gómez 2022a.

294 *RIC* 2: 69; 134. Una de estas monedas tendría un anverso con la representación de Vespasiano y el reverso con la de una Domicia. La comparación con monedas conmemorativas de Augusto y Livia en época de Claudio o de Nerón y ha llevado a Kienast (1989) a suponer que esta moneda solo puede hacer referencia a Domitila madre.

295 La única situación similar es la consagración de Claudia Augusta, la hija neonata de Nerón, fallecida a los cuatro meses de edad (Tac. *Ann.* 15.23). En este caso, la consagración se legitimó por la pertenencia de la niña a la línea de Augusto (aunque el proceso es presentado como otro más de los excesos de Nerón). Pero en el caso de los Flavios, ni estos pertenecían a una familia insigne, ni Flavia Domitila (fuese esposa o hija) había sido especialmente célebre en vida.

296 Scott 1936: 76. Sus cenizas fueron llevadas al *templum gentis Flaviae*. De ahí que los investigadores sostengan que también las cenizas de Vespasiano y Tito se depositarían en el mismo lugar, como una forma

papel de protectora de la dinastía dado a Julia puede verse en el epigrama de Marcial (6.3), posiblemente compuesto poco después de su fallecimiento:

"Nascere Dardanio promissum nomen Iulo,
Vera deum suboles; nascere, magne puer,
Cui patera eternas post saecula tradat habenas,
Quique regas orbem cum seniore senex.
ipsa tibi niveo trahet aurea police fila
et totam Phrixi Iulia nebit ovem".

"Nace tú, nombre prometido al dardanio Julo,
verdadera progenie de los dioses, nace, poderoso niño,
A quien tu padre después de un ciclo te entregue las riendas
eternas y gobiernes anciano el mundo con uno más anciano.
Julia misma arrastrará para ti hilos de oro con su níveo
pulgar y tejerá el ovillo completo de Frixo".

Así pues, Marcial desea que sea la propia Julia desde el más allá, y no las Moiras, quien teja los hilos del destino de un posible sucesor de Domiciano, para que este llegue a ocupar el Imperio algún día[297]. De esta forma, se ha entendido que Domiciano habría intentado sacar lo mejor de la catástrofe dinástica, convirtiendo a su sobrina en la protectora de la dinastía, unida a los espíritus divinos de Vespasiano, Tito, Domitila y el hijo de Domiciano[298]. A la postre, en época flavia se consolidó la tendencia a consagrar a las principales mujeres imperiales, quienes vertebraron la dinastía con sus conexiones matrimoniales y materno-filiales, elemento que fue llevado a su máxima expresión en el periodo posterior.

4.3 El papel de la Augusta con los Flavios

Dejando de lado el papel de las mujeres imperiales como divinos ancestros, aquellas que acompañaron a sus familiares masculinos y cumplieron con ciertas labores institucionales, como lo hicieran las Julio-Claudias, fueron Julia *Titii* y Domicia Longina.

Como se plasmó anteriormente, pese a la común idea de que Vespasiano no dio mucha relevancia a las funciones de las mujeres de su familia, sí se puede percibir una intención de servirse del apoyo de estas de cara a la legitimación imperial. Así pues, los Flavios, como el resto de la élite romana, se sirvió de las conexiones matrimo-

---

de contraponer la nueva dinastía y su mausoleo a la dinastía de Augusto y su tumba (Davies 2000: 24; Tuck 2016: 120).

297 Este niño es un hijo figurado de Domiciano y Domicia que el poeta desea que nazca, no el hijo de Domiciano fallecido tiempo antes que Julia.

298 Stac. *Silv.* 1.98; Darwall-Smith 1996: 163; Wood 2010: 53.

niales con mujeres de alta cuna y con relaciones ilustres para beneficiar a su propia política. Es el caso de Domicia Longina, esposa de Domiciano.

114 Domicia Longina ya estaba casada y tuvo que divorciarse para desposar a Domiciano. Probablemente no fuese mucho más joven que Domiciano[299]. Resulta extraño, por lo tanto, un matrimonio apresurado, que llevó a rumores de adulterio con una mujer ya casada[300]. Esto hace pensar en que el enlace debió presentar claros beneficios políticos de manera que compensase el escándalo[301]. Después de todo, de una manera similar, Octavio aceleró su matrimonio con una Livia casada y embarazada precisamente por las conexiones que esta le ofrecía con la aristocracia más distinguida (Suet. *Aug.* 62.2). En consecuencia, los investigadores que han rastreado los orígenes de Domicia han encontrado no solo sus obvias conexiones con Domicio Corbulón[302], general de Nerón, sino incluso una vinculación con los Julio-Claudios.

Todo parece indicar que Corbulón fue hermano uterino de Milona Cesonia, esposa de Calígula, lo que le habría granjeado un consulado sufecto en el año 39 d.C.[303]. Por otro lado, es llamativo que Domicia recibiese el cognomen de su familia materna (*Longina*), lo que hace pensar en el estatus distinguido que esta debía tener, como ya teorizó Syme[304]. Esta rama de los Casios sería la que descendiese de Casio el cesaricida y su esposa, Junia *Tertia*. En la Domicia Longina esposa de Corbulón se ha identificado a la hija de L. Casio Longino y Julia Drusilla, la hermana favorita de Calígula[305]. Teniendo en cuenta que Corbulón no se casó con Domicia hasta casi la cincuentena, podemos entender este matrimonio como parte de un proceso para atraerlo al círculo imperial al permitirle desposar a una princesa julio-claudia. Al mismo tiempo, los herederos de Corbulón y Domicia descenderían tanto de una rama emparentada con Calígula, como de otra emparentada con Augusto y Germánico. El matrimonio con una sobrina de Claudio y Agripina también ayudaría a explicar por

299 Chausson 2003: 102.

300 Con el distinguido senador Aelio Lamia, quien era descendiente de Urgulania, amiga de Livia (Chausson 2003: 108).

301 Cenerini 2009: 91.

302 Domicia era hija de Corbulón, al que Tácito y Dion presentan como un héroe y defensor de los valores tradicionales (Tac. *Hist.* 2.76.7-8; DC 62.19.2). El elevado estatus de su *gens* de nacimiento justificaría que, a la muerte de Domicia, se erigiese un monumento a su familia en su lugar natal (*CIL* 14. 2895; *ILS* 272).

303 Chausson 2003: 106. El hecho de que su carrera siguiese siendo distinguida con Claudio y con Nerón también demuestra que no se depuró a todos los relacionados con Calígula tras su asesinato.

304 Syme 1970.

305 El matrimonio se encuadraría en un plan de Tiberio para atraer al círculo imperial a los descendientes del cesaricida, pues no solo Drusilla se casó con L. Casio Longino, sino que también Junia Lépida, nieta de Julia la Menor, se desposó con el hermano de este, Cayo (Chausson 2003: 117). Antes de los matrimonios, ambos hermanos también habían sido cónsules en el año 30 d.C. Se reconoce en la madre de Domicia a la hija de uno de estos dos enlaces, siendo tradicionalmente preferida la hipótesis de Drusilla (Syme 1970; Chausson 2003)

qué Nerón le concedió un comando con *imperium proconsulare* propio, algo extremadamente infrecuente tras la reorganización de Augusto[306].

Todo esto lleva a concluir que la tendencia de Vespasiano a no elevar la imagen de las mujeres de su familia contrasta con la situación creada a través de vínculos matrimoniales contraídos una vez en el poder. Después de todo las fuentes informan de que Domiciano y Domicia se casaron poco después del ascenso de Vespasiano, no como los matrimonios de Tito, pertenecientes a la etapa anterior (Suet. *Dom*. 1.3).

El enlace de Domiciano parece, pues, estratégicamente diseñado para elevar el estatus de la familia y relacionarse con la anterior dinastía. Esto no quiere decir que se buscase, en alguna forma, expresar un continuismo con los Julio-Claudios o plasmar que los Flavios heredaban su poder. Sí que es cierto que la política flavia al respecto de los Julio-Claudios fue errática y, pese a condenar la memoria de Nerón, Vespasiano terminó el templo del Divino Claudio (Suet. *Vesp*. 9.1), mientras que Tito honró la memoria de su compañero de estudios, Británico, colocando sus imágenes en Palacio (Suet. *Tit*. 2.3-4).

Así pues, Domicia aportó a una familia flavia de estatus ecuestre un necesario vínculo con la élite senatorial, la fama e ilustre reputación de su padre y una conexión con la anterior familia imperial de sangre divina, sin establecer un vínculo dinástico con estos. Al mismo tiempo, Corbulón, represaliado por Nerón (DC 62.17.4-6), hacía que se mantuviese la apariencia de renegación del anterior gobierno y profundizaba en la obra de condena a la memoria de Nerón. Domicia participó de los intentos de repudio del último emperador, mientras que legitimó la nueva dinastía[307]. Permaneció, pues, una función femenina de conexión intrafamiliar y legitimación sanguínea.

La relación de Domicia con los Julio-Claudios también aporta ciertos datos respecto de la percepción política del momento. Su pertenencia a esta familia, aunque solo por parte materna, ejemplifica cómo se dio una condena al gobierno del último de los emperadores, pero no una crítica sistemática ni a la familia ni al modelo político. Las conexiones con ambos siguieron en pie y ejemplificadas a través del rápido matrimonio de Domiciano y Domicia.

Las conexiones de Domicia dieron estabilidad el gobierno flavio. De la misma forma, su estatus elevado y su capacidad de influir en la política se ve con la concesión del título Augusta. Además sabemos gracias a la numismática que fue recordada como *mater Divi Caesaris*[308]. Domicia es la primera mujer imperial es ser reflejada como

---

306 Levick 2002: 200. Sobre la tendencia de los emperadores a monopolizar el gobierno de las legiones: López Gómez 2021: 33-37. El origen y conexiones de Corbulón también explicaría el intento de golpe de Annio Viniciano (yerno de Corbulón) y su intención de cambiar a Nerón por su propio suegro (Griffin 1984: 178-179; Burns 2007: 85).

307 Como ya resaltó Varner 1995: 188.

308 *BMCRE* 22: 413-414, nos. 501-503.

madre de un dios, una medida diseñada con el fin de elevar su estatus, sobre todo en caso de que volviese a dar hijos para la dinastía.

116 La otra protagonista femenina de la época, Julia *Titii*, parece haber sido también empleada para hacer referencia a la conexión y a la herencia imperial de los Julio-Claudios hacia los Flavios. Así pues, destaca que se le concediese el título de Augusta poco después del ascenso de su padre al poder, en una medida que solo tenía precedente en la concesión de ese mismo título a la hija recién nacida de Nerón, Claudia Augusta (*AFA* 48.39-40; Tac. *Ann.* 15.23). Como ya se citó, el título de Augusta era un elemento que evocaba la maternidad y la conexión entre padres e hijos. Julia era llamada Augusta aquí para hacer referencia a su capacidad de producir herederos[309]. Además, al haber fallecido las dos Flavia Domitila y al no volver Tito a casarse, tendría que cumplir con las funciones de la emperatriz. Se puede suponer que Tito pretendía que Julia desempeñase el papel que en su día había llevado a cabo otra Julia, en ese caso, la hija de Augusto.

No obstante, es notable que no haya una explicación clara sobre su nombre, ya que ninguna de las mujeres de Tito procedía de alguna de las ramas de los Julios[310]. Por lo tanto, su onomástica se ha intentado explicar de distintas formas, entre estas, la de hacer referencia a la familia julio-claudia[311]. Además, con la concesión del epíteto "Augusta", su nombre se hace indistinguible del de Livia (otra *Iulia Augusta*) en la epigrafía y la numismática. Esta coincidencia ha sido entendida como una acción deliberada en referencia a Augusto y Livia[312].

La concesión del título de Augusta tanto a una (o dos) fallecida Flavia Domitila, así como a Julia en el momento en que su padre ascendió al poder y a Domicia en el momento en que Domiciano se convirtió en emperador, hablan de la consolidación en el uso del título como garante de la posición de la mujer más cercana al emperador. Esta ya no es ahora solo la madre del emperador, sino también aquella que puede dar lugar a la sucesión de las siguientes generaciones: en época flavia, la concesión a una joven Julia representó la esperanza de Tito de conseguir herederos, al igual que Domicia para Domiciano. Esta ya había dado a luz a un heredero pero, tras su muerte en la infancia (Suet. *Dom.* 3.3), posiblemente se esperaba que volviese a producir otro sucesor.

---

309 Gregori y Rosso 2010: 200

310 Las noticias sobre Julia son escasas, por lo que no sabemos si fue hija de Arrecina Tértula o de Marcia Furnila.

311 Gregori y Rosso 2010 entienden el nombre de Julia en una política más amplia de referencia a los Julio-Claudios, una vez Vespasiano se hizo con el poder. Aunque Julia habría nacido antes del ascenso de Vespasiano, también sopesan la posibilidad de una *mutatio nominis* (Gregori y Rosso 2010: 196) tras el ascenso de su abuelo.

312 Gregori y Rosso 2010.

Además, la asociación de la imagen de estas mujeres con deidades como Ceres, Concordia, *Pax*, *Salus*, Venus o Vesta, hablaba de la relación de sus personalidades con algunas idealizaciones de virtudes femeninas como *fecunditas*, *castitas*, *pulchritudo* o *concordia*[313]. En el caso de Domicia, sus acuñaciones se centran en su comparación con pietas, quien representaba ideales de comportamiento tanto en la vida pública como en la privada[314].

De una forma similar a lo sucedido con los Julio-Claudios, se buscó cuidadosamente al marido de Julia dentro de la propia familia, como forma de no exportar la capacidad de legitimación imperial hacia otros exponentes de la *nobilitas*. Julia se casó con su primo Tito Flavio Sabino. De la misma manera, otra nieta de Vespasiano, Flavia Domitila III, se casó con el hermano de Tito Flavio Sabino, Tito Flavio Clemens (DC 66.14.1). Los hijos de esta última pareja fueron adoptados por Domiciano como posibles sucesores (Suet. *Dom*. 15). Así pues, dos nietas del primer emperador flavio fueron entregadas en matrimonio a dos sobrinos del mismo, cerrando el círculo de conexiones de la familia imperial, siguiendo la costumbre iniciada por los Julio-Claudios.

En consecuencia, con la organización de matrimonios dentro de la propia familia se reconoció de forma tácita la necesidad de mantener a las mujeres dentro de la misma, dando la espalda a posibles alianzas con otras familias de la élite senatorial. Pese a esa relevancia, no hay indicios sobre las actividades diarias de las mujeres en la corte o su influencia sobre sus familiares masculinos. Lo más cercano que podemos encontrar es la supuesta influencia que Julia habría tenido sobre Domiciano para salvar a Lucio Julio Urso (DC 67.4.2). Los autores también señalan una posible relegación temporal de Domicia y que esta habría sido traída de vuelta a Roma ante el descontento popular (Suet. *Dom*. 3.3). En ese sentido, se refleja una cierta popularidad de esta mujer, que podría llegar a interpretarse en conexión a su capacidad de influencia y patronazgo sobre algunas capas de la población[315]. También después de la muerte de Domiciano, Domicia pudo mantener el título de Augusta, presentarse a sí misma como *Domitia Domitiani* (*CIL* 15 549) e incluso se mantuvo su memoria en monumentos (*CIL* 14. 2895; *ILS* 272).

Por tanto, parece que la política de moderación femenina puesta en marcha desde época de Vespasiano dio fruto y las imágenes de las mujeres flavias interviniendo en asuntos políticos (o en cualquier tipo de asunto) son mínimas y, mayoritariamente, un recurso narrativo para retratar a los hombres con los que se relacionaron, como se verá a continuación. Es notorio, en consecuencia, que se refleje de forma más

---

313 Alexandridis 2020: 426.
314 Alexandridis 2020: 427.
315 Wood 2010: 55.

abierta la influencia de las esposas "no oficiales" de los Flavios, como sucedió con Caenis y Berenice.

4.4 Relaciones fuera del matrimonio y la extracción social de las emperatrices

En esta época destaca la presencia en los círculos de la corte de mujeres que gozaron de tanta relevancia en el relato histórico como las propias Flavias. Es el caso de las mujeres a las que los emperadores trataron como esposas, pero con las que nunca llegaron a contraer matrimonio. Esto no supuso, no obstante, que estas no tuviesen influencia sobre el poder imperial, aunque no de una forma tan abierta como la que las esposas legítimas habían tenido en la dinastía anterior.

Así sucede, por ejemplo, con Antonia Caenis, liberta de Antonia la Menor, concubina de Vespasiano antes y después de su matrimonio con Flavia Domitila (Suet. *Vesp.* 3.3). Aunque las relaciones extramatrimoniales del nuevo emperador pudiesen ser criticadas, como lo fue la relación de Claudio y de Nerón con libertas y libertos de su casa[316], en el caso de Vespasiano la información llega con un tono neutral, Suetonio interpreta esta relación en la línea de falta de ambición de Vespasiano y por ello lo alaba[317]. El autor destaca como un punto a favor del nuevo emperador el no haber querido tomar nueva esposa para no dar a esta demasiada relevancia, para no entrar en conflictos dinásticos o para no ofender a familias de alta alcurnia al elegir a una mujer de una gens frente a otra[318]. Así pues, la relación de Vespasiano con Caenis, mantenida durante su gobierno, es respetada e incluso se llega a criticar los desplantes de su hijo, Domiciano, a la compañera de su padre[319].

En esta época también fue destacada la presencia de otras mujeres que tuvieron relaciones con los emperadores, pero que, por su condición de nacimiento, no podían optar al matrimonio legítimo con el *princeps*. Es el caso de Berenice, reina de Judea que, según los autores, tuvo una relación con Tito después de la muerte de su primera esposa y el divorcio de la segunda, antes del ascenso al poder de Vespasiano (Suet. *Tit.* 4.2).

En este caso, se contempla el desinterés de Tito por volver a contraer matrimonio y producir herederos, posiblemente por la existencia de un heredero en Domiciano

---

316 DC 61.7.1; Tac. *Ann.*13.12-13; Suet. *Ner.* 28; DC 67.28.3.

317 Charles y Anasgnostou-Laoutides 2012. El matrimonio de Domiciano demostraba, por otro lado, todo lo contrario.

318 Sobre la cohabitación de Vespasiano con Caenis como forma de evitar el matrimonio y poner en riesgo la sucesión: Griffin 2000: 17; Treggiari 1991: 52; Charles y Anasgnostou-Laoutides 2012. Una decisión similar fue tomada por otro "buen emperador" como Marco Aurelio (*HA Marc.* 29.10). Además, Vespasiano habría puesto muy de relieve desde inicios de su gobierno que eran sus propios hijos quienes debían sucederle (Suet. *Vesp.* 25; DC 65.12.1; Aur. Vic. *Caes.* 9.4).

319 Suetonio (*Vesp.* 21-22; *Dom.* 12.3), usa este momento no para criticar la relación de Vespasiano y Caenis, sino para ridiculizar la arrogancia de Domiciano, dentro de su retrato de este príncipe como "mal emperador" (Bengston 1979: 184; Jones 1996: 105).

y sus futuros hijos. No obstante, no es alabado por su moderación al igual que su padre ya que, mientras que este en ningún momento pretendió desposar a la liberta Caenis, sino que la mantuvo como concubina, de Tito se dice que sí se habría propuesto el matrimonio con Berenice (DC 66.15.4).

En consecuencia, las relaciones amorosas de los dos Flavios especifican un asunto evidente a grandes rasgos: el rango de emperatriz, al igual que el de emperador, también estaba definido y coartado por el nacimiento. Los emperadores, en este momento, tenían que ser de extracción senatorial. Por tanto, sus esposas tenían que ser de noble cuna, de nacimiento ingenuo y ciudadanas[320].

Así pues, pese a la autoridad de los emperadores, estos no tenían capacidad para imponerse sobre el *mos maiorum* y las leyes. Para esta época, lo que marcó el estatus social de un recién nacido fue la condición de la madre[321]. El hijo de una esclava se convertía en esclavo y, aunque una liberta diese lugar a un ciudadano ingenuo, el hijo o hija no gozaría de un estatus elevado en Roma[322].

Por otro lado, los condicionantes sociales dictaban que la esposa imperial debía ser no solo de nacimiento libre, sino también de entorno y cultura romana. De este modo, un matrimonio entre Tito y Berenice hubiese sido tan escandaloso como el matrimonio de Marco Antonio con Cleopatra. De hecho, múltiples investigadores han sostenido tradicionalmente que el mayor impedimento a la relación del hijo mayor de Vespasiano fueron diversos condicionantes políticos[323]. No obstante, en la actualidad se acepta que no se habrían dado intenciones matrimoniales por ninguna de las partes, ante la imposibilidad de un enlace entre un mandatario romano y una dirigente de ciudadanía romana pero de origen extranjero. Dentro del contexto del momento, su situación no haría más que remitir a la de Marco Antonio y Cleopatra, cristalizada en la idiosincrasia popular de forma negativa a través de la propaganda augustea[324].

---

320 Augusto, con su legislación, prohibió el matrimonio entre los senadores y personajes de nacimiento no libre, por lo cual los enlaces entre senadores y libertas eran ilegales: Rawson 1974: 279-305; Dixon 1985a: 353; Treggiari 1991: 43-54; 60-80.

321 Thomas 1980: 121-122. Pues el hijo nacido fuera del matrimonio asumía automáticamente el estatus de la madre y, si esta era libre, era ciudadano libre (Gai. 1.88-89; Ulp. 5.10; *Dig.* 1.5.5.2; *P.S.* 2.24.1); de hecho, la ciudadanía solo podía ser transmitida por parte paterna si la madre también la detentaba: Chatelard y Stevens 2016: 32.

322 En este caso se usa a Caenis y Berenice como ejemplos del tipo de estatus que sería incompatible con el estatus de Augusta y como madre de herederos. No obstante, ninguna de las dos mujeres estaba en edad de tener hijos en época flavia. Caenis habría nacido en el 7 d.C. y Berenice en el 28 d.C.

323 Análisis sobre la relación entre Tito y Berenice en: Rogers 1980; Braund 1984 o Anagnostou-Laoutides y Charles 2015.

324 Por la contra, la capacidad de Tito para rechazarla lo consagra como un varón virtuoso (Suet. *Tib.* 7.2; DC 66.18.1), similar a Eneas cuando rechazó a Dido, al ser representado imponiéndose a sus deseos para alejar a su amante (Suet. *Tit.* 7.2; Virg. *Aen.* 6.460). Como otros investigadores ya han defendido (Anagnostou-Laoutides y Charles 2015: 17-46), en época flavia tiene gran importancia el concepto de la restauración, el dejar atrás los excesos de Calígula y Nerón y retomar las buenas prácticas augusteas (Levick 1999: 66; *BMCRE* 2: 425 (Vesp.); 206-208 (Tit.). La propaganda posterior se encargó de individualizar esta acción de Tito como ejemplificante de su virtud como gobernante.

En todo caso, lo que se pretende defender es que el estatus de la emperatriz o de la Augusta era necesario para asegurar la legitimidad de los descendientes también desde una perspectiva cívica. Independientemente de la autoridad del emperador, las costumbres sociales seguían estando por encima de sus capacidades.

120

Los ejemplos de Caenis y Berenice ponen de manifiesto que no era necesario estar legítimamente casada con el emperador o con un miembro de su familia para acabar desarrollando un importante poder de influencia. De Caenis se dice que tuvo capacidad de favorecer a sus allegados. De hecho, ella misma granjeó el acceso a la corte a Vespasiano[325], mientras que se vio beneficiada por su alto estatus y pudo acumular riquezas (DC 65.14) De su memoria dejó recuerdo el gran altar de mármol de *Luni*, dedicado a la mejor de las patronas por su liberto Aglaos con sus hijos[326].

Por otro lado, de Berenice se ha dicho que fueron los Flavios quienes buscaron beneficiarse de su poder en Oriente[327]. Siendo posible esta interpretación, el ejemplo de Cleopatra pone de manifiesto que las gobernantes de los reinos helenísticos podían sacar provecho de su influencia sobre los prohombres de Roma[328]. Sin embargo, la capacidad de agencia y, sobre todo, la visibilidad de estas mujeres no fue igual a la de las esposas legítimas que desarrollaban funciones cuasi-institucionales en Roma, viajaban a las provincias con sus maridos y cuyas imágenes eran situadas en espacios públicos para que toda la población pudiese dar cuenta de su posición de especial relevancia.

4.5 Mujeres flavias como elemento narrativo: Adúlteras y asesinas o víctimas

Uno de los grandes problemas a la hora de estudiar a las mujeres flavias es que, al igual que las Julio-Claudias, la información disponible es posterior a su época y está influenciada por la caída de la dinastía y la visión de Domiciano como un tirano[329]. Una vez más, es difícil recuperar a las mujeres flavias en el sentido de la reconstrucción histórica, como ya se puso de manifiesto en las secciones anteriores. Por este motivo, también es interesante tener en cuenta su recepción literaria y lo que este

---

325 Suet. *Ner.* 28.1. Como analizan en detalle Jones 1996: 5 y Castritius 2002: 165.

326 *CIL* 6.12037; Tatarkiewicz 2012.

327 Anagnostou-Laoutides y Charles 2015: 17-46.

328 Legras 2021: 131-154. Las distintas etapas de Berenice en Roma (Braund 1984) y su alejamiento de la capital han sido tradicionalmente interpretadas como una obra de Tito, fuese por motivación propia ante la conciencia de la mala imagen de la reina de Judea (Vasta 2007: 62-68) o por la influencia de su padre (Rogers 1980: 94). Curiosamente, los investigadores no han buscado ningún tipo de explicación desde la perspectiva de Berenice, quien, al fin y al cabo, era reina y tenía otro tipo de responsabilidades. Siempre se ha interpretado que quien más se habría visto beneficiada por el matrimonio con Tito sería ella y que, por lo tanto, ella habría sido rechazada y no viceversa, sin tener en cuenta el uso que los Flavios habrían hecho de ella para ganar influencia en la política romana y, sobre todo, en Oriente (Anagnostou-Laoutides y Charles 2015: 24; 26).

329 Vinson 1989.

factor indica sobre la situación política del momento, como sobre los roles de género asociados a los "buenos y malos" hombres y mujeres. Así pues, mientras que en un inicio la figura de las mujeres flavias se construye en el relato como una oposición y un nuevo comienzo en comparación con el desastroso final de Nerón, pronto esa imagen se ve influenciada por los defectos del gobierno de Domiciano, que se asimilan a los de los últimos emperadores julio-claudios.

La neutralidad en la relación con las mujeres imperiales y su posición social se pierde de nuevo en época de Domiciano, a través de las relaciones con su mujer, Domicia Longina, y su sobrina Julia *Titii*. Estas relaciones se estructuran entre la imagen de culpabilidad como complementos activos y su victimización como complementos pasivos dentro del relato histórico.

La relación de Domiciano con Domicia se presentó como pervertida desde un inicio, de una forma que recuerda al matrimonio de Livia con Augusto, pues, también en este caso, se obligó al primer marido de Domicia al divorcio[330]. Además, se la retrató como adúltera y como responsable del asesinato de Domiciano (Suet. *Dom.* 8.3; 14.1). En el relato, su vinculación con el actor Paris causó su divorcio y exilio, así como la ejecución de Paris y otros personajes relacionados con este (Suet. *Dom.* 3.1.; 10.1; DC 67.3.1), aunque luego Domiciano acabase por retomar la relación (Suet. *Dom.* 3.1).

La supuesta participación de Domicia en el asesinato de Domiciano la igualó a la figura de Agripina durante la muerte de Claudio (Suet. *Dom.* 14.1). Aquí, Suetonio utiliza su habitual recurso de presentar a las "malas mujeres" ligadas a "malos emperadores", como forma de reforzar una imagen peyorativa de estos, sea por haber sido criados por malas madres o por haber tomado malas decisiones a la hora del matrimonio.

La Domicia adúltera, además, sirvió para criticar la política de Domiciano y socavar su imagen y elevar la de la dinastía sucesiva[331]. Domiciano se había presentado como restaurador del programa de corrección moral de Augusto, haciendo que las *leges Iuliae* se aplicasen con severidad (Suet. *Dom.* 8.3). No obstante, el propio Domiciano fue quien no cumplió con los dictados de la ley, al hacer retornar a Roma a su esposa adúltera[332]. En consecuencia, hay serias dudas sobre la veracidad histórica del divorcio de Domicia y Domiciano o de una posible *relegatio*. La intención de los

---

330 Suet. *Dom.* 1.3; 10.2; *Aug.* 62.2; 69.1. Una alusión similar se da en el caso del matrimonio de Calígula con Livia Orestila, a quien habría sustraído de su anterior marido. Según Suetonio, el propio emperador habría presumido de imitar el ejemplo de Augusto y del rapto de las sabinas (Suet. *Cal.* 25.1). En todo caso, la moralidad de los tres hombres causando divorcios para encontrar esposa es ásperamente criticada por el autor.

331 Vinson 1989: 433; Cenerini 2009: 92.

332 Vinson 1989: 445.

autores es, pues, la de presentar la imagen de Domiciano y su gobierno como una época especialmente corrupta, que justificaba la ruptura dinástica.

122 Similar a Agripina en cuanto a relaciones incestuosas es presentada Julia *Titii* (Suet. *Dom.* 22). Pero a diferencia de Agripina, quien buscó personalmente el matrimonio con su tío (Suet. *Claud.* 26.3), Julia aparece de una forma completamente contraria, en este caso ella es la víctima. El relato, en su conjunto, cambia aquí de dirección: Domiciano es un personaje con mucha más agencia que Claudio, quien es retratado como una marioneta controlada por sus esposas y libertos[333] (Suet. *Claud.* 25.5). Mientras, la víctima es la mujer con quien el tirano establece relaciones, un complemento especialmente pasivo en este contexto. Julia se asemeja aquí a la figura de las hermanas de Calígula, violadas y explotadas sexualmente por este (Suet. *Cal.* 24), hasta el punto de que son también presentadas como víctimas tras haber intentado conspirar contra el emperador[334].

Así pues, las relaciones incestuosas de Domiciano y Calígula son acusaciones de los autores de la antigüedad escritas desde un punto de vista retrospectivo con el objetivo de denigrar a los emperadores[335]. Las acusaciones de incesto contra Domiciano son un elemento más dentro de la creación del personaje del tirano, utilizando la figura de Julia por ser la familiar femenina más cercana que le quedaba con vida[336].

En este mismo contexto de creación de la imagen del tirano y victimización de la mujer, Julia *Titii* tuvo un final similar al de Popea Sabina. Según los autores muere tras ser obligada a abortar por Domiciano (Suet. *Dom.* 22; Plin. *Ep.* 4.11.6; Juv. 1.2.29-33), mientras que Popea Sabina muere por una patada en el estómago mientras estaba embarazada (Suet. *Ner.* 35.3). Si se le hubiese aplicado a Domiciano la misma legislación que él defendía, la *lex Iulia de adulteriis*, se habría visto relegado en una isla y, por lo tanto, fuera de Roma y del poder imperial. Los relatos sobre su relación con su sobrina servían, por lo tanto, no solo para crear al tirano y legitimar la imagen de su

---

333 Suet. *Claud.* 25.2; Santoro L'Hoir 1994: 17; Ginsburg 2006: 23; Cid López 2014: 180.

334 Suet. *Cal.* 24; DC 59.2.6-8. Cabe señalar aquí las dos personalidades de Agripina la Menor: víctima y personaje pasivo en época de Calígula, mientras que es retratada de forma completamente opuesta en época de Claudio y Nerón (López Gómez 2022b: 359). Además del supuesto caso de incesto de Calígula con sus hermanas, también se plasmaron transgresiones sexuales por parte de Augusto y de Nerón con mujeres de la familia. En el caso de Augusto, habría sido acusado póstumamente por Calígula de haber cometido incesto con su propia hija (Suet. *Cal.* 23.1). Los propios autores restan credibilidad al asunto, que se plasmó no para criticar a Augusto, sino a Calígula, quien habría forzado el relato para elevar de forma artificial su propio nacimiento al eliminar su descendencia de Agripa. Por otro lado, históricamente se ha prestado más atención al supuesto incesto entre Nerón y Agripina, incoado por la propia madre como forma de controlar a su hijo. Un relato que derivaría de la necesidad, en este caso, de criticar tanto la depravación de Nerón como la usurpación de poder por parte de Agripina (Suet. *Ner.* 28.2).

335 Ambühl 2022: 74.

336 Vinson 1989: 435.

pío sucesor, sino también para explicar que su asesinato fue necesario, ya que era moralmente corrupto como hombre y como emperador[337].

En suma, pese a las ideas que se puedan extraer sobre las funciones desarrolladas por las mujeres de la dinastía flavia durante el gobierno de sus familiares, lo cierto es que el relato (una vez más) está invadido por el uso que de ellas se hace como elementos narrativos, lo que impide obtener una imagen certera. Esto es especialmente notorio en el análisis que se puede hacer sobre Julia *Titii*, quien solo aparece en la narrativa en relación a los excesos de su tío Domiciano. Si aparece lo hace como víctima, no teniendo un protagonismo propio.

Pese a unos inicios en los que se planteó una imagen moderada para las mujeres de la dinastía flavia, dado su lugar secundario y la necesidad de escapar de la memoria del régimen de Nerón, lo cierto es que estos emperadores potenciaron su representatividad como forma de legitimar el propio gobierno. El rol de las mujeres como creadoras de lazos con familias destacadas a través del matrimonio, así como su papel como ancestros mediante la consagración son dos elementos de clara relevancia política para este periodo, aunque se intente potenciar una imagen más vinculada a los tradicionales roles de género a través de la numismática y otros elementos de representación. Las transgresiones son más claras en las relaciones de los emperadores con mujeres fuera de los cauces del matrimonio. No obstante, los convencionalismos sociales dictaron que no se pudiesen legitimar dichas relaciones que, a la postre, sirvieron para plasmar cómo no debía ser una mujer imperial. También comprobamos como el comportamiento de los emperadores hacia las mujeres fue un elemento de enorme relevancia en la creación del relato histórico. No se pueden tratar las referencias vistas como una crítica general al maltrato femenino en este momento, pero sí como un indicador de despotismo y de conductas no normativas ni aceptables. La Augusta, pues, debía ser respetada y honrada por sus familiares.

---

337 Vinson 1989: 438.

Capítulo 05

Mujeres, familia imperial y sucesión en el siglo II d.C.

En este capítulo se analizará, usando los ejemplos de las mujeres de época antonina, cómo la estabilidad política permitió que se establecieran unos roles de género más claros dentro de la casa imperial y una tendencia a la estandarización de las imágenes y los papeles públicos. El periodo se cerró con un momento de crisis política interna y externa en época de Cómodo. También se modificó el papel de la Augusta debido a las exigencias de la crisis militar que se inicia a finales del siglo II.

Al asesinato de Domiciano siguió una sucesión pacífica en el poder, en la cual ascendió el veterano senador Nerva, presente en la corte desde época de Nerón (Tac. *Ann.* 15.72). Su sucesión parece una solución de consenso y él mismo no planteó la opción de establecer una dinastía sanguínea, pues al poco tiempo de su ascenso adoptó a Marco Ulpio Trajano. Sobre la adopción de este en los últimos años se ha sostenido una injerencia de los pretorianos, por lo que no se trataría de una adopción casual[338]. No obstante, su nula conexión familiar con su predecesor llevó a que Plinio lo presentase como la mejor opción y como la selección del candidato óptimo para la púrpura:

> "Imperaturus omnibus eligi debet ex omnibus; non enim servulis tuis dominum, ut possis esse contentus quasi necessario herede, sed principem civibus daturus et imperatorem. Superbum istud et regium, nisi adoptes eum quem constet imperaturum fuisse, etiamsi non adoptasses. Fecit hoc Nerva nihil interesse arbitratus, genueris an elegeris [...]. Sedulo ergo vitavit hunc casum, nec modo iudicium hominum sed deorum etiam in consilium adsumpsit. Itaque non in cubiculo sed in templo, nec ante genialem torum sed ante pulvinar Iovis optimi maximi adoptio peracta est, qua tandem non servitus nostra sed libertas et salus et securitas fundabatur" (Plin. *Pan.* 7.6-8).

---

338 Hekster 2014. Sobre una posible lucha interna entre Trajano y Nigrino de cara a la sucesión: Eck 2002. Otros autores llegan incluso a suponer que Nerva habría sido "obligado" a adoptar a Trajano (Bennett 2001: 45-48).

126

"El que ha de gobernar a todos los ciudadanos debe salir del conjunto de éstos, pues no se trata de entregar un amo a tus esclavos, de modo que puedas darte por satisfecho con cualquiera, como se tratase de un heredero forzoso, sino un Príncipe y un emperador a los ciudadanos, lo que se convierte en un acto de soberbia y de tiranía a menos que adoptes como hijo a aquel sobre el que existe un consenso general a la hora de pensar que habría gobernado igualmente, aunque tú no lo hubieses adoptado. Así lo hizo Nerva, considerando que no existiría la menor diferencia entre nacimiento y elección [...]. En consecuencia, quiso evitar cuidadosamente esta circunstancia, y no sólo escuchó la opinión de los hombres, sino que también hizo caso del juicio de los dioses. Y así, no fue en su dormitorio, sino en el templo, ni fue ante el lecho conyugal, sino ante el lecho sagrado de Júpiter Óptimo Máximo donde se llevó a cabo esa adopción que no suponía nuestra esclavitud, sino que garantizaba nuestra libertad, nuestra salvación y nuestra seguridad".

Cabe aquí señalar que Plinio no condena completamente el sistema dinástico que hasta ese momento se había puesto en práctica. Él mismo pide a Júpiter que le dé a Trajano un descendiente de su propia sangre, aunque matiza la petición, al solicitar que dicho descendiente sea merecedor de la sucesión y que, en caso de que no hubiese nadie en la familia, le indicase el camino hacia otros candidatos. En todo caso, queda claro a través de las palabras de Plinio que la adopción siguió siendo el último recurso, la sucesión hereditaria siendo el principal y permaneciendo la familia como el núcleo esencial, incluso en los casos de adopción:

"Quo maiore fiducia isdem illis votis, quae ipse pro se nuncupari iubet, oro et obtestor, 'si bene rem publicam, si ex utilitate omnium regit', primum ut illum nepotibus nostris ac pronepotibus serves, deinde ut quandoque successorem ei tribuas, quem genuerit quem formaverit similemque fecerit adoptato, aut si hoc fato negatur, in consilio sis eligenti monstresque aliquem, quem adoptari in Capitolio deceat" (Plin. *Pan.* 94.5).

"Por ello, en los mismos términos en los que nuestro Príncipe ordena que se hagan por él los votos a los dioses, con tanta mayor confianza te ruego y suplico, 'si gobierna sabiamente el Estado y de acuerdo con el interés general', en primer lugar, que lo conserves sano y salvo para nuestros nietos y bisnietos, y después, que algún día le concedas un sucesor que él mismo haya engendrado y que haya instruido y formado a semejanza del hijo adoptivo que él es, o bien, si esto le es negado por el hado, lo asistas con tu consejo a la hora de elegir sucesor, y le señales a alguien digno de ser adoptado en el Capitolio".

Así pues, el propio Plinio no consideraba que la idoneidad del candidato fuese le único factor a la hora de asegurar una sucesión imperial exitosa. En relación con este punto, tradicionalmente se han atribuido distintos nombres a la dinastía antonina, dada la incorrección de este término canónico utilizado dentro de la investigación histórica. Después de todo, los emperadores solo recibieron el nombre Antonino desde Antonino Pío en adelante, aunque este se mantiene más allá de la muerte de Cómodo, a través de los Severos. Diversos autores se plantearon la necesidad de substituir el nombre de dinastía antonina por otro más adecuado, siendo una de las propuestas el de "emperadores adoptivos" (aunque este nuevo epíteto dejase fuera a Cómodo)[339]. Al fin y al cabo, uno de los motivos por el cual esta etapa es conocida como una "edad de oro" es por una supuesta tendencia a elegir a los candidatos más aptos para el gobierno e introducirlos en la familia a través de la adopción. Una idea también claramente influida por las afirmaciones de Plinio en su Panegírico.

Ya se ha puesto de manifiesto que la adopción no supone la previa inexistencia de vínculos familiares entre los emperadores (como también Plinio apuntaba) sino que, si se atiende a la parte femenina de la dinastía, se percibe una clara conexión a través de las mujeres y los vínculos matrimoniales entre los distintos principes[340]. En consecuencia, en esta época se consolidó la capacidad de las mujeres para establecer lazos entre emperadores pues, a excepción de Trajano y Adriano que eran familiares (y aun así esta conexión se reforzó con vínculos matrimoniales), el resto de los emperadores formaron una dinastía enlazada a través de las mujeres.

Las mujeres de la familia imperial que desciende de Nerva tuvieron —en una línea similar a las Flavias— poco protagonismo en el relato histórico, a excepción de unos cuantos casos célebre. No obstante —una vez más, al igual que en época flavia— fueron también las mujeres las que dieron lugar a la sucesión y fueron reflejadas en la propaganda imperial de una manera acorde.

5.1 Trajano y la creación de una dinastía "femenina"

Trajano ya era un hombre maduro cuando accedió al poder, al igual que su esposa, Plotina. Esta circunstancia, sumada a la ausencia de descendencia, hizo necesaria la búsqueda de un sucesor fuera de la casa imperial. Aunque algunos autores antiguos —a menudo motivados por el deseo de cuestionar ciertas actitudes de Adriano— expresaron dudas sobre la voluntad de Trajano de designarlo como heredero, o sobre la existencia de un acto formal de adopción, lo cierto es que los indicios apuntan con claridad a la intención de Trajano de que su familiar lo sucediera.[341] Así pues, Traja-

---

339 Para una síntesis sobre los distintos epítetos que se han propuesto para la (así llamada) dinastía antonina: Canto 2003.

340 Sobre el sistema de la *adoptio* en época antonina como una ficción de la sucesión hereditaria: Hidalgo de la Vega 2000: 192.

341 El pasaje de Plinio (*Pan.* 94.5) mencionado al inicio del capítulo también apunta en la misma dirección: Adriano sería el familiar de sangre de Trajano (aunque no engendrado por este) suficientemente válido como para ser adoptado por el *optimus princeps*. Adriano, además, sería el familiar varón más cercano a Trajano (Carcopino 1949: 276; Birley 2000: 232; Canto 2003: 313-314). En este sentido, era habitual, no

no, de acuerdo con el manifiesto de Plinio, hizo que Adriano pasase por las distintas etapas del *cursus honorum* para que demostrase su valía[342]. La extensa carrera militar y civil que precedió al ascenso de Adriano, más dilatada que la de muchos de sus predecesores imperiales, parece responder a la voluntad de la casa imperial de garantizar una demostración sólida de las cualidades del futuro emperador. Este recorrido recuerda más al cursus honorum seguido por los hijos de senadores que al ascenso rápido y politizado de figuras como Nerón o Domiciano.

En todo caso, pese a las dudas los autores de la antigüedad presentan sobre la posible adopción de Adriano[343], lo cierto es que el elemento que más lo marcó como seguro sucesor no fue otro que su matrimonio con Sabina, sobrina del emperador (*HA Hadr.* 2.5). Independientemente de una posible adopción, a Adriano, como único pariente varón del emperador[344], se le otorgaría una parte importante de su herencia y, al mismo tiempo, nadie podría reclamar tener una mayor conexión dinástica (tanto por sangre como por matrimonio) con el *optimus princeps*. Además, como ya se puso de manifiesto, pese a las interrupciones dinásticas, no parece que el sistema imperial se pusiese en duda, con lo cual el matrimonio con Sabina venía a sancionar los pasos dados para la sucesión y a apuntalar la legitimidad de Adriano.

Por si la conexión familiar de Sabina con Trajano no fuese suficiente, esta se hizo a propósito aún más evidente en vida del *princeps*. Como sucedió con Domicia en el momento de la ascensión de Domiciano, Plotina recibió el título de Augusta. A diferencia de los emperadores anteriores, Trajano también concedió ese título a su

solo en la casa imperial sino en la aristocracia romana en general, que a la hora de adoptar se eligiese a algún candidato ya relacionado con la familia por sangre o matrimonio (Corbier 1991: 67; Kunst 2005: 131-149).

342 Birley (2000: 30-31) entiende que fue Trajano quien diseñó las etapas de la carrera de Adriano. Como demuestra una inscripción de Atenas cinco años anterior a su adopción (*CIL* 3.550 = *IG* 2.3286 = *ILS* 308), Adriano fue especialmente favorecido por Trajano en su carrera profesional (De Vita-Evrard 2000: 31). Fue inscripto honoríficamente en los escuadrones de caballeros romanos al tomar la toga viril, como sucedía para la aristocracia patricia (aunque Adriano no formaba parte de esta) y fue elegido prefecto urbano durante las ferias latinas. Adriano se estrenó en la vida pública ya en el año 94 d.C., primero como vigintiviro y luego como tribuno militar (*HA Hadr.* 2.1-5), con un tribunado al año siguiente. Es posible que Trajano fuese gobernador de Panonia al tiempo que Adriano servía en la II *Adiutrix* en *Aquincum.* Fue también tribuno en *Moesia* y en *Germania* (*HA Hadr.* 2). Tantos tribunados parecen ser un elemento extraordinario y Birley los relaciona con su posición especial como pariente masculino más cercano al nuevo emperador, ya que Trajano habría sido adoptado durante el tribunado de Adriano en *Germania* (Birley 2000: 47). Con Trajano como emperador, Adriano fue cuestor, se encargó de las actas del Senado y acompañó a Trajano en Dacia (*HA Hadr.* 3.1-2). En esta expedición formó parte de su *consilium* (Birley 2000: 46; Bennett 2001: 90). Como cuestor del emperador, habría tenido que leer los discursos de este en el Senado (*HA Hadr.* 3.1). Posteriormente fue tribuno de la plebe antes de la edad legal permitida (*HA Hadr.* 3.4), *legatus legionis* en la segunda expedición contra Dacia, pretor, gobernador de Panonia y, finalmente cónsul (*HA Hadr.* 3.6-11). Después del consulado aún desempeñó otros importantes cargos, siendo legado de Trajano en su expedición oriental y gobernador de Siria (*HA Hadr.* 4.6), además de tener un segundo consulado (*HA Hadr.* 4.3-4).

343 A favor de una adopción poco precedente a la muerte de Trajano: *HA Hadr.* 4.6-7); en contra de la adopción: DC 69.1.1.

344 El padre de Adriano era primo de Trajano, hijo de una de sus tías paternas, por lo tanto hermana de *Divus pater Traianus* (De Vita-Evrard 2000: 31; Cenerini 2009: 100-101).

hermana[345]. Cabe aquí señalar que, en los inicios de la época imperial, cuando el título de Augusta no había sido concedido a muchas mujeres y se relacionaba, sobre todo, con los vínculos que la mujer tejía entre emperadores, ni siquiera Calígula se lo otorgó a sus hermanas. Cuando Domiciano ascendió al poder se encontró con que su sobrina ya contaba con el título, al haber sido concedido por Tito, por lo que la Augusta, como se vio anteriormente, seguía marcando descendencia respecto del emperador. Con Trajano se da el primer caso de Augusta situada en el mismo nivel que el emperador dentro del árbol familiar, pero que no es esposa.

Trajano no solo nombró a dos Augustas, sino que a la muerte de Marciana procedió a su consagración y a designar a una nueva Augusta, su hija Matidia[346]. Esta Matidia que como Augusta y sobrina del emperador recuerda a Julia *Titii*, es la madre de la emperatriz Sabina. En apariencia, con estas concesiones a su familia biológica a la que (de manera formal) Trajano ya no pertenecía, se buscaba legitimar la línea descendente, que llevaba directamente a Adriano y a cualquier hijo que este pudiese tener con Sabina, uniendo las dos líneas de la familia del emperador[347]. Curiosamente, no se ha dejado constancia de quien fue el padre de Sabina, tema sobre el que hay diversas hipótesis, demostrando que toda la relevancia dinástica que esta podía poseer se encontraba en su línea de ascendencia materna[348]. Este proceso de matrimonio y adopción, así como la extrema relevancia dada a mujeres que no fueron emperatrices, revelaba la existencia de una sucesión hereditaria en la familia[349].

En una línea continuista que refleja la influencia de estas mujeres en la sucesión, también Adriano consagró y construyó un templo para Matidia; en concreto una basílica en el Campo de Marte, un templo y otro tipo de honores a su memoria (*HA Hadr.* 9.7-9; 19.5). Se convirtió así en la primera mujer que tuvo un templo que no fue compartido con un familiar masculino[350]. Adriano además tributó grandes honras fúnebres a Plotina, con una oración fúnebre, un templo y la composición himnos en su memoria (DC 69.10.3). Las emisiones monetales con los *divi* Trajano y Plotina se utilizaron para expresar la legitimidad dinástica y la conexión de Adriano con las divinidades[351]. Por la contra, no concedió tanta relevancia ni reconocimiento a las

---

345 Una inscripción en *Luni* refleja la concesión del título a ambas mujeres hacia el 104/105 d.C. (*ILS* 288).

346 Sobre la consagración de Marciana: Bickerman 1974: 366; Hidalgo de la Vega 2000: 203.

347 Hekster 2014: 385.

348 Sobre la paternidad de Sabina: Chausson 2007; Cenerini 2009: 105.

349 Hidalgo de la Vega 2000: 202; 204. Tras la experiencia de la dinastía julio-claudia con los vínculos creados a través de las mujeres (algunos de los cuales fueron explotados hasta época flavia), no parece necesario volver a detenerse en la plasmación de la relevancia de los vínculos cognaticios.

350 Levick 2014: 122

351 Temporini 1978: 108-109.

mujeres de su propia familia (DC 69.11.4). Se confirma, de esta forma, la importancia dada a las Ulpias como forjadoras de los vínculos dinásticos y sucesorios.

Perteneciente a la siguiente generación de mujeres imperiales, también Sabina, esposa de Adriano, fue Augusta cuando este se convirtió en emperador (*HA Hadr.* 23.9; *Epit. Caes.* 14.8). Esta de igual manera fue consagrada a su muerte y recibió honores similares a los de Matidia[352].

La creación de una dinastía basada en vínculos femeninos desacredita, por lo tanto, cualquier tesis sobre una menor visibilidad de las mujeres asociada al cambio de una dinastía puramente hereditaria a otra puramente adoptiva, pues, como se acaba de plasmar, las conexiones sanguíneas siguieron estando presentes[353].

En este contexto, resulta evidente el uso de la exaltación de figuras femeninas como instrumento para legitimar la sucesión imperial en un ambiente de estabilidad y paz. Sin embargo, también es necesario considerar las circunstancias en las que Trajano fue adoptado y accedió al poder. Sucedió a Nerva apenas tres meses después de su adopción, lo que impidió que este último —el primero de los llamados Antoninos— consolidara un sistema político duradero. Su breve mandato funcionó, más bien, como una etapa de transición entre el régimen de los Flavios y el nuevo orden inaugurado por Trajano. Así pues, no se puede descartar que, además de utilizar la divinización de sus familiares para legitimar su descendencia, Trajano buscase legitimar su propia posición. Así se explicaría el proceso de divinización de su propio padre (Plin. *Pan.* 89), quien no había participado en el proceso de adopción o en el ascenso imperial de su hijo.

La consagración de su padre otorgaba a Trajano una cierta *auctoritas* como hijo no de uno, sino de dos *divi*[354]. Aun así, la situación debió de ser lo suficientemente complicada en el plano dinástico como para que no se explotase la imagen de *Divus pater Traianus* sobre la de Nerva[355]. Por el contrario, la divinización de mujeres ya había mostrado su utilidad en época flavia, sobre todo teniendo en cuenta que se había

---

352 Levick 2014: 35.

353 En contra de la tesis defendida por Boatwright (1991), quien oportunamente no menciona los lazos dinásticos entre Trajano y Adriano a través de las mujeres de la familia. La autora también afirma que fue el origen humilde lo que causó el perfil bajo de estas mujeres (Boatwright 1991: 537-538). No obstante, no parece que las Ulpias tuviesen una cuna más humilde que la Augusta Flavia Domitila. En general, la tesis principal de la autora, la de falta de "poder" por parte de las mujeres de los círculos de Trajano y Adriano, no se sostiene.

354 Antes de la consagración oficial, Plinio ya deja entrever las intenciones de Trajano: Plin. *Pan.* 89.2-3. *RIC* 2: 261 (Traj.). El padre de Trajano parece haber sido una personalidad bastante destacada en su momento, con importantes comandos militares. Sobre *Divus pater Traianus*: Alföldy 1988; Canto 2010: 28-29; Strobel 2010: 49-52; Hekster 2014: 382; Mayer i Olivé 2018.

355 Así, por ejemplo, en la numismática fueron siempre prioritarias las alusiones a Nerva (Hekster 2014: 383).

procedido a la consagración de una (o dos) mujeres que no habían llegado a ver a Vespasiano vestido con la púrpura.

En este sentido, la consagración de mujeres de la dinastía parece haber sido lo suficientemente relevante de cara a la finalidad de legitimación dinástica, pero, al mismo tiempo, lo suficientemente inocua a nivel social como para que Trajano procediese a la creación de dos Augustas y a la consagración de su hermana[356]. En consecuencia, después de los procesos de consagración de mujeres en época flavia, incluso de aquellas fuera de la línea dinástica inmediata, la divinización fue introducida como un elemento propio de las políticas propagandísticas imperiales y no es concebida como una transgresión. El silencio de las fuentes literarias coetáneas y posteriores y la ausencia de mensajes conflictivos sobre las emperatrices así lo constatan.

En suma, la función institucional que desarrollan las mujeres de la casa imperial en los inicios de la nueva dinastía está estrechamente vinculada con sus capacidades para producir hijos y, en la dinámica de las anteriores familias imperiales, con mantener el poder dentro de los estrechos cauces de la corte legitimando la posición de los hombres. Al igual que en la etapa anterior, aunque en la propaganda se explotase la imagen de estas mujeres y se las relacionase con la sucesión, en el relato histórico tienen un perfil bajo. De hecho, atendiendo a las palabras de Plinio, se puede obtener una idea clara de la imagen que la propaganda imperial intentó transmitir sobre sus mujeres, muy encauzada en la tradición y en los roles de género.

5.2 Mujeres imperiales y roles de género a inicios del siglo II d.C.

La imagen general de la casa imperial durante los tres primeros emperadores de la dinastía antonina está relacionada con la moderación y el control y presentaba beneficios en el ambiente cultural en el que autores como Tácito y Suetonio construyeron sus narrativas de crítica a las familias imperiales precedentes[357].

Para analizar el tipo de imagen que, desde la propia casa imperial, se promovió sobre sus mujeres, podemos tener en cuenta las palabras del contemporáneo Plinio el Joven, sobre Plotina y Marciana. El Panegírico se ha entendido como la plasmación de los elementos ideológicos principales vigentes en la propaganda imperial del momento. De hecho, algunas afirmaciones sobre los miembros de la familia de Trajano tendrían que ir, necesariamente, de la mano de la aprobación de este último[358]. Plinio

---

356 Como ya se destacó, Marciana fue consagrada tras su muerte. Su hija Matidia fue recordada en las monedas del momento no solo como Augusta, sino también como *Divae filia* (*RIC* 2: 300-301 (Traj.), nos. 748-750; 758-761).

357 Como nota Roche (2002: 41-60). La oposición a las narrativas estereotipadas sobre las mujeres julio-claudias requería que la nueva imagen pública de las Ulpias fuese completamente contraria (Cenerini 2009:104).

358 Roche 2002: 43.

plasma una constante subordinación de los integrantes de la familia a Trajano. Todas las virtudes que estos puedan demostrar derivan de la influencia del emperador o son, de una manera u otra, causadas por este.

132   Plinio afirma que la elevada posición en la sociedad conlleva que todos los secretos de la vida del individuo sean públicos, y así debe de ser para Trajano, lo que supone un comportamiento intachable de todos aquellos que viven en palacio (Plin. *Pan.* 83.1). Para Plinio, la publicidad de la vida privada de Trajano solo puede redundar en su gloria, pero el comportamiento adecuado de su familia no es mérito de la misma, sino del control con el que Trajano los mantiene y de las virtudes que les inculca (*Pan.* 83.3-4).

Teniendo en cuenta el tono general del Panegírico cuando se refiere a los familiares de Trajano y, en específico, a las mujeres, su frase más ilustrativa es la siguiente:

> "Neque enim umquam periclitabuntur esse privatae, quae non desierunt" (Plin. *Pan.* 84.59).

> "Y, en verdad, nunca caerán en el peligro de ser privadas, porque no dejaron de serlo".

De forma ideal, para Plinio, para que las mujeres de Trajano lleven un modo de vida adecuado a la situación social en la que se encuentran, deben ser privadas. Podemos entender aquí una crítica hacia las costumbres de los anteriores emperadores y a la actitud de las mujeres de la corte, aquellas que se inmiscuyeron en los asuntos públicos, de poder, típicos de los hombres. De hecho, poco antes de esta afirmación, antes de empezar con sus alabanzas sobre Plotina, Plinio dirige su crítica hacia aquellos hombres que se habían casado con sus esposas de forma demasiado imprudente y las habían retenido a su lado (*inconsultius uxor adsumpta aut retenta patientius*, *Pan.* 83.4). Esta afirmación no puede no recordar a las historias que sobre Domiciano empezaron a extenderse en este momento: sobre su apresurado matrimonio con una mujer que ya estaba casada y sobre su readmisión en la corte pese a las acusaciones de adulterio (Suet. *Dom.* 3.1). En claro contraste con las malas costumbres del emperador previo y de su mujer, se construye una imagen de la nueva mujer imperial consistente con las *mores* y con el mantenimiento de un modesto segundo plano, apartada de la escena política. Así se explica que se dé tanta importancia a que Plotina y Marciana no asumiesen el título de Augusta, aunque el Senado se lo hubiese concedido, prefiriendo esperar a que el propio Trajano adoptase el de *pater patriae* (Plin. *Pan.* 84.6).

Plinio se basó en los roles de género vivos en su época, construyó la imagen de Plotina y Marciana adaptándose a los buenos estereotipos y dejando de lado los malos. Algunos de los adjetivos que se les aplican son *modica*, *parca* o *civilis*; además Plotina es obediente (*nam uxori sufficit obsequi gloria*), y acompaña a su marido en silencio (*cum silentio incedat*) (83.7). También poseen *simplicitas*, *veritas* y *candor* (84.1). Exhiben *moderatio* y han llegado a la *perpetua securitas* (84.5). Pese a acumular todas estas virtudes femeninas, estas no son suyas, sino que derivan de la imitación de Trajano y de la forma que este tiene de educarlas (83.8; 84.7).

Por la contra, Plinio también las describe evitando algunos de los principales vicios que los estereotipos asignaban a las mujeres. Sobre todo, el haber esquivado el caer en la envidia y el odio al convivir (84.5). Posiblemente, la mayor virtud que se les atribuye es, una vez más, el no inmiscuirse en la vida política y no querer obtener nada de la posición de su familiar como emperador (83.6). Esta construcción de la personalidad femenina a través de Plinio contrasta, por lo tanto, con la utilización de las mujeres como elemento narrativo en otros autores en esta época. Así, mientras Plinio encumbra a las mujeres del *optimus princeps* por las virtudes inherentes a la familiaridad con este, en la misma época se construían las imágenes de mujeres julio-claudias como usurpadoras de poder[359].

No obstante, el propio Plinio se contradice. No expresamente en el texto, pero sí en su esencia. El incluir a las mujeres de la familia imperial en un escrito dirigido exclusivamente al emperador redundó, al fin y al cabo, en la colocación del elemento femenino en un entorno público y, físicamente, de poder, al leer documento en el Senado. Después de todo, no había precedentes sobre la inclusión de los familiares del elogiado en los escritos de este tipo[360]. Plinio no habría tenido necesidad de hacer alusiones a mujeres en su escrito. Así pues, este texto lo asemeja a otro tipo de documentos, como la *Tabula Siarensis* en la que se reflejaron los honores a tributar a Germánico. Aquí se reflejó la presencia de las mujeres en las deliberaciones, un contexto en el cual sus opiniones no tendrían por qué haber sido consideradas. En consecuencia, pese a la intencionalidad de otorgar un perfil bajo a las mujeres Ulpias, lo cierto es que su mera presencia en documentos de este tipo revela una posición y relevancia sociales que presentaba continuidad con la dinámica de dinastías anteriores.

Al mismo tiempo, este mensaje que, como ya se indicaba, fue en consonancia con la propaganda imperial del momento, no se limitó solo a los escritos de Plinio, sino que también permea en la mayor parte de autores que tratan sobre los inicios de la época antonina. Así se puede ver en las referencias que Dion Casio hace sobre Plotina; en su caso, dándole voz propia:

"Πλωτῖνα δὲ ἡ γυνὴ αὐτοῦ ὅτε πρῶτον ἐς τὸ παλάτιον ἐσῄει, ἐπὶ τοὺς ἀναβαθμοὺς καὶ πρὸς τὸ πλῆθος μεταστραφεῖσα εἶπε 'τοιαύτη μέντοι ἐνταῦθα ἐσέρχομαι οἵα καὶ ἐξελθεῖν βούλομαι.' καὶ οὕτω γε ἑαυτὴν διὰ πάσης τῆς ἀρχῆς διήγαγεν ὥστε μηδεμίαν ἐπηγορίαν σχεῖν" (DC 68.5.5).

---

359 Santoro L'Hoir 1994; Fischler 1994, Fagan 2002 entre otros.
360 Roche 2002: 51.

"Cuando Plotina, su esposa, entró por primera vez en el Palacio, se giró para enfrentar la escalera y al pueblo y dijo: 'Entro siendo la mujer que me gustaría ser cuando me marche'. Y se comportó de tal manera durante el entero gobierno que no incurrió en censura alguna".

"ὅτι τῆς Πλωτίνης ἀποθανούσης ἐπήνει αὐτὴν Ἀδριανός, λέγων ὅτι 'πολλὰ παρ' ἐμοῦ αἰτήσασα οὐδενὸς ἀπέτυχεν.' τοῦτο δὲ οὐκ ἄλλως ἔλεγεν, ἀλλ' ὅτι 'τοιαῦτα ἤτει οἷα οὔτε ἐβάρει με οὔτε συνεχώρει ἀντειπεῖν" (DC 69.10.3a).

"Cuando Plotina murió, Adriano la alabó diciendo: 'Aunque me pidió mucho, nunca le negué nada'. Con esto simplemente quería decir: 'sus peticiones fueron de tal naturaleza que ni me abrumaban ni me daban justificación alguna para oponerme a ellas'.

La propaganda del momento profundizó, en suma, en una imagen de concordia en la casa imperial y de sumisión de las mujeres con plena aceptación de un ideal de género que las mantuvo en un segundo plano. Así pues, a inicios del siglo II d.C. las virtudes femeninas idealizadas se convirtieron en la peculiar característica de las mujeres imperiales, tanto de las vivas como de las consagradas[361]. No obstante, su inclusión en las narrativas, el título honorífico de Augusta y su divinización con intenciones de legitimación dinástica dejaron claro que su instrumentalización al servicio del poder imperial y que su influencia sobre el gobierno fueron mayores de lo que los autores plasmaron. El propio Plinio especifica que el honor de ser familiar del emperador podía ser igual al de ser llamada Augusta (*Pan.* 84.6). Por tanto, los desarrollos de las épocas anteriores pusieron de manifiesto que no se podía dejar completamente de lado la influencia política de las mujeres imperiales.

5.3 Mujeres imperiales e intervención política

Según se avanza cronológicamente en la época en cuestión, se refleja en la narrativa histórica un mayor intervencionismo político de las mujeres[362]. Lo vemos, por ejemplo, en la forma en que se plasmó la relación entre Sabina y Adriano en la Historia Augusta:

"Septicio Claro praefecto praetorii et Suetonio Tranquillo epistularum magistro multisque aliis, quod apud Sabinam uxorem iniussu eius familiarius se tunc egerant quam reverentia domus aulicae postulabat, successores dedit, uxorem etiam ut morosam et asperam dimissurus, ut ipse dicebat, si privatus fuisset" (*HA Hadr.* 11.3).

---

361 Cenerini 2009: 102.

362 *De Caes.* 42.20-21 sobre Plotina aconsejando a Trajano.

"Sustituyó en sus cargos a Septicio Claro, prefecto del Pretorio, a Suetonio Tranquilo, jefe de la correspondencia y a otros muchos, alegando que por aquella época se habían comportado con su esposa Sabina con mayor familiaridad en el trato de lo que exigía la etiqueta de la corte imperial y asegurando que, si hubiera sido un ciudadano privado, le habría repudiado por su actitud displicente y huraña".

La alusión a ser un ciudadano privado hace referencia a no ser emperador[363]. Siendo *princeps* las relaciones familiares de Adriano importaban a nivel público y no podía divorciarse de Sabina porque su conexión con ella le había granjeado el Imperio. Una frase similar es puesta en boca de Marco Aurelio en un periodo posterior, especificando que la dote de las mujeres de la familia era el Imperio (*HA Marc.* 19.7-9).

La historia posiblemente más destacable, si bien en apariencia mero constructo narrativo en detrimento de la imagen de Adriano, es la de su falsa adopción. Se dice que logró puestos destacados gracias a Plotina (*HA Hadr.* 4.2-4) y que esta habría intervenido directamente para falsificar la adopción.

"nec desunt qui factione Plotinae mortuo iam Traiano Hadrianum in adoptionem adscitum esse prodiderint, supposito qui pro Traiano fessa voce loquebatur" (*HA Hadr.* 4.10).

"Y no faltaron quienes propalaron que, por un ardid de Plotina, cuando había muerto ya Trajano, Adriano había sido llamado para recibir la adopción por un individuo que se hallaba escondido y que hablaba en lugar del emperador".

Es Dion Casio quien da más datos. Este afirma que Trajano no tuvo intención de adoptar a Adriano y que, en su lugar, habrían sido Plotina y Atiano, otro familiar de Adriano, quienes habrían falsificado la adopción:

"ἀλλὰ καὶ Καίσαρα αὐτὸν καὶ αὐτοκράτορα τοῦ Τραϊανοῦ ἄπαιδος μεταλλάξαντος ὅ τε Ἀττιανὸς πολίτης αὐτοῦ ὢν καὶ ἐπίτροπος γεγονώς, καὶ ἡ Πλωτῖνα ἐξ ἐρωτικῆς φιλίας, πλησίον τε ὄντα καὶ δύναμιν πολλὴν ἔχοντα ἀπέδειξαν. ὁ γὰρ πατήρ μου Ἀπρωνιανός, τῆς Κιλικίας ἄρξας, πάντα τὰ κατ᾽ αὐτὸν ἐμεμαθήκει σαφῶς, ἔλεγε δὲ τά τε ἄλλα ὡς ἕκαστα, καὶ ὅτι ὁ θάνατος τοῦ Τραϊανοῦ ἡμέρας τινὰς διὰ τοῦτο συνεκρύφθη ἵν᾽ ἡ ποίησις προεκφοιτήσοι. ἐδηλώθη δὲ τοῦτο καὶ ἐκ τῶν πρὸς τὴν βουλὴν γραμμάτων αὐτοῦ· ταῖς γὰρ ἐπιστολαῖς οὐχ αὐτὸς ἀλλ᾽ ἡ Πλωτῖνα ὑπέγραψεν, ὅπερ ἐπ᾽ οὐδενὸς ἄλλου ἐπεποιήκει" (DC 69.1.2-4).

"Se convirtió en César y emperador gracias a que, cuando Trajano murió sin descendencia, Atiano, compatriota y antiguo tutor suyo, junto con Plotina, que estaba enamorada de él, le consiguieron el nombramiento, siendo sus esfuerzos facilitados por su proximidad y por la posesión de una gran fuerza militar. Mi padre, Apro-

---

363 Cualquier magistrado público podría haber sido definido en esta época como un *privatus*, en oposición al emperador, como señalan Winterling (2005; 2009) o Milnor (2005: 20-21).

niano, que era gobernador de Cilicia, averiguó con exactitud toda la historia sobre él, y solía relatar los diversos incidentes, afirmando en particular que la muerte de Trajano fue ocultada durante varios días para que la adopción de Adriano pudiera ser anunciada primero. Así lo demostraban también las cartas de Trajano al Senado, pues no estaban firmadas por él, sino por Plotina, aunque ella no lo había hecho en ningún caso anterior".

En ambas obras, la referencia a la intervención de Plotina en la sucesión está dirigida a censurar la memoria de Adriano, emperador que recibió críticas a su muerte[364]. De esta forma se negaba que fuese cualquier mérito suyo lo que le hubiese granjeado su posición. Atribuir la sucesión a Plotina también señala la influencia de las mujeres Ulpias en este proceso, pero al mismo tiempo es un instrumento que permite salvar la memoria de Trajano de cualquier tipo de crítica por la elección de su sucesor. La intervención de las mujeres en el proceso, después de todo, estaba patente en la propaganda imperial que promovió la visibilidad de las *Augustae*, así como su consagración. Al mismo tiempo, se seguían estrategias narrativas ya conocidas, aplicadas tanto a las dinastías anteriores, como al remoto pasado.

Por un lado, está la historia de la injerencia de Livia en la sucesión de Augusto. No se limita solo a la acusación de haber convencido a Augusto de adoptar a Tiberio[365], sino a su supuesta manipulación tras la muerte de Augusto para que no hubiese un vacío de poder hasta la llegada de su hijo[366].

Similar es la historia de Tanaquil, Taquinio Prisco y Servio Tulio. En este caso, herido mortalmente Tarquinio, Tanaquil escondio su condición cerrando el palacio, expulsando a los testigos y convoca a Servio Tulio. Tanaquil es capaz de esconder la muerte, haciéndola pasar por enfermedad, hasta que Tulio tuviese suficiente control de los asuntos de Estado como para evitar un vacío de poder y algún tipo de golpe (Liv. 1.39.4-41.7; Dio Hal. 4.3-5).

La ocultación de la muerte es un tema habitual en la tradición helenística que pudo servir como base para la recreación histórica de Livio y los posteriores rumores sobre las emperatrices[367]. Después de todo, para época de Plotina, la imagen predominante

---

364 Boatwright 1991: 530.

365 Tac. *Ann.* 1.5.4; 4.57.4; DC 56.30.1; 56.12; 57.3.3.; Suet. *Tib.* 21.2.

366 Tácito y Dion reflejan esta versión (Tac. *Ann.* 1.5.1-6; DC 56.31.1). Según Veleyo sería el propio Augusto quien habría hecho retornar a Tiberio (Vel. 2.123). En el caso de Suetonio, este entiende que el elemento definitorio no es Livia, sino Agripa Póstumo, ya que Tiberio no habría decidido hacer pública la muerte del *princeps* hasta deshacerse de su nieto (Suet. *Aug.* 98.5; *Tib.* 21.1.22). La versión sobre el protagonismo de Livia no habría pretendido tanto atacar a la mujer como criticar a Tiberio, en su continua necesidad de ser asistido por su madre. El temor a algún tipo de golpe en el momento de la muerte de Augusto hablaría de la debilidad de Tiberio y de la falta de consenso por parte del orden político y militar para aceptar la decisión de sucesión; decisión sobre la que la propia Livia tendría que actuar, ante la impotencia de su hijo.

367 Para un compendio de los casos helenísticos: Bauman 1994: 180-181. Aunque este autor rechaza que

era de la de la mujer sumisa, guiada por la voluntad del emperador. La existencia de narrativas previas pudo utilizarse para manipular esta imagen en beneficio de la memoria del propio Trajano.

Aunque la información sobre las mujeres imperiales en las fuentes literarias es muy escasa para los inicios de la época antonina, algunas de estas referencias señalan su influencia en el proceso de sucesión. Estas alusiones reflejan su percibida relevancia a la hora de legitimar a los sucesores, por su capacidad de producir herederos o su cercanía al centro de poder. No obstante, a la manera de los historiadores antiguos, dichas apreciaciones se hicieron con una nota de crítica por la usurpación de poder. Como en otros casos de condenas a las acciones femeninas, todo remite a la necesidad de tratar el relato histórico con cautela.

Por otro lado, hay evidencias más objetivas sobre la capacidad de agencia de las mujeres en este periodo y su conexión con individuos y comunidades fuera de la corte. Es el caso de la inscripción ateniense sobre la mediación de Plotina entre Adriano y la escuela epicúrea de Atenas[368]. Este documento refleja el intercambio cruzado de cartas entre la escuela epicúrea, la emperatriz y el emperador. En esta correspondencia, Plotina intentó mediar para conseguir ciertos beneficios para el líder de la secta epicúrea, beneficios finalmente concedidos por Adriano. En agradecimiento a la mediación de la emperatriz, se erigió en Atenas una inscripción que recogió no solo la concesión imperial, sino la intervención femenina[369].

En suma, las fuentes sobre Sabina y Plotina complementan la imagen de la mujer durante los primeros compases del siglo II d.C. Estas fueron presentadas como elemento esencial para la permanencia en el poder de la familia y la sucesión pacífica, reforzando la capacidad femenina de legitimación dinástica no solo de forma directa, hacia aquellos individuos con los que se relacionaron por sangre, sino también hacia otros individuos con los que crearon lazos matrimoniales y de afecto. Su vinculación a los ideales tradicionalmente femeninos (sobre todo en Plinio) se dio a imitación de algunas de las mujeres imperiales más respetadas, como Livia[370]. Además, se promovió para ellas un perfil más bajo que para sus predecesoras en la narrativa histórica, pero, fuera del momento álgido de la propaganda ulpia y vista la transmisión del Imperio fuera de unos cauces familiares obvios, se sospechó sobre una capacidad de injerencia más profunda y escondida dentro de los entresijos de la corte. Ante

---

fuese la tradición helenística la que influenciase a los autores latinos. Por la contra, Ogilvie (1965:161-164) entiende que es necesariamente esta tradición la que se imitó a la hora de redactar estas historias.

368 *CIL* 3.12823 = *ILS* 7784 = *IG* 22 1099 = Oliver 1989, no. 73.

369 Esta intervención y ciertos elementos de la inscripción han llevado a algunos investigadores a suponer que Plotina profesaría la filosofía epicúrea (Syme 1958: 538; Temporini 1978: 162-165), o incluso que sería patrona de la escuela (McDermott 1977: 200). Al respecto de la relación de Plotina con los epicúreos también Hidalgo de la Vega 2000: 200-201.

370 Hidalgo de la Vega 2000: 194.

la incapacidad de verificar dichas informaciones, otro tipo de evidencias, como las epigráficas, apoyan esta imagen de influencia de las mujeres relacionadas con la familia imperial[371].

138

5.4 Mujer, familia y sucesión: 138-192 d.C.

Tras la muerte de Sabina se produjo un periodo de vacío en cuanto a la figura de las Augustas, que no se resolvió hasta la llegada al poder de Antonino Pío y la consagración de Faustina la Mayor como nueva emperatriz. En cuanto a las funciones de las mujeres de la casa imperial, se mantuvo una clara continuidad con la época anterior. No obstante —y, por eso, se establece aquí una diferenciación en los patrones de corte dentro del periodo antonino—, a partir de este momento se percibe de forma más clara el vínculo familiar entre todos los componentes de la casa imperial. En tiempo de Trajano y Adriano se mantuvo la fachada de sucesión del mejor candidato, a lo que se sumó la sanción del vínculo matrimonial a través de las mujeres de la familia. A partir de la época de Antonino, los vínculos entre las partes que conformaron el plan sucesorio fueron mucho más claros y terminaron en la sucesión del primer *princeps* nacido en la púrpura, Cómodo. En todo caso, como se comentó anteriormente, este periodo presenta, a grandes rasgos, cierta continuidad con los patrones inaugurados por las Ulpias, mientras se atestigua una mayor profundización en las capacidades femeninas, con nuevas responsabilidades y títulos. Esta relevancia dada a las mujeres imperiales a finales de la época antonina, así como las características sucesorias del momento, redundó en la posición de extremo protagonismo de las Severas en el siguiente periodo.

La sucesión de Adriano se orquestó como continuación de los patrones de la anterior generación, eligiendo entre los descendientes de los Ulpios. La conexión de Antonino Pío con esta familia se dio a través de su esposa, Faustina la Mayor. Para entender el vínculo debe tenerse en cuenta que, además de Sabina y Matidia la Menor, Matidia la Mayor fue madre de una tercera hija, Rupilia Faustina. Esta, a su vez, fue madre de Faustina la Mayor y Marco Annio Vero, padre de Marco Aurelio[372]. Matidia la Mayor, enormemente honrada por Adriano en vida y en muerte fue, en consecuencia, madre de una emperatriz, abuela y bisabuela de otras dos y bisabuela de un emperador. Re-

---

371 De hecho, las enormes riquezas de Matidia la Menor hacen suponer que el resto de sus familiares femeninas, más cercanas al poder imperial, pudieron amasar aún mayores niveles de poder económico con el que favorecer a individuos y comunidades. Su relativa ausencia del registro histórico se explicaría por la ya mencionada intención del núcleo de poder de potenciar una imagen modesta. En este sentido, Boatwright (1991) lleva a cabo una recopilación de inscripciones que informan sobre las capacidades económicas y las dedicatorias hechas a las principales mujeres de las familias de Trajano y Adriano. En estas se ve una mayor frecuencia de menciones a Matidia la Menor, explicándose su protagonismo en el registro por su lejanía con los lazos familiares que formaban la dinastía. Más información sobre Matidia la Menor en Boatwright 1992.

372 Sobre el árbol genealógico de Rupilia Faustina: Rémy 2005: 74; Levick 2014: 22-23.

cientemente también se ha propuesto que Matidia la Menor tuviese alguna relación con la adopción y sucesión de Antonino Pío, ya que la mayor parte de dedicatorias a su persona datan del gobierno de este (cuando Matidia ya estaría en la tercera edad) y no del de Adriano[373]. Al mismo tiempo, es posible que Domicia Lucila, abuela materna de Marco Aurelio, fuese madre de Adriano; la madre de Marco Aurelio sería, entonces, hermanastra de Adriano[374].

En suma, Faustina La Mayor fue el elemento que unió a su marido con la dinastía imperial[375]. Pese a que esta falleció pocos años después del ascenso imperial de Antonino, recibió la apoteosis, un templo y la creación de una institución alimentaria para niñas pobres con su nombre (*HA Ant.* 8.1). Al igual que Sabina, su consagración se celebró con la publicación de imágenes en las cuales la emperatriz ascendía a los cielos[376]. Su figura fue recordada y en época de Antonino se acuñó un número extraordinario de monedas con su efigie[377].

Tras llegar al poder, Antonino Pío hizo que el sobrino de su mujer, Marco Aurelio, se casase con su prima-hermana, Faustina la Menor. Parece que se potencia el parentesco como forma de mitigar los principios de la monarquía electiva[378]. Se mantiene también una línea de descendencia directa a través de las mujeres que descendían del *Divus pater Traianus*.

La relevancia de la posición femenina queda marcada en este momento a partir del matrimonio de Marco Aurelio con Faustina la Menor en el 145 d.C. (*HA Ant.* 10.2; *Marc.* 6.2). Aunque Marco Aurelio ya había sido adoptado como hijo y sucesor por parte de Antonino, fue solo en el momento en que se dio el matrimonio con Faustina cuando recibió el título de César, el consulado como colega del emperador, la cooptación en los colegios sacerdotales y otros elementos representativos de su estatus. Es decir, el matrimonio reforzó aquí a la adopción, ya que todos estos honores podrían haber sido concedidos inmediatamente tras la adopción o tras el ascenso imperial de Antonino en el año 138 d.C.[379]

---

373 Cenerini 2009: 109.

374 De Vita-Evrard 2000: 32; Cenerini 2009: 120.

375 Conesa Navarro y Espí Focén 2022.

376 Sobre el relieve de la consagración de Sabina en el *Arco di Portogallo*: Davies 2000: 105-106. Ejemplos de la imagen de la consagración de Faustina la Mayor: *RIC* 3: 164, no. 1132b. Tras la muerte de Antonino se elaboró un relieve en el que se reflejaba el ascenso conjunto de la pareja imperial (Davies 2000: 41-43). En todo caso, es resaltable que tanto Sabina como Faustina son las primeras mujeres sobre las cuales se elaboraron imágenes de su apoteosis en solitario.

377 Rowan 2011: 245.

378 Como señala Hidalgo de la Vega 2000: 209; 2003: 47-72.

379 Marco Aurelio tenía unos diecisiete años en el momento del ascenso de Antonino, pero la juventud no fue un impedimento para la concesión de honores a otros sucesores como Nerón (Tac. *Ann.* 12.41.2; 12. 58; Suet. *Ner.* 7.2). Sobre la función de Faustina como "indicador" de la cuestión de la sucesión: Pritwitzer 2011: 27.

Al año siguiente de los esponsales nació la primera hija de la pareja, ocasión por la cual se concedió el título de Augusta a Faustina y la *potestas tribunicia* y el *imperium* proconsular a Marco Aurelio (*HA Marc.* 6.6.). Faustina quedó así colocada, en estatus, por encima de su marido. Dado que Faustina la Mayor, Augusta desde la ascensión imperial de su marido (*HA Ant.* 5.2), había fallecido en el 140, cualquier momento habría sido apropiado para elevar a su hija a la misma dignidad, tal como ocurrió en su momento con Matidia tras la muerte de Marciana. La espera hasta el matrimonio de la hija y, sobre todo, hasta el nacimiento de descendientes legítimos, refleja una importancia extraordinaria otorgada a las mujeres, pero dentro del marco social tradicional, en especial en su rol de esposas y madres.

Curiosamente, la primera criatura alumbrada por Faustina fue una niña que, por lo tanto, no tuvo la capacidad de asumir el papel de posible sucesora. Sin embargo, el título le fue concedido a Faustina de igual modo; lo cual informa sobre la relevancia de la descendencia imperial, independientemente del género. Se da un claro continuismo con los patrones puestos en práctica en dinastías anteriores que sancionaron la sucesión a través de la línea femenina. El primer nacimiento de la pareja también supuso una prueba de su fertilidad y la continuación del Imperio. Gracias a su hija, se plasmaba su capacidad para producir sucesores masculinos o su capacidad de transmitir el Imperio por vínculos matrimoniales.

La importancia de las mujeres a la hora de transmitir el poder puede percibirse también en diversos pasajes destinados a denostar a Faustina la Menor. Como ya se avanzó, los autores presentan a Marco Aurelio al tanto de las supuestas desviaciones sexuales de su mujer, de quien se decía que tuvo numerosos amantes. Al respecto, Marco Aurelio habría afirmado no poder divorciarse de ella:

> "de qua cum diceretur Antonino Marco, ut eam repudiaret, si non occideret, dixisse fertur 'si uxorem dimittimus, reddamus et dotem'. dos autem quid habebatur? imperium, quod ille ab socero volente Hadriano adoptatus acceperat" (*HA Marc.* 19.8-9).

> "Cuando a Marco Antonino le hacían comentarios sobre ella con el fin de que la repudiara, si no la condenaba a muerte, dicen que contestó: 'si repudio a mi esposa, tendré que devolver también la dote'. Pero, ¿qué otra cosa se consideraba como dote, sino el imperio que él había recibido al ser adoptado por su suegro y por la voluntad de Adriano?".

No interesa tanto la veracidad del episodio que se refleja en la *Historia Augusta* sino el hecho de que el autor (y con él posiblemente, parte de la población) consideraba que Marco Aurelio debía su principado a la alianza con Antonino Pío a través del matrimonio con Faustina[380], aunque el propio Marco Aurelio estaba emparentado

---

380 Como refleja Meyers 2016: 487.

con Adriano. Así pues, independientemente de la fiabilidad de los testimonios de los autores, se deja patente la vinculación entre mujeres y transmisión del imperio de forma ya totalmente abierta.

En conexión con esta idea, es llamativo para este periodo que las mujeres no apare- cieron en las monedas con una titulatura que las relacione con sus maridos, sino con sus padres, priorizando el vínculo paternofilial y reflejando la legitimidad que la mujer aporta al matrimonio, no la influencia que el enlace aporta a la mujer[381]. Por el contrario, en el momento en que una emperatriz externa a la familia entra en esta, como es el caso de Crispina, esposa de Cómodo, se vuelve al modelo de titulatura en la cual la mujer es designada como esposa del emperador (*RIC* 2.3: 670; 672b). Después de todo, una esposa externa a la familia aportaba legitimidad a sus hijos, mientras que obtenía influencia de su marido, lo que se reflejaba de manera acorde en su titulatura.

Por otro lado, los autores también informan de la capacidad de las mujeres imperiales para llevar con ellas el poder y la legitimación imperial a través de un supuesto intento de Faustina la Menor de conceder el Imperio a otro candidato a través del matrimonio:

"τοῦτο δὲ δὴ δεινῶς ἥμαρτεν ὑπὸ Φαυστίνης ἀπατηθείς· αὕτη γὰρ τὸν ἄνδρα ἀρρωστήσαντα ᾽ἦν δὲ τοῦ Εὐσεβοῦς Ἀντωνίνου θυγάτηρ᾽ προσδοκήσασα ὅσον οὐκ ἤδη τελευτήσειν, ἐφοβήθη μὴ τῆς ἀρχῆς ἐς ἄλλον τινά, ἅτε τοῦ Κομμόδου καὶ νέου καὶ ἁπλουστέρου τοὺς τρόπους ὄντος, περιελθούσης ἰδιωτεύσῃ, καὶ ἔπεισε τὸν Κάσσιον δὶ ἀπορρήτων παρασκευάσασθαι ἵν᾽, ἄν τι ὁ Ἀντωνῖνος πάθῃ, καὶ αὐτὴν καὶ τὴν αὐταρχίαν" (DC 72.22.3).

"Avidio Casio cometió un error al ser engañado por Faustina la Menor. Esta, que era hija de Antonino Pío, al ver que su marido muy enfermo podía morir, y al existir un vacío en el poder, el trono podía recaer en un extraño, ya que su hijo Cómodo era aún demasiado joven y simple de mente, y que ella podía verse reducida a una posición privada. Así pues, secretamente indujo a Casio estar preparado para que, en caso de que algo sucediese a Antonino, él pudiese obtener tanto a ella como al poder imperial".

Casio habría iniciado su revuelta tras recibir erróneamente la noticia de la muerte de Marco Aurelio, con la intención de tomar el poder[382]. En el pasaje de Dion se percibe que la preocupación atribuida a Faustina era doble: por un lado, evitar que el Imperio cayera en manos de un desconocido, ajeno a la familia imperial; por otro, el temor

---

381 Las acuñaciones en Roma y las provincias son, además, sintomáticas del lenguaje de la propaganda imperial controlada desde el centro de poder. Sobre la titulatura de Faustina la Menor y Lucila en las acuñaciones de la época: Meyers 2016. Esta autora señala que, curiosamente, en las monedas del periodo, ni Faustina la Menor ni Lucila aparecen en ninguna identificadas como esposas, sino como hijas.

382 Boatwright (2003: 255) conecta esta intención de vincular a Faustina con la revuelta militar con su previa obtención del título *mater castrorum*, que la acercaba a los campamentos y contextos militares.

de verse relegada a una posición inferior a la que ocupaba hasta ese momento[383]. El relato sugiere, además, que el poder imperial podía transmitirse junto con la mano de una mujer, siendo Faustina en este caso un agente activo en la decisión sobre su destino, en contraste con los matrimonios concertados por decisión paterna. En cualquier caso, el temprano matrimonio de Faustina con Marco Aurelio, su presunta implicación en la revuelta de Casio, así como el enlace de su hija Lucila con el co-Augusto Lucio Vero, ilustran como, en esta época, el matrimonio se consolidó como un mecanismo de transmisión del poder imperial[384].

Por último, no todos los autores antiguos dieron crédito a esta historia. La *Historia Augusta*, por ejemplo, le resta verosimilitud. Sin embargo, al hacerlo, revela otro de los roles atribuidos a las mujeres en esta época: presenta a Faustina como la figura decisiva que persuadió a Marco Aurelio sobre la necesidad de adoptar una postura firme frente a los sublevados (*HA Cass.* 9-11). Así, las fuentes de la época otorgan a las mujeres un papel destacado como agentes del poder imperial, no solo en su capacidad para transmitir o legitimar la púrpura, sino también como influencias clave en la toma de decisiones políticas relevantes.

5.5 Nuevas funciones: *mater castrorum*

Faustina la Menor recibió en el 174 d.C. un nuevo título que fue plasmado en acuñaciones monetarias y en la epigrafía. Se trata del epíteto *mater castrorum*. Cronológicamente el nombre de "madre de los campamentos" aparece relacionado con la guerra marcománica y la estancia de Faustina en Panonia. Han surgido numerosas teorías al respecto de las condiciones de concesión y el significado de este título. Estas, en un primer momento, atribuyeron el nuevo título no a Faustina la Menor, sino a las emperatrices severas[385]. Así pues, inicialmente se entendió el epíteto *mater castrorum* como un elemento que habría cambiado radicalmente la relación de las mujeres con el poder y, por ello, se obvió su atribución a la esposa del "emperador filósofo" ya que no sería coherente con sus ideas de gobierno. Faustina, tradicionalmente vinculada a aspectos de feminidad y domesticidad, no se solía relacionar con el elemento militar[386]. Hasta el momento de la concesión del nuevo título, el protagonismo de Faustina fue como madre de sucesores, dada su numerosa progenie, y así fue conmemorada en las monedas[387]. El epíteto que recibe en el 174 d.C. marca, en

---

383 Priwitzer 2011: 28 sostiene que la muerte de Faustina por causas naturales, poco después de la revuelta de Casio en el 175 d.C., pudo ser el motivo que despertase las sospechas de su participación en el complot.

384 *HA Ver.* 2.3-4; Bianchi 1988.

385 Domaszewski 1895.

386 DC 71.31.1; 74.3.1; Boatwright 2003: 250.

387 Fittschen 1982; 1999; Baharal 2000.

consecuencia un cambio más profundo en la sociedad romana y es sintomático del contexto histórico.

"τὸ ἕβδομον αὐτοκράτωρ προσηγορεύθη. καίπερ δὲ οὐκ εἰωθώς, πρὶν τὴν βουλὴν ψηφίσασθαι, τοιοῦτόν τι προσίεσθαι, ὅμως ἐδέξατό τε αὐτὸ ὡς καὶ παρὰ θεοῦ λαμβάνων, καὶ τῇ γερουσίᾳ ἐπέστειλεν. ἡ μέντοι Φαυστῖνα μήτηρ τῶν στρατοπέδων ἐπεκλήθη" (DC 71.10.5).

"Entonces los soldados lo aclamaron emperador por la séptima vez; y aunque él no quería aceptar ese tipo de honor antes de que el Senado lo aprobase, en este caso lo tomó como un regalo de la divinidad, e informó al Senado. Además, Faustina fue llamada Madre de los Campamentos".

Así, Domaszewski lo entendió como un signo de la decadencia moral e influencia de la tiranía oriental[388]. Algunos autores interpretaron este título como el resultado de un largo desarrollo que habría llevado a que, en la época posterior, los soldados viesen en las mujeres severas a sus verdaderos generales[389].

No obstante, pese a la presencia de mujeres junto a las legiones desde época de Augusto, las fuentes no apoyan la tesis de una militarización de las mujeres imperiales[390]. Después de todo, pese a los viajes de estas a las provincias, no parece que se hubiesen adentrado en el terreno de batalla, aunque esta costumbre cambiase con Faustina[391].

Se ha defendido una identificación del título con la maternidad de los herederos[392], o la búsqueda de la unión entre el ejército y emperador en el marco de las guerras marcománicas[393]. La tesis mayoritaria, sin embargo, apunta a una concesión por parte de Marco Aurelio, entendida como una maniobra dinástica dirigida a vincular al ejército con la casa imperial de una forma más estrecha y en un momento de importante crisis en la política externa. De esta forma, también se buscaría incrementar las posibilidades sucesorias de Cómodo[394].

Además, se ha sugerido que el título se concedió en el contexto del famoso episodio del "milagro del agua" y que la aclamación a Faustina por parte de los soldados sería una acción de gracias por la salvación ante una situación peligrosa. Tras este evento,

---

388 Domaszewski 1895: 72-73.

389 Fink y Hoey 1940: 189.

390 Speidel 2012: 135

391 Halfman 1986: 90; 162. Con la clara excepción de Agripina la Mayor en el relato de Tácito (*Ann.* 1.39-44; 1.69; 2. 54-57). Boatwright (2003: 264) calcula que para el 174 d.C. era la primera vez en 150 años que una mujer imperial acompañaba a su marido al frente.

392 Kuhoff 1993: 251.

393 Alexandridis 2000: 16; 24-25.

394 Aymard 1950; Campbell 1984: 95; Wittwer 1986: 91-93; Boatwright 2003: 198; Kettenhofen 1979: 81; 157.

Faustina habría sido rememorada en los campamentos como una de las "diosas madre" que gozaban de especial popularidad en esos contextos[395].

Al margen de la motivación que condujo a la asociación de Faustina con este título, lo que sí parece relevante es un cierto cambio en los patrones de representación de las mujeres. Las mujeres imperiales hasta este momento, más o menos involucradas en la vida política del Imperio, siempre habían sido presentadas en público en conexión con elementos típicos de la feminidad, marcados por los roles habituales atribuidos a las mujeres en Roma[396]. La apelación *mater castrorum* que, independientemente de que procediese directamente del emperador, contaba con el beneplácito de este, vinculaba por primera vez a las mujeres con el mundo militar, siempre masculino, a través de los elementos de representatividad.

Al mismo tiempo, parece haberse dado un férreo control por parte del poder imperial sobre las narrativas y los rumores en este momento. Así pues, la vinculación de Faustina con lo militar no se usa para relacionar a esta con otros famosos episodios de mujeres en el campo de batalla, como el de Agripina la Mayor (Tac. *Ann*. 1. 69). No hay una crítica a Faustina por este nuevo título, sino que la condena a su memoria afecta a otro tipo de historias.

5.6 La función de las mujeres imperiales en la narrativa histórica

Si en el periodo anterior las biografías de las mujeres flavias fueron recursos narrativos para construir el relato megalómano de Domiciano y, en tiempo de Trajano, su función fue destacar la concordia de la familia imperial y la superioridad del *princeps*, a finales de esta época la función de las mujeres en la narrativa cambia una vez más.

Así pues, mientras que Marco Aurelio es presentado como el emperador filósofo pese a las dificultades que atravesó su gobierno, la imagen de su mujer es muy diferente. Faustina, no es solo retratada en la propaganda como la prototípica esposa ideal[397], sino también como la perfecta Augusta, hija, esposa y madre de emperadores. Pese a ello, en las narrativas de los autores posteriores, el énfasis se pone en su necesaria intervención para explicar la depravación de su hijo, Cómodo.

En la *Historia Augusta* se ofrece una versión según la cual, Marco Aurelio, preocupado por una enfermedad de Faustina, causada por haberse enamorado de un gladiador, habría recibido instrucciones de los adivinos de hacer que su mujer se bañase en la sangre de ese gladiador y después acostarse con ella. El resultado de la historia

---

395 Speidel 2012: 144.

396 Por ejemplo: *fecunditas, castitas, pulchritudo* o *pietas* (Alexandridis 2000; Cenerini 2009: 95).

397 Esta relación se evidenciaba en las acuñaciones que llevaban su efigie, pues generalmente se la asociaba con pietas, pudicitia, concordia, fecunditas, felicitas y aeternitas (Boatwright 2003).

habría sido que Faustina habría quedado embarazada de Cómodo que, a su nacimiento, fue un gladiador y no un príncipe. El autor de la biografía de Marco Aurelio deja, además, claro por qué cree en la veracidad de la historia:

> "quod quidem veri simile ex eo habetur quod tam sancti principis filius iis moribus fuit quibus nullus lanista, nullus scaenicus, nullus arenarius, nullus postremo ex omnium dedecorum ac scelerum conluvione concretus" (*HA Mar*. 19.6). 145

> "Esta historia se considera más verídica, sin duda, porque el hijo de un príncipe tan virtuoso observó una conducta como no la había observado ningún maestro de esgrima, ningún histrión, ningún esclavo del circo, o ningún individuo engendrado de la escoria del deshonor y del crimen".

Así pues, la emperatriz ideal no podía serlo si sus hijos se echaban a perder. La maternidad ideal que completaba a la mujer era aquella en la que los hijos honraban a la familia al llegar a la vida adulta[398]. Lo mismo sucedía con la maternidad imperial, solo que con parámetros distintos. Así pues, ante la imposibilidad de culpar a Marco Aurelio por haber dejado como sucesor a un príncipe inexperto y poco preparado para lidiar con la crisis que se cernía sobre el Imperio, la figura de la madre es la coartada ideal para explicar la forma de ser de los hijos. Además, en la *Historia Augusta* Faustina es un elemento pasivo, ya que es Marco Aurelio quien ordena que pase por el ritual del baño de sangre. Faustina es culpable de ser débil y no haber sido capaz de resistir a la lujuria[399].

Así pues, en definitiva, las mujeres fueron utilizadas en el discurso histórico para marcar las personalidades de sus hijos, aun incluso en aquellos casos, como el de Faustina, en los que no tienen gran protagonismo en la narrativa previa. En la propaganda imperial siguen apareciendo como en la época anterior, vinculadas a los elementos tradicionalmente asociados con la feminidad, al mismo tiempo que se las mantiene apartadas del centro político. No obstante, la narrativa sigue una dirección distinta, ante la necesidad de explicar ciertos sucesos de la época basados en acciones concretas de los protagonistas históricos.

El contexto histórico del momento parece haber sido bastante más complicado. Es difícil concebir que un emperador con un hijo biológico legítimo, descendiente de una larga saga de mujeres imperiales, no fuese a suceder a su padre. En caso de haber dejado a un sucesor diferente, la herencia de Marco Aurelio y el patronazgo sobre las legiones hubiesen pasado igualmente a Cómodo, abocando al Imperio a una nueva guerra civil, como la que se desataría pocos años más tarde.

---

398 Hug 2023: 83-ss.
399 Priwitzer 2009.

146

Al mismo tiempo, siguiendo las fuentes, no parece que Cómodo tuviese mucho tiempo para prepararse. Al fin y al cabo, sucedió solo con diecinueve años, aunque fue co-Augusto desde los dieciséis. No obstante, él, sus hermanos y hermanas fueron parte de la propaganda imperial desde el nacimiento. Todos desfilaron en el triunfo de Lucio Vero (*HA Marc.* 12.10), además de aparecer en acuñaciones monetarias, sobre todo asociados a su madre[400].

Su ascenso se vio precipitado por las complicaciones del momento: A la presión militar en Oriente se sumó la de los marcómanos por el norte; además de las bajas por la guerra, se sumaron las causadas por la peste que, según los autores, acababa con contingentes de soldados todos los días (DC 72.14.3-4); también se da la muerte de Vero en el 169 y la revuelta de Casio en el 175 d.C. (DC 71.27.2). Fue precisamente la revuelta lo que obligó a Marco Aurelio a firmar la paz con los marcomanos y acelerar la formación de su hijo (DC 71.17). En este marco Cómodo fue elegido cónsul con dieciséis años, recibió la potestad tribunicia, el título de *imperator* y participó en el triunfo con su padre (*HA Comm.* 2.3-5). El avance de Cómodo coincidió en el tiempo con el levantamiento de Casio, con lo cual solo se explica ante lo desesperado de la situación, como una medida que asentase su posición y diese continuidad al Imperio.

La crisis en el gobierno del Imperio explica también el ya mencionado título de mater castrorum de Faustina, relacionando por primera vez a las mujeres con contextos militares de forma directa. También se puede explicar de esta forma el resurgir con Cómodo de los rumores sobre camarillas de corte, la influencia de los libertos y, sobre todo, los procesos contra mujeres de la familia imperial. Así, su hermana, la Augusta Lucila, fue desterrada y ejecutada por traición (DC 73.4; *HA Comm.* 4.4; 5.7), al igual que su esposa, Crispina, en su caso acusada de adulterio (DC 73.4.6; *HA Comm.* 5.9).

En suma, se utilizó a las mujeres imperiales para ilustrar las personalidades de los emperadores, así como para exculparlos de algunas de sus decisiones más polémicas o para explicar la decadencia a la que queda abocada el Imperio. Las críticas que podemos percibir en las fuentes literarias no solo reflejan una injerencia en los asuntos políticos "masculinos" en el sentido de la usurpación del poder, o una censura a los "malos emperadores" a través de sus mujeres, sino también un declive en el estado general del Imperio y la percepción de una época de crisis.

En este sentido, se atribuyó a las acciones de los emperadores gran influencia sobre el estado del Imperio y no se valoró tanto el contexto histórico en su conjunto. Así pues, no se apreció lo suficiente la faceta militar de Marco Aurelio frente a su perfil filosófico, ni el inicio de la presión militar constante sobre el Imperio o la decadencia económica, como al inicio de una "era de hierro" con el gobierno decadente y despó-

---

400 Fittschen 1982; 1999; *HCC* Faustina 2.6; 74; *RIC* 2.3: 509; 709-712; 1665-1666.

tico de Cómodo[401]. Como la sucesión de Cómodo no podía ser un error de Marco Aurelio, quien representaba el ideal de emperador, las mujeres fueron utilizadas como un recurso narrativo que explicó la relación (o más bien la falta de relación) entre las decisiones de gobierno de Marco Aurelio y la crisis en la que Cómodo sumiría al Imperio.

Pese a las informaciones negativas sobre Faustina, lo cierto es que su caso puede ilustrar el ideal de mujer imperial para esta época. Descendiente de una larga línea de emperadores, la mujer imperial es un instrumento empleado al servicio de las necesidades políticas para unir a los sucesores con el *princeps*. Faustina es hija, esposa y madre de emperadores. Como madre, la mujer imperial produce tanto hijas con las que crear nuevos lazos matrimoniales con otros individuos (el caso de Lucila), como candidatos a la sucesión imperial[402] (Cómodo). La mujer imperial viaja a los distintos lugares del Imperio junto a su marido lo cual, junto a su numerosa descendencia, le granjea el título de *mater castrorum*[403]. De esa forma, con su presencia en las legiones y en las provincias expresa la idea de concordia marital y la esperanza de la transmisión del Imperio a sus herederos directos[404]. La mujer imperial es, por lo tanto, un ejemplo de conducta y no solo en contextos militares, sino también como exempla para las mujeres de Roma, como se puede ver en su asimilación a diversas deidades y personificaciones que se relacionan con ejemplos de virtud femenina. A su muerte es consagrada al mismo tiempo que sigue vinculando a los co-Augustos, ahora su esposo y su hijo. Continúa siendo ejemplo de conductas femeninas ejemplares, y se recuerda su memoria con la creación de una institución alimentaria para niñas pobres.

No obstante, la Augusta no ofrece muestra de una conducta ejemplarizante si tiene una participación definitoria en la política dinástica, o si sus maridos elevan demasiado su estatus, por lo que se dan narrativas especialmente dirigidas a condenar su memoria. Así pues, para finales de la época antonina, se encuentra un contexto social en el cual se consagró la imagen de la mujer imperial como representante de los valores femeninos y vínculo necesario para el mantenimiento de la paz. Aunque no hubiese narrativas sobre intervenciones directas y manipulación de esposos, lo cierto es que desde el propio centro del poder se consagra la relevancia pública y

---

401 DC 71.36.4. Sobre la infrarrepresentación del perfil militar de Marco Aurelio: Speidel 2012: 127. En contra: Töpfer 2010: 2009.

402 El caso de Faustina es especialmente notable por la cantidad de hijos e hijas que tuvo con Marco Aurelio, hasta el punto de que un 20% de las acuñaciones monetarias con el nombre de Faustina hacen referencia a *Fecunditas*. El tipo con *Juno Lucina* es introducido por primera vez en las monedas de Faustina (Meyers 2016: 494). Altar a *Juno Lucina* en favor de la *domus* de los Augustos en *ILS* 366.

403 *BMCRE* 4: 929-931; *RIC* 2.3: 742; 748-749; 751-754; 1659-1662; 1700; 1709. Diferentes interpretaciones al respecto: Faustina como figura materna para los soldados (Meyers 2016), el título como una manera de granjear la lealtad de los soldados a Cómodo (Töpfer 2010)

404 Otros casos claros de emperatrices "viajeras" para esta época son los de Plotina, Matidia y Sabina (*HA Hadr*, 5.9-10).

dinástica de las mujeres, como se puede ver a través de la propaganda. Fue hacia el final del periodo cuando, con una aparente motivación en las circunstancias del momento, se rompió esta vinculación de las mujeres imperiales con lo femenino, pasando a estar también relacionadas con elementos masculinos, como el militar. No obstante, las narrativas que sobre estas mujeres transmiten los autores de la época o poco posteriores, demuestran que socialmente siguió siendo criticable la imagen de las mujeres demasiado vinculadas a los intereses de la *res publica*.

148

Capítulo 06
Epílogo. Mujeres y poder político en los albores de la anarquía

La etapa que va de Pértinax a Alejandro Severo se considera como el momento previo a la anarquía militar del siglo III d.C. Esta representa una última fase de relativa estabilidad, aunque a partir de la muerte de Severo la situación interna y externa fue cada vez más difícil[405]. Al contexto de amenaza externa en la frontera norte y oriental se suma un último periodo de la dinastía en la cual los emperadores fueron niños. En este contexto, se desarrolló un mayor protagonismo femenino, con mujeres que se han llegado a definir como "regentes"[406]. Al mismo tiempo, los breves matrimonios de estos emperadores, sumados a los nulos nacimientos de niños en la púrpura, contribuyeron a que el protagonismo se centrase en las madres y abuelas de estos príncipes como vínculos que vertebraron la dinastía[407]. En la situación de crisis militar, se mantuvo la conexión de estas con las legiones, como en el periodo inmediatamente anterior. No obstante, el elemento definitorio del momento fue la consolidación de la administración del Imperio como un sistema, lo que permitió que el poder se mantuviese en manos de personajes claramente inexpertos, centrándose las decisiones ejecutivas en el consilium, donde las mujeres parecen haber desarrollado un papel esencial y una injerencia política abiertamente reconocida[408]. La complejidad de este periodo justificaría un estudio específico. Su carácter de etapa de transición hacia la crisis, en un contexto político profundamente distinto, hace que en esta ocasión solo se ofrezca una introducción a los roles y funciones desempeñados por las mujeres imperiales. No obstante, un análisis más amplio sería imprescindible para alcanzar conclusiones verdaderamente satisfactorias[409].

---

405 Williams 1902: 265.

406 Cleves 1982: 141.

407 Rowan 2011: 248.

408 López Gómez 2021: 325-345; 485-498.

409 Para completar la información aquí presentada pueden consultarse los trabajos de: Cleves 1982; Lusnia 1995; Rowan 2011; González Fernández y Conesa Navarro 2017; Conesa Navarro 2019; Conesa Navarro y Espí Focén 2022.

Cuando Septimio Severo accedió al poder se dio una legitimación de su familia con intenciones dinásticas. Rápidamente concedió a sus hijos los honores que los marcaban como sucesores. En el caso su esposa, Julia Domna, esta fue presentada como una continuadora de la posición de Faustina, heredando sus mismos títulos[410]. También la propaganda imperial creó un aura mística alrededor de esta mujer, lo que justificó que en momentos posteriores esta y sus familiares fuesen conocidas como las "emperatrices sirias" y, en suma, que tuviese un papel más destacado que aquellas que la precedieron.

Así pues, para entender el papel desempeñado aquí por las mujeres es necesario conocer el contexto global del ascenso al poder de los Severos. Severo hizo consagrar a Pértinax y lo presentó como si fuese su padre. No obstante, después concedió la apoteosis a Cómodo —enormemente popular entre la plebe— y se proclamó descendiente de los Antoninos, incorporando su nombre a su titulatura[411]. Al mismo tiempo, otorgó a su esposa el título de *mater castrorum*, presentándola como sucesora de Faustina la Menor, y, con el tiempo, también dio a sus hijos el nombre de Aurelios y Antoninos[412]. En efecto, cuando Severo accedió al poder aún vivían varios personajes emparentados con la anterior dinastía imperial. La adopción simbólica del nuevo emperador y sus herederos dentro de la familia antonina no solo pretendía expresar una continuidad dinástica[413], sino también aprovechar la ficción de la adopción del más digno y neutralizar así el peligro que podían representar otros aspirantes con mayor legitimidad[414].

La adopción ficticia también supuso que los Severos tuviesen que enfatizar los vínculos dinásticos de una manera más clara que aquellos que les precedieron[415]. Así pues, no solo todos los descendientes de Severo y Julia Domna usaron "Aurelio" y "Antonino" como parte de su titulatura, sino que incluso algunos de ellos fueron enterrados en el Mausoleo de Adriano (*HA Macr*. 5.2). También se incluye en este grupo de "falsos Antoninos" a Macrino y su hijo, Diadumeniano, quienes, pese a ser caballeros de bajo origen, asumieron todos los títulos en consonancia con las disposiciones de Severo (DC 79.19).

410 También en las acuñaciones numismáticas con la efigie de Julia Domna hay una deliberada política de vinculación con las dos Faustinas (Lusnia 1995: 122-123).

411 No solo se presentó como hermano de Cómodo, sino que dirigió una campaña de rehabilitación de su imagen (DC 77.8.1-2; *HA Sep*. 11.4; 12.8; 14.1) con la intención de disimular la guerra civil y crear cierto sentido de continuidad con los emperadores anteriores. Adopción de Severo en la familia antonina: Her. 2.10.1; *HA Per*. 15.2; DC 77.7; Gorrie 2004: 61

412 Kettenhofen 1979: 80; González Fernández y Conesa Navarro 2017.

413 Sobre la idea de continuidad en las monedas del momento: Lusnia 1995: 127.

414 Champlin 1979: 306.

415 Lusnia 1995: 138.

Siguiendo las disposiciones de Marco Aurelio, pero, sobre todo, motivado por la situación de crisis, Septimio Severo aceleró la asunción de los títulos imperiales de sus hijos. Este convirtió a Caracalla y Geta en Césares y Augustos a una edad muy temprana (*HA Sep.* 10.2-5; 14.3). De este modo, Caracalla recibió el título de César en el 196 d.C., cuando contaba con solo ocho años de edad. Poco después, en el 198 d.C., durante la campaña pártica, fue aclamado emperador por los soldados, recibiendo el título de Augusto y su hermano, Geta, el de César; acontecimiento sellado por la concesión de un donativo a los soldados (*HA Sep.* 16.3-5; 18.9-11). A falta de sanción senatorial, Caracalla fue elevado al mismo estatus de su padre a los diez años. En el 202 d.C., Caracalla se convirtió por primera vez en cónsul, como colega de Severo, poco después de tomar la toga viril (*HA Sept.* 14.9). Con catorce años, era incluso más joven que Cómodo. A diferencia de este, no obstante, ni siquiera había tomado las insignias de la vida adulta antes de ser proclamado emperador; por no mencionar que fue primero emperador y después cónsul[416]. El hijo pequeño de Severo, Geta, tomó la toga viril en el año 204 d.C. y fue cónsul al año siguiente. Se convirtió en Augusto en el 209 d.C., durante la campaña de Britania (*HA Get.* 5.3; *Sep.* 20.1).

Debe señalarse que estos episodios se encuadran en el marco de la guerra civil que llevó a Severo al poder, por lo que su presentación como descendiente directo de la dinastía anterior, con dos hijos que sustentasen sus opciones de gobernar, reforzaba su posición. Después de todo, en la mayoría de las ocasiones en las que un emperador falleció sin descendencia se desató, como consecuencia, una crisis de gobierno. Tras el vacío de poder generado por la muerte de Cómodo, los hijos de Severo sugerían una ficción de seguridad en un contexto donde el peligro externo era acuciante. Severo no solo se autoproclamó hijo de Marco, sino que ofreció la posibilidad de una doble continuidad para la dinastía[417]. Así pues, se inició una campaña propagandística de restauración y estabilidad[418]. Esta imagen de estabilidad debía verse reforzada a través de la presencia de una familia unida que, además, era la sucesora natural de los Antoninos.

En este contexto de rápida elevación dinástica, las mujeres jugaron un importante papel, como se puede percibir con el protagonismo concedido en este momento a Julia Domna. Esencialmente su figura como madre fue primordial para fortalecer la sucesión, para lo que se reutilizaron funciones y títulos desarrollados por las mujeres imperiales anteriores, junto a algunos de nueva creación[419]. Por no mencionar que,

---

416 Birley 1971: 210.

417 Así, en la propaganda se hizo hincapié en el concepto de *aeternitas imperii*, vinculado en las acuñaciones tanto con Caracalla y Geta como con Julia Domna (Williams 1902: 279).

418 Turcan 1997: 104; Gorrie 2004: 61. De la mano de la promoción de la familia imperial, también se desarrolló una política de promoción de la familia en general (Bryant 1999; Rantala 2017), que no puede no recordar a la experiencia de la época de Augusto (Milnor 2005; Severy 2010).

419 Levick 2007: 64; Langford 2013: 73.

con su nombre de nacimiento, se convirtió en una nueva Iulia Augusta[420]. No obstante, de manera muy llamativa, la imagen de Domna es ensalzada por la propaganda imperial desde una faceta mística, con omina imperii en los cuales es su esposa la que le brinda el Imperio a Severo.

152

En las fuentes se refleja que Severo habría elegido a Julia Domna como esposa en el momento en que se enteró de que el horóscopo de esta señalaba que sería la mujer de un rey:

> "cum amissa uxore aliam vellet ducere, genituras sponsarum requirebat, ipse quoque matheseos peritissimus, et cum audisset esse in Syria quandam quae id geniturae haberet ut regi iungeretur, eandem uxorem petiit, Iuliam scilicet, et accepit interventu amicorum. ex qua statim pater factus est" (HA Sep. 3.9).

> "[...] y, cuando oyó que había una mujer en Siria con un horóscopo tal, que la destinaba a casarse con un rey, la pidió por esposa —se trata de Julia— y se desposó con ella gracias a la mediación de sus amigos. Esta le hizo padre enseguida."

El propio Severo publicó una autobiografía en los años que siguieron a la guerra contra Albino, con la intención de explicar "su versión" del desencuentro y los motivos de su crueldad (HA Sep. 18.6). Se puede suponer que este tipo de historias relacionadas con su llegada al poder pudieron encontrarse en ese escrito. Así pues, en el primer relato, en el cual Julia Domna es presentada como la futura mujer de un rey, se muestra la intención de Severo de buscar el poder absoluto. Es Severo el elemento activo del relato, a diferencia de otros omina imperii con mujeres en los cuales los designios del destino se les presentan a las mujeres que ya están casadas o son familiares de los emperadores. Un ejemplo es el caso de la finca ad Gallinas de Livia (Suet. Tib. 14.1; Gal. 1). Los presagios mostraban a Livia que su hijo y sus descendientes llegarían a ser emperadores. No obstante, en el episodio de Julia Domna y su horóscopo, esta es presentada completamente ajena a Severo y, al mismo tiempo, es la otorgadora del Imperio, ya que se da a entender que habría llevado al poder a cualquier hombre con el que se hubiese casado. En consecuencia, cualquier hijo que tuviese Domna habría sido también candidato a heredar la púrpura.

Por otro lado, Severo habría soñado que Faustina la Menor preparaba su lecho nupcial en el templo de Venus y Roma:

> "σημεῖα δὲ αὐτῷ ἐξ ὧν τὴν ἡγεμονίαν ἤλπισε, ταῦτα ἐγένετο. ὅτε γὰρ ἐς τὸ βουλευτήριον ἐσεγράφη, ὄναρ ἔδοξε λύκαινάν τινα κατὰ ταὐτὰ τῷ Ῥωμύλῳ θηλάζειν. μέλλοντί τε αὐτῷ τὴν Ἰουλίαν ἄγεσθαι ἡ Φαυστῖνα ἡ τοῦ Μάρκου γυνὴ τὸν θάλαμόν σφισιν ἐν τῷ Ἀφροδισίῳ τῷ κατὰ τὸ παλάτιον παρεσκεύασεν" (DC 75.3).

---

[420] En algunas inscripciones (por ejemplo, CIL 10.7272) y en todas las monedas entre el 195 y el 211 d.C., el título de Domna fue el de Iulia Augusta.

"Los signos que le habían llevado a esperar el poder imperial eran los siguientes. Cuando fue admitido en el senado, soñó que era amamantado por una loba como lo había sido Rómulo. Cuando estaba a punto de casarse con Julia, Faustina, la esposa de Marco, preparó su cámara nupcial en el templo de Venus, cerca del palacio".

Ya se mencionó que los divinos Marco Aurelio y Fustina fueron considerados patrones de los recién casados, quienes debían hacer sacrificios a estos para obtener prosperidad en el matrimonio (DC 71.31.1). Como señala Langford[421], la función de Faustina en este relato es la de *pronuba* quien, habitualmente, era la madre de la novia. En consecuencia, con este *omen* se animaba a la población a ver a Julia Domna como una descendiente, si bien no en sentido estricto, de Faustina y del papel desempeñado por esta al lado de Marco Aurelio. La elección del lugar donde tiene lugar el presagio tampoco fue baladí. El templo es el de Venus, madre de la *gens Iulia* que llega hasta Augusto y, a partir de este, a sus sucesores políticos con Severo y sus hijos como último exponente. La cercanía al Palacio, la vinculación con Venus y con la emperatriz Faustina marcaban el futuro de Severo.

Así pues, la imagen pública de Julia Domna durante el gobierno de su marido la relacionaba con ciertos elementos ya presentes en las dinastías anteriores, sobre todo con la maternidad y, siguiendo el camino abierto por Faustina, también con los militares. La gran diferencia en este momento fue que Julia Domna no tuvo un linaje distinguido desde el punto de vista romano. Su familia estaba encargada del sacerdocio de *Baal* en Emesa y, por lo tanto, tenía gran relevancia local, pero no un largo pedigrí de familias romanas a sus espaldas. Las referencias mencionadas parecen haber sido parte de un programa orquestado desde la oficina de propaganda para dar un aura mística a la princesa oriental que legitimase, a la larga, a sus hijos[422]. En consonancia, esta influencia oriental se tradujo a la romana a través de una posición de especial protagonismo, figurando de forma preeminente en inscripciones, acuñaciones y monumentos públicos; siempre presentada en su faceta maternal[423]. Se convirtió de esta forma en la mujer imperial con mayor número de monedas acuñadas en su honor[424]. También las fuentes literarias la presentan como una madre devota, sobre todo preocupada por la coexistencia entre sus hijos (Her. 4.3.5-9).

---

421 Langford 2013: 69.

422 El sacerdocio de *Baal* en Emesa estaba vinculado con la realeza (Wild 1917: 15).

423 Baharal 1992; 1996; Lusnia 1995; Gorrie 2004; 2007; Langford 2005; Rowan 2011.

424 Gorrie 2004: 63.

6.1 Las funciones políticas de Julia Domna

Tradicionalmente se ha asumido que, ante el origen provincial y humilde de Septimio Severo, el matrimonio con Julia Domna le habría brindado el apoyo de las aristocracias orientales[425]. En este sentido se explicaría la introducción de Julia Domna en las narrativas del momento. Así pues, en una línea similar a algunas de las principales mujeres julio-claudias, las acciones de Julia Domna tienen gran centralidad en las fuentes literarias.

Aparece vinculada a algunas acciones de gobierno de Severo y se le otorga cierta responsabilidad fáctica (no solo en forma de *omina*) a la hora de propiciar la llegada de Severo al poder, pues habría sido esta quien le habría recomendado no pactar con Albino (*HA Alb*.3.4-5). Según la *Historia Augusta* también se debería a la insistencia de Julia Domna el que Severo concediese a Geta los mismos honores que a Caracalla (*HA Get*. 5). No obstante, la necesidad de ambos jóvenes para asegurar la sucesión lleva a desconfiar de esta versión de los hechos[426]. En un momento posterior, los autores también la sitúan confabulando para deponer a Macrino (DC 79.23). Así pues, aunque estos episodios puedan tener tintes ficticios y se deba dudar de su veracidad, sí reflejan una política propagandística más abierta a la visibilidad de las mujeres imperiales.

Además de aparecer como una encarnación de las virtudes femeninas en elementos propagandísticos como las monedas[427], Julia Domna también intervino en los Juegos Seculares, junto a las vírgenes vestales y las matronas en la *supplicatio* a Juno Regina y en las *sellisternia* a Juno y Diana[428]. Es conocido que otras mujeres imperiales debieron de participar en otros Juegos Seculares como, por ejemplo, en los celebrados por Augusto. Sin embargo, hasta época de Severo, no se reflejaron las acciones individuales de las mujeres de la familia imperial, sino que se entiende que participaron cuando se hace referencia a que todas las matronas habrían cantado un himno[429]. En los Juegos Seculares de Augusto, por lo tanto, parece que se intentó centrar la atención en los elementos que provocaban la celebración: la paz de Augusto y la renovación de los tiempos; si bien en ese mismo año se había producido el nacimiento del segundo nieto y posible sucesor del *princeps*. La política familiar de Augusto fue mucho más moderada que la de Septimio Severo, que utilizó este tipo de celebración para exaltar a su familia y las conexiones dentro de esta a través del rol

---

425 Levick 2007: 48.

426 Más sobre este particular en Levick 2007: 32.

427 Domna aparece en tipos que hacen referencia a asociaciones con deidades femeninas (*Juno, Venus* y *Vesta*), personificaciones de las virtudes imperiales (*Fecunditas, Hilaritas* o *Pietas*), así como en mensajes sobre la harmonía y longevidad dinásticas (*Concordia Aeterna* y *Aeternitas Imperii*): Lusnia 1995: 121.

428 Para un análisis sobre la participación de Julia Domna en los *Ludi Saeculares*: Gagè 1934 Gorrie 2004: 63. Sobre su vinculación con diversas virtudes femeninas: Ghedini 1984; Lusnia 1995; Rantala 2017.

429 Williams 1902: 273.

maternal de su esposa. También la política dinástica estaba en este momento más consolidada, después de dos siglos de sucesiones imperiales. La presencia de Domna en este contexto era importante para subrayar la relevancia de la familia imperial como parte de la base para el renovado Estado[430].

También los títulos de Domna hacen hincapié en la faceta maternal. Además del tradicional Augusta y *mater castrorum*[431], en continuidad con Faustina, Julia Domna fue apelada *mater Augusti*, *mater Caesaris* y *mater Augustorum* en el momento en que Geta fue igualado en dignidad imperial[432]. A estos títulos de identificación dinástica, se añadieron otros que extendían la maternidad de Domna sobre todos los ciudadanos, como *mater Senatus et patriae*.[433] En este sentido se percibe la explotación y reforzamiento de la dinastía a través de la presencia de Julia Domna como elemento aglutinador. Aun así, parece claro que el mantenimiento del título *mater castrorum*[434] y los nuevos *mater senatus* y *mater patriae* estuvieron destinados a extender la influencia maternal tanto de cariño y cuidados como de disciplina sobre la totalidad de la ecúmene, así como a presentarla como un símbolo de estabilidad militar y civil[435]. Al mismo tiempo, Julia Domna se convertía en la mujer con más y más variados títulos[436].

Sin embargo, sus funciones no se limitaron a la mera representación. De una manera similar a las mujeres de época de Augusto, también participó en la restauración de edificios, aunque estos llevasen en primer lugar los títulos de Severo. Este, al igual que Augusto, se propuso hacer ver su programa de renovación del Estado a través de la reforma de algunas zonas de la ciudad (Her. 1.14). En este contexto, Domna fue asociada a la restauración de edificios vinculados a deidades y cultos relacionados con las mujeres y la vida familiar, como en su día lo fue Livia. Precisamente uno de los edificios donde se refleja la intervención de Domna es en el *porticus Octaviae*, lo cual también transmite una idea de directa asimilación a las primeras mujeres imperiales[437]. Al igual que Livia, restauró el templo de *Fortuna Muliebris* (CIL 6.833). Aun así, a diferencia de Livia, quien emprendió la reforma en solitario, Julia Domna fue

---

430 Gorrie 2004: 63.

431 Estos parecen haber sido conferidos en el 195 d.C. (Hasebroek 1921: 92; Benario 1958: 67).

432 *CIL* 8.5688; 6702. *Mater Augusti*: *CIL* 8.2527; 9.2165. *Mater Augustorum*: *BMCRE 5*: 163; *CIL* 13.7417; *AE* (1984) 921.

433 El orden habitual es *mater castrorum et Senatus et patriae*. No está claro cuando se confirieron estos títulos enlazados. Hay diversas opiniones sobre si el cambio se produjo antes o después de la muerte de Severo. Al respecto: Benario 1958.

434 Bryant 1999: 27. Aun así, *mater castrorum* siguió siendo el título prioritario y casi dos tercios de las inscripciones conocidas para Julia Domna portan este título (Kettenhofen 1979: 79-80).

435 Lusnia 1995: 138.

436 Herzog 1918: 926-929; Lusnia 1995: 119.

437 Sobre la restauración del *porticus Octaviae* en época de Severo: Gorrie 2004; 2007.

acompañada por su marido e hijos. El culto a *Fortuna Muliebris* estaba especialmente conectado con las mujeres casadas y las *univirae* y, con estas, con el matrimonio y *pudicitia*. El templo recalcaba, por lo tanto, el harmonioso matrimonio de Severo y su mujer, el cual había dado lugar a los hijos que supondrían la continuación del Imperio[438]. En una línea similar, la restauración del *aedes Vestae* ha sido tradicionalmente atribuida a Julia Domna[439].

No obstante, en una faceta completamente nueva para las mujeres imperiales, también contribuyó al bienestar de la población a través de concesiones de dinero con su efigie estampada en una serie monetal específica[440]. Estas funciones parecen haberse extendido a sus sucesoras, dándose una serie similar para Julia Mamaea[441].

Los autores reflejan que, además de acompañar en los viajes a Severo y Caralla, ya durante el gobierno de este último, se habría ocupado de la correspondencia (DC 78.18.2-3; 79.4.2-4); un trabajo que generalmente asumiría un *ab epistulis graecis et latinis* y *ab responsis*. Curiosamente, los expertos en numismática también sitúan en esta época del gobierno de Caracalla el momento en que Domna tuvo mayor poder como emperatriz[442]. No está claro que llegase a revestir este cargo con algún tinte de oficialidad. En su lugar, se puede entender que, ante los apremios de las guerras en diversos frentes en época de Caracalla, su madre y otros consejeros se habrían encargado de mantener la comunicación y ciertos asuntos de gobierno al día.

Al mismo tiempo, Domna habría sido una mujer especialmente preparada para ese tipo de quehaceres. Las fuentes nos transmiten que durante el gobierno de Severo también cultivó sus intereses y construyó un círculo filosófico a su alrededor (DC 76.15.6-7). La presencia de numerosos intelectuales ofrece información tanto sobre la formación como sobre las inquietudes de Julia Domna (Philostr. *Vit. Soph*. 622; *Apol. Tyan*. 1.1). Filóstrato (*Vit. Soph*, 622; *Apol, Tyan*. 1.3) la retrata como una mujer inteligente que disfrutaba de las discusiones literarias y a la que le gustaba mantener un círculo de sabios.

La influencia dada a Domna durante los gobiernos de Severo y Caracalla, junto a la *damnatio memoriae* de este último, causaron, una vez más, que la imagen de Domna no sea unívoca, sino que también aparezcan críticas en las narrativas antiguas. En los relatos se la acusa (una vez más) de adulterio (*HA Sep*. 18.9; DC 75.15) y se busca explicar de esta forma una fase de alejamiento de la corte que tiende a relacionarse

---

438 Gorrie 2004: 70.

439 *BMCRE* 5: 169, nos. 96-97; no. 796; *RIC* 4.171, no. 584-585; Cohen 1892, nos. 239-244; Williams 1902: 275; Gorrie 2007: 65-66.

440 Williams 1902: 278-279.

441 Kosmetatou 2002: 406.

442 Lusnia 1995: 121.

con la conjura de Plautiano[443]. En la necesidad de criticar la memoria de Caracalla a través de su madre, se usa también el típico *topos* literario del incesto. Al igual que Calígula con sus hermanas, Nerón con Agripina o Domiciano con Julia, se acusa a Caracalla de haber tenido relaciones incestuosas con su madre y, a esta, de permitirlo (*HA Car.* 6.2-3; Aur. Vic. *Caes.* 21.2-3; Her. 4.9.1-8).

En suma, la imagen pública y las funciones de Julia Domna durante los gobiernos de su marido y su hijo se encuadran dentro de las necesidades de la época. Estas están marcadas por el imperativo de justificar la creación de una nueva dinastía, lo que convierte a Domna en parte central de la propaganda del momento. Este principio, sumado a la tendencia a la militarización general del Imperio en consonancia con el periodo inmediatamente posterior explica la aparición de nuevos y extravagantes títulos, situándola por encima de otras célebres emperatrices como Livia y Faustina la Menor. Así pues, también se volvió a ensalzar la figura pública de la mujer imperial de forma abierta y como representante del poder. Curiosamente, aunque sus decisiones de gobierno en época de Caracalla fueron transgresoras para su género, no son estas acciones las que le acarrean una crítica específica, sino que la crítica se relacionó, más bien, con cierto clima de inestabilidad en la corte durante la época de Plautiano. Fue, precisamente, la relevancia dinástica dada a Domna para legitimar a sus hijos lo que explica en parte el triunfo de algunas de sus familiares a la hora de imponer a sus vástagos en el periodo siguiente.

6.2 Julia Mesa, Julia Soemis, Julia Mamea y la anarquía militar

Tradicionalmente, como ya se señaló, se coloca el inicio del periodo de la Anarquía Militar en el año 235 d.C. No obstante, tras el breve (y disputado) *interregnum* de Macrino y Diadumeniano, tomaron la púrpura de manera sucesiva Avito Antonino Basiano y Alejandro Severo en un contexto de abierta crisis militar en distintos frentes. En consecuencia, la imagen de las mujeres en este periodo estuvo profundamente influenciada por los elementos bélicos.

Esta época supuso también la consagración de los niños emperadores que, a diferencia de etapas anteriores, acabaron gobernando en solitario. Macrino nombró Antonino, César y Augusto a su hijo Diadumeniano de solo diez años (*HA Macr.* 5.1; 6.6;

---

443 No solo las fuentes literarias lo reflejan, sino que también decaen en número las acuñaciones con representaciones de Julia Domna entre el 203 y 208 d.C. Una inscripción bilingüe de Éfeso también recoge el final de la conjura de Plautiano (*ILS* 1.430 = *CIL* 3.427). Plautiano, prefecto del pretorio de Severo, parece haber gozado de un protagonismo sin par en la época. Da prueba de ello no solo su cercanía a Severo, sino el matrimonio de la hija de este, Plautilla, con Caracalla. Al mismo tiempo, Plautilla aparece como hija de Plautiano en inscripciones en las que su nombre y título aparecen acompañando a los del resto de la familia (como en la reconstrucción de la inscripción del *arcus argentariorum* (Pallottino 1946: 32). Esta cuestión parece especialmente relevante, teniendo en cuenta que las emperatrices solo solían aparecer con su patronímico cuando su padre era el emperador (Meyers 2016). Más información sobre Plautilla en: Conesa Navarro y González Fernández 2016; Conesa Navarro 2020; 2023.

Diad. 1.3-4; 2.1; 2.7; *Hel.* 1.4). No obstante, este Diadumeniano solo fue co-Augusto. Distinta es la situación de Sexto Vario Avito Basiano, más conocido como Heliogábalo. Este fue presentado como hijo ilegítimo de Caracalla, atrayendo el apoyo de una parte de las legiones que aplastaron a la facción de Macrino (*Her.* 5.3.10; 5.4.1-4; *HA Macr.* 9.4; 15.2; Hel. 1.4-5; 2). Pese a su extrema juventud (Heliogábalo contaba con catorce años en el momento de su proclamación), el hecho de pertenecer (aunque solo de forma cognaticia) a la familia imperial, dio a los candidatos una legitimidad que otros de más bajo origen, como Macrino, no podían contrarrestar[444].

Heliogábalo era hijo de Julia Soemis y nieto de Julia Mesa, una hermana de Julia Domna. No era parte de la familia Severa, motivo por el cual se falseó su paternidad[445]. Así pues, pese al engaño, a ojos del público Heliogábalo fue un candidato aceptable por estar conectado con la familia a través de Julia Domna. El plan propagandístico de Severo dio sus frutos, más allá de sus propios descendientes directos.

La familia imperial de Emesa, ciudad de procedencia de Julia Domna, presentaba, además, la ventaja de que podía ofrecer una doble sucesión. Así pues, Heliogábalo adoptó a su primo Alejandro Severo, solo cuatro años más joven (DC 79.17.2-3). Este segundo candidato a la púrpura era hijo de Julia Mamea, la segunda hija de Julia Mesa y, por lo tanto, también sobrina de Julia Domna. Alejandro Severo presentaba la misma legitimidad a la púrpura, obtenida a través de su tía abuela. Cuando las costumbres de Avito Basiano, sacerdote de *Baal*, se hicieron insoportables para la conservadora sociedad y ejército romanos, este y su madre fueron asesinados, sucediéndole Alejandro (DC 79.20.1; 80.1.1). Al igual que su primo, Alejandro se convertiría en emperador con solo catorce años.

Parece que el padre de Heliogábalo ya habría fallecido en el momento en que este último tomó el poder. Por otro lado, se desconoce la paternidad de Alejandro Severo, pues la tesis de Dion Casio sobre Marco Julio Gesio Marciano ha sido puesta en duda[446]. También Cayo Julio Avito Alexiano, abuelo de ambos jóvenes, habría muerto antes de su ascenso al poder. La suma de estos factores, junto a la centralidad de las mujeres de la familia como vínculo como Julia Domna, Severo y Caracalla, justificó que las grandes protagonistas del periodo en las fuentes literarias fuesen las mujeres[447]. Al mismo tiempo, la extrema juventud de los emperadores y la ausencia

---

444 Hekster 2002: 20.

445 Aparentemente, Caracalla no se habría encontrado en el mismo espacio que Julia Soemis durante las posibles fechas de la concepción de Heliogábalo (De Arrizabalaga y Prado 2010).

446 Icks 2011: 57-58. Sobre los familiares masculinos de los emperadores sirios: Cleve 1988.

447 Al respecto de los familiares masculinos de las emperatrices sirias, estos tuvieron puestos de honor, pero sin poder efectivo. Desaparecen en el registro histórico, dando evidencia de su posición social modesta. Al respeto, Cleve 1988 ha defendido que habrían sido Domna y sus familiares femeninas quienes habrían hecho uso de su capacidad de acción para mantener a los hombres de su familia en una relativa oscuridad, como forma de sus posiciones personales y las de sus hijos.

de figuras paternas habrían motivado una mayor injerencia femenina en los asuntos políticos.

La propia juventud de los emperadores aporta otros datos. El mantenimiento de las decisiones ejecutivas de gobierno en un contexto en el cual el máximo dirigente era una mera figura representativa demuestra que las estructuras del Estado estaban lo suficientemente desarrolladas como para mantener su funcionamiento. En comparación con los tiempos de Augusto, en los cuales el emperador no era un cargo, sino una figura de líder carismático que llevaba el peso del gobierno sobre sus hombros, a finales de la época severa la administración del Imperio ya funcionaba como un sistema[448]. En este, el centro lo ocuparon los consejeros imperiales y el círculo cercano del emperador, del que formaron parte las mujeres de la familia. En este contexto se explica el protagonismo femenino en este momento, atribuyéndose a las mujeres algunas de las principales decisiones, también influidas por el clima de crisis[449].

No obstante, las narrativas sobre la vida de Heliogábalo son de dudosa fiabilidad, sobre todo teniendo en cuenta la crítica que recibió tras su muerte[450]. Algunos de los rasgos principales sobre las funciones de las mujeres en este momento se asemejan a las narrativas del periodo siguiente, durante el gobierno de Alejandro. En este contexto se presentó a las mujeres íntimamente relacionadas con los asuntos del ejército con la intención de promocionar a sus familiares.

En un principio, a la mujer a la que se da más relevancia como promotora de la sucesión de los jóvenes es a Julia Mesa. Se la retrata como urdidora del plan para presentar a Heliogábalo como hijo de Caracalla (*HA Hel.* 2; Her. 5.3;7). Se atribuye a las mujeres actuaciones efectivas para mantener viva la dinastía antonina a través de la sucesión con los Severos y con los príncipes de Emesa. De alguna manera, estas narrativas sobre intervencionismo femenino representan la transmisión del poder mediante las mujeres que, ideológicamente se mantuvo por el vínculo familiar y dinástico.

Las familiares de Julia Domna también participaron de las decisiones de gobierno. No en vano, tiende a señalarse que Mesa vivió en palacio muchos años, habituándose a los asuntos de la corte y de la administración (Her. 5. 8. 3-4; DC 79.30.2-4). Además, se representa a las mujeres profundizando en las conexiones militares con la intención de defender las posibilidades sucesorias de sus hijos. Mesa, gracias a sus riquezas, habría convencido a los militares con donativos para que apoyasen la campaña de su nieto[451] (*HA Macr.* 9; Her. 5.3.10). Por tanto, Dion relata cómo la guerra no

---

448 López Gómez 2021.

449 Sobre la relevancia de las dos Julias en el gobierno de Heliogábalo se puede consultar también a Conesa Navarro 2019.

450 Kemezis 2016; Osgood 2016.

451 La teoría de la fortuna de la familia no parece tan inverosímil, sobre todo al tener en cuenta las riquezas depositadas en el templo de Emesa, de las cuales la familia era depositaria (Turton 1974: 133). Mesa

fue declarada solo a Heliogábalo y Alejandro, sino también a sus madres y a su abuela (DC 79.38). Siendo una novedad la proclamación de este tipo de declaraciones contra mujeres, pues consecuentemente se les concedió una pública preeminencia poco apropiada en el pensamiento político romano. En el mismo pasaje se informa de la participación activa de las mujeres en la batalla, si bien no portando armas.

"τὸ δὲ δὴ στράτευμα αὐτοῦ ἀσθενέστατα ἠγωνίσατο, καὶ εἴ γε μὴ ἥ τε Μαῖσα καὶ ἡ Σοαιμίς ΄συνῆσαν γὰρ ἤδη τῷ παιδίῳ ἀπό τε τῶν ὀχημάτων καταπηδήσασαι καὶ ἐς τοὺς φεύγοντας ἐσπεσοῦσαι ἐπέσχον αὐτοὺς τῆς φυγῆς ὀδυρόμεναι, καὶ ἐκεῖνο σπασάμενον τὸ ξιφίδιον, ὃ παρέζωστο, ὤφθη σφίσιν ἐπὶ ἵππου θείᾳ τινὶ φορᾷ ὡς καὶ ἐς τοὺς ἐναντίους ἐλάσον, οὐκ ἄν ποτε ἔστησαν. καὶ ὡς δ' ἂν αὖθις ἐτράποντο, εἰ μὴ ὁ Μακρῖνος ἰδὼν αὐτοὺς ἀνθισταμένους ἔφυγεν" (DC 79.38).

"Su ejército, sin embargo, combatió sin fuerzas, y los hombres nunca habrían resistido, si Mesa y Soemis, que ya estaban con el muchacho, no hubieran bajado de sus carros y, corriendo entre los hombres que huían, no les hubieran impedido seguir huyendo con sus lamentos, y si no hubieran visto al propio muchacho corriendo a caballo, con la espada desenvainada —la misma espada con la que se había ceñido—, en una precipitada carrera que parecía divinamente inspirada, como si estuviera a punto de atacar al enemigo. Aun así, les habrían vuelto la espalda si Macrino no hubiera huido al verlos ofrecer resistencia".

En momentos posteriores se plasmó a Mesa y Soemis dirigiendo la vida política del Imperio. Se afirma que la madre de Heliogábalo habría estado presente en la primera sesión del Senado de su hijo (HA Hel 4.1). También se situó a la madre y abuela del emperador a su lado en la curia en la sesión de adopción de Alejandro[452] (DC 80.17.2-3). No obstante, estas afirmaciones sobre la capacidad de las mujeres para intervenir en la vida pública se contradicen con otro tipo de noticias en las cuales se afirma que Soemis habría formado un *senaculum*, con otras mujeres senatoriales, en el cual tratar asuntos femeninos (HA Hel. 4.2-3). Así pues, se da a entender que, ante la incapacidad de participar en los asuntos públicos, se habría tenido que centrar en los temas femeninos. Por un lado, se percibe una crítica a un intento de usurpación, al plasmar que las ansias de poder de Soemis eran tales que, al menos, tenía que gobernar sobre el resto de las mujeres. Pero, por otro, se contradice con las informaciones que

---

podría haber controlado ese fondo económico dada la juventud del titular, su nieto, y ante la ausencia de figuras masculinas.

452 La presencia de las mujeres en un acto de esta índole era innecesaria. La adopción era un pacto ante hombres que, normalmente, se validaba ante el pretor (Lindsay 2009: 170-180). En consecuencia, la participación de las mujeres en este tipo de ocasión y en un lugar público y político como la curia solo se explica en su necesidad de hacer referencia a la familia unida y a los vínculos que los unían. La presencia de sus familiares en el proceso de adopción representa el discurrir del gobierno de Heliogábalo: las mujeres lo guiaron y lo apoyaron y también lo acompañaron en el momento en el que se dejaba sellado el futuro del Imperio. No obstante, ni el Estado, ni el Senado, ni las adopciones eran cosa de mujeres (López Gómez 2021: 493).

sitúan todos los temas de gobierno en manos femeninas. Se puede entender que, ante la necesidad de construir un discurso de censura sobre las mujeres de la época, ciertas informaciones pierden su coherencia.

Es incluso posible que estas reuniones periódicas de mujeres no fueran ideadas por Soemis. Una inscripción en el foro de Trajano (*CIL* 6.997 = *ILS* 324) refleja la existencia de un lugar de encuentro para el *ordo matronarum*. Esta asamblea de mujeres senatoriales parece haberse reunido para festividades, eventos religiosos y ocasiones especiales. Con la inscripción sabemos que Julia Domna restauró este lugar fijo de reunión, que había sido construido originalmente por la emperatriz Sabina[453]. Así pues, el ordo matronarum y sus reuniones parecen haber precedido ampliamente a las mujeres severas, sobre todo si su lugar de asamblea necesitaba de restauración a inicios del siglo II d.C.[454].

Cabe resaltar que, pese a que Heliogábalo y su madre fueron asesinados, su abuela, Julia Mesa, siguió viviendo en la corte durante el gobierno de Alejandro Severo. De alguna manera debió de transmitirse una imagen de menor vinculación con el gobierno de Heliogábalo. En las fuentes se transmite su intención de moderar sus excesos[455]. Al mismo tiempo, las monedas de Julia Mesa muestran una continuidad con las de Julia Domna, haciendo hincapié en su posición como continuadora de la dinastía y como emperatriz virtuosa y tradicional. Por lo tanto, la conexión con Mesa (y, por lo tanto, su supervivencia) era necesaria para que el poder se transmitiese a Alejandro[456]. A su muerte, a inicios del mandato de su segundo nieto, recibió la apoteosis (Her. 6.1.4-5).

Mas allá de la supervivencia de Mesa, la relevancia dinástica de las mujeres como madres siguió patente durante el gobierno de Alejandro Severo con Julia Mamea[457]. Esta se convirtió inmediatamente en Augusta y desarrolló funciones similares a las de Julia Domna[458]. Alejandro fue recordado en las inscripciones como hijo de Julia Mamea y nieto de Julia Mesa[459]. Este tipo de evidencias dejan claro que, en el caso

---

453 *CIL* 6.997; Williams 1902: 275.

454 Sobre el *ordo matronarum:* Hemelrijk 1999: 12-14; Webb 2024a; 2024b.

455 Mamea se preocupó del estilo de vestir oriental de su nieto (*HA Hel.* 5.5.5) y de las opiniones de los soldados. Convenció a Heliogábalo de que adoptase a Alejandro (*HA Hel.* 5.7.1-2); impidió que Heliogábalo asesinase a Alejandro (*HA Hel.* 5.8.3), etc. Al mismo tiempo, la imagen transmitida de Soemis puede haber sido más transgresora que la de las restantes mujeres imperiales, como se puede ver en la numismática con unos tipos específicos para su persona y una vinculación con *Venus Caelestis* no vista anteriormente (Rowan 2011).

456 Rowan 2011: 265-267.

457 Kosmetatou 2002.

458 Rowan (2011: 268) registra, al respecto, los títulos similares, la participación en proyectos constructivos y la formación de círculos filosóficos. Los tipos monetarios con asociaciones a deidades femeninas y a virtudes imperiales también asemejan a las dos mujeres.

459 *AE* 1912, 155; Turton 1974: 168.

de ausencia de algún familiar masculino con el que crear la conexión dinástica, las mujeres fueron empleadas al efecto, llegando a un tipo de conmemoración no vista en los periodos anteriores.

162   Pese a las numerosas medidas que las narrativas reflejan para estas fechas, dirigidas a limitar la influencia de las mujeres sobre los asuntos de gobierno (*HA Hel.* 18.2-3; *Alex.* 25.10), los autores tienden a señalar que, ante la juventud del emperador, fue su madre quien se ocupó de los asuntos de gobierno, haciéndose cargo *de facto* del control del poder[460]. No obstante, para separar la memoria de Mesa de la de sus predecesoras, las narrativas también inciden en el peso de los miembros del *consilium* con la intención de reconocer la relevancia dada a Mamea, pero situando las decisiones fácticas en manos de hombres[461]. Específicamente, la madre y la abuela de Alejandro habrían contado con la colaboración de un grupo de dieciséis hombres designados para las tareas de gobierno (Her. 6.1). Se promovió la idea de un gobierno consensuado con el Senado, con el objetivo de depurar la imagen de la familia en el poder[462]. Después de todo, el magnicidio de Heliogábalo y su madre supuso el reconocimiento de la crisis de su sistema de gobierno, pero no el fin de la familia imperial. En semejante contexto, sería importante que los nuevos dirigentes se distanciasen de la imagen del anterior príncipe.

Los títulos de las mujeres imperiales también corroboran esta imagen de firme control del poder. Así, por ejemplo, Julia Mamea es recordada como Augusta, pero también como *mater Augusti, castrorum, exercitum* y *Senatus*, llegando a desplazar el nombre del emperador dentro de la inscripción[463]. La relevancia de Mamea en la propaganda imperial puede explicar que, pese a la relativa calma del gobierno de Alejandro, aun así los autores la retratasen de una forma negativa, como una mujer manipuladora que controló el poder a través de su hijo (Her. 6.1.8-10; 6-9-8). De he-

---

460   *HA Alex.* 14.7; 26.9-10; 66; Cleves 1982: 182-183; Kosmetatou 2002: 398.

461   A Mesa se le acreditó, por ejemplo, con haber conseguido el destierro de la mujer de su hijo (Her. 6.1.8-10). Esta, al igual que Plautilla, era hija del prefecto del pretorio y, como en el caso de Plautiano, también se ha pensado en algún tipo de conjura para explicar su caída. Debe tenerse en cuenta el contexto en el que se produjo el matrimonio. Orbiana poseía un importante linaje patricio y probablemente fue un símbolo usado para resaltar la buena sintonía entre emperador y Senado. También se ha interpretado la elección de la joven motivada por la posición de su padre, quien podría haber sustituido a Ulpiano en la dirección de los asuntos públicos, en su caso con el título de César (Cleves 1982: 246-249). En realidad, lo más probable es que Salustio, el padre de Orbiana, quisiese orquestar un golpe contra su yerno y obtener el poder para sí mismo, por lo que fue ejecutado y su hija desterrada a Libia (Her. 6.1.8-10). Fue después de este episodio cuando Mamea asumió los títulos que le faltaban, el de mater castrorum, mater Senatus y mater patriae (Kosmetatou 2002: 411). A partir de aquí no se volvió a buscar ningún socio en el poder imperial.

462   Turton 1974: 168.

463   Cleves 1982: 189; Kosmetatou 2002: 408. Benario 1959: 9-15, especula con la posibilidad de que Mamea fuese Augusta ya en vida de su hermana Soemis.

cho, Herodiano, llega a reconocer que su mayor error fue dar demasiado poder a su madre (Her. 6.9.8).

La presencia y apoyo de las mujeres imperiales en la época de los emperadores-niños parece haber sido esencial para el mantenimiento del poder. Ellas dieron lugar a la continuación de la línea (real y ficticia) a través de la presencia en la casa imperial en época severa y también con sus vínculos cognaticios con Julia Domna y sus hijos. Al mismo tiempo fueron, aparentemente, capaces de administrar los asuntos públicos y aconsejar a los emperadores. Así pues, puede concluirse que la supervivencia del Imperio en manos de unos niños habría sido difícil sin la presencia de sus apoyos familiares y los distintos recursos que estos aportaban[464]. En esencia, la dinastía severa se mantuvo gracias a la sustentación que diversos individuos, entre ellos mujeres, ofrecieron como regentes[465]. El enorme protagonismo de estas en los relatos antiguos y el contexto familiar y dinástico evidencian su influencia como soportes del poder imperial.

Visto desde otro enfoque, las tendencias dinásticas desarrolladas desde época de Augusto habrían provocado que dos jóvenes pudiesen ascender a la púrpura apoyados en la sangre imperial. En este contexto, las mujeres llegaron a ejercer poder de una forma más directa que aquellas que las precedieron. Las Severas, a pesar de heredar una posición que se había gestado gradualmente desde la época de Livia como compañeras del emperador, asumieron nuevas funciones. Al igual que la formación de los emperadores experimentó una transformación a partir de Cómodo, cuando estos comenzaron a acceder al poder siendo aún adolescentes, el papel de quienes los acompañaron más de cerca, en especial las mujeres, también cambió para suplir las carencias del príncipe. Sus atributos, sus títulos y sus formas de representación tendieron a estandarizarse hacia finales de la época severa, de forma que la presencia de mujeres al lado del poder imperial se institucionalizó. Las fuentes literarias, por lo tanto, revelan un protagonismo significativo de estas mujeres, no solo en lo que respecta a las intrigas palaciegas o al ejercicio del poder en nombre de sus hijos, sino también en la construcción de la imagen del *princeps*[466].

En suma, las funciones y la visibilidad de las Severas suponen el culmen del desarrollo de la posición de la emperatriz en el Alto Imperio. Tras un largo periodo de formulación y reformulación de un puesto público para el género femenino, sumado al propio desarrollo del Imperio como sistema hereditario, se llegó al reconocimiento de su capacidad de acción e influencia. No obstante, la crítica social a una posición pública demasiado elevada para una mujer siguió estando presente, haciendo que fuese este un momento complicado en el análisis histórico. Se demuestra, por lo tan-

---

464 Cleves 1982: 141.

465 Her. 6.1-2; Kosmetatou 2002: 399.

466 Lo Cascio 2005: 140.

to, que el manejo del poder político por parte de las mujeres fue considerado como una transgresión de género.

164   Así pues, a modo de conclusión, se puede determinar que las mujeres de las familias imperiales desarrollaron una papel a caballo entre lo público y lo privado derivada de la posición social que las mujeres de la alta aristocracia ya habían detentado a mediado y finales de la época republicana. Este papel público fue diseñado a lo largo de ese periodo como soporte y apoyo del poder imperial.

La idiosincrasia romana determinó que el principal rol de las mujeres fuese el de esposas y madres y, a partir de aquí, se forjó su influencia pública y su capacidad de estabilización y reforzamiento del poder imperial. Independientemente de la disposición de las distintas dinastías hacia la visibilidad de la posición femenina, estos papeles siempre estuvieron presentes y siempre fueron una parte esencial de la propaganda. Por tanto, desde el momento en que Augusto planeó que le sucediesen sus nietos, aunque estos solo estuviesen conectados con él a través de su hija y, sobre todo, a partir del momento en que Calígula dejó claro que la sucesión podía transcurrir por medio de sus hermanas, se cimentó la posición de las mujeres junto al poder imperial. Desde el 12 a.C. ello quedó también claro en de la propaganda, con la aparición de las representaciones de mujeres y niños imperiales en el *Ara Pacis* y durante el restante periodo julio-claudio se mantuvieron las alusiones a la capacidad de las mujeres para dar forma a la dinastía. Las dos ramas de la familia también fueron conectadas mediante distintos matrimonios en las diversas generaciones. En consecuencia, las mujeres no pudieron detentar el poder, pero sí transmitirlo y beneficiarse del estatus social que les aportaba.

Este rol se mantuvo y reforzó a lo largo del Alto Imperio. Pese a que, aparentemente, las mujeres tuvieron un perfil más bajo en época flavia, con menos alusiones a sus actividades públicas, las referencias a estas como elemento estructural de la familia estuvieron siempre presentes, sobre todo a través de su consagración y culto. Una situación similar se dio en época antonina con la configuración de una dinastía "femenina" a partir de las familiares de Trajano. Estas no solo dieron a luz a los sucesores, sino que también transmitieron el poder imperial a los elegidos a la púrpura. Así, fueron las conexiones familiares entre mujeres las que establecieron los vínculos entre Trajano y Cómodo. Por último, en época severa, fueron los lazos entre Julia Domna y su hermana Mesa los que permitieron que el poder imperial se mantuviese en la misma familia tras la muerte de Caracalla sin descendencia.

La representatividad del poder imperial y de las políticas de los emperadores fue otra de las funciones que las mujeres mantuvieron durante todo el periodo. Su asimilación a virtudes y deidades típicamente relacionadas con las mujeres permitieron que se transmitiese la imagen de las Augusta y, con ellas, de los emperadores, haciendo referencia a contextos típicamente domésticos y femeninos. Es decir, aunque la amplia visibilidad de las mujeres fue un elemento inaudito en época republicana, su vinculación con los valores típicos del género femenino redujo la transgresión que dicha visibilidad supuso. Esta representatividad vehiculada a través de mujeres también propició que el sistema político abrazase al género femenino. Mientras que el Augusto fue *pater patriae* y un ejemplo a seguir para los hombres del Imperio, la Augusta desarrollaba ese mismo papel entre las mujeres, convirtiendo al conjunto de la ecúmene en un sistema familiar con el emperador a su cabeza.

En la misma línea, esta visibilidad permitió transmitir la idea de orden y de familia unida, dando a entender que la única sucesión posible se daba en los descendientes de esa determinada línea. Así pues, fue habitual que las mujeres imperiales viajasen con sus maridos, incluso a zonas de conflicto, como sucedió con Agripina la Mayor y Faustina la Menor.

Su cercanía al poder redundó, necesariamente, en una mayor capacidad de influencia y en la posibilidad de interceder en favor de terceros. La beneficencia es uno de los rasgos positivos que los autores destacan de figuras como Livia. No obstante, la cercanía femenina al poder en una sociedad puramente patriarcal también fue un elemento que redundó en una consideración peyorativa de algunas mujeres y en la idea de que cualquiera de ellas podía caer en intentos de usurpación de poder; un aspecto común a la historia de las distintas dinastías.

Las distintas facetas del rol público de la mujer imperial se mantuvieron y se desarrollaron a lo largo de los años, a la par que el propio oficio imperial. Al mismo tiempo que este se reforzó como un sistema y dejó atrás su fase de liderazgo personalista, la continua presencia de las mujeres institucionalizó un sistema dinástico, en el que estas consolidaron la capacidad del mismo para reproducirse. Aun así, debe tenerse en cuenta que, a diferencia de los roles masculinos con características fijas marcadas por ley, la posición incierta de las mujeres supuso la flexibilidad de sus funciones. Aunque se hayan resumido algunas de las características de los roles femeninos compartidas a lo largo de todo el periodo, el papel de la Augusta no quedó formulado constitucionalmente, por lo que este y el de las restantes mujeres de las familias imperiales fueron reformulados y renegociados a lo largo de todo el Alto Imperio, en función de las necesidades de cada régimen.

Bibliografía

Adler, E. 2011: 'Cassius Dio's Livia and the Conspiracy of Cinna Magnus', *Greek, Roman and Byzantine Studies* 51(1), 133-54.

Alexandridis, A. A. 2000: 'Exklusiv oder Bürgernah? Die Frauen des römischen Kaiserhauses im Bild', in C. Kunst y U. Riemer (eds), *Grenzen der Macht. Zur Rolle der römischen Kaiserfrauen*, Stuttgart, 9-28.

Alexandridis, A. A. 2004: *Die Frauen des römischen Kaiserhauses. Eine Untersuchung ihrer bildlichen Darstellung von Livia bis Iulia Domna*, Mainz.

Alexandridis, A. A. 2020: 'Portraiture of Flavian Imperial Women', in E. D. Carney y S. Müller (eds), *The Routledge Companion to Women and Monarchy in the Ancient Mediterranean World*, Londres, 423-38.

Alfaro, J. C. 2012: 'La imagen de Calígula en Suetonio: realidad o construcción', *Intus-Legere Historia* 6(2), 7-32.

Alföldy, A. 1973: 'La divinisation de César dans la politique d'Antoine et d'Octavien entre 44 et 40 avant J.-C.', *Revue Numismatique* 15, 99-128.

Alföldy, G. 1988: 'Traianus pater und die Bauinschrift des Nymphäums von Milet', *Revue des Études Anciennes* 100, 367-99.

Allison, J. E. y Cloud, J. D. 1962: 'The Lex Julia Maiestatis', *Latomus* 21(4), 711-31.

Ambühl, A. 2022: 'The Flavians and their women: Rewritting Neronian Transgressions?', in M. Heerink y E. Meijer (eds), *Flavian Responses to Nero's Rome*, Ámsterdam, 55-86.

Anagnostou-Laoutides y Charles, M. B. 2015: 'Titus and Berenice', *Arethusa* 48(1), 17-46.

Ando, C. 2000: *Imperial Ideology and Provincial Loyalty in the Roman Empire*, Berkeley.

Aymard, J. 1950: 'L'adventus de Marc-Aurèle sur l'arc de Constantin', *Revue des Études Anciennes* 52, 71-6.

Baharal, D. 1992: 'The portraits of Julia Domna from the years 193–211 A.D. and the dynastic propaganda of L. Septimius Severus', *Latomus* 51(1), 110-8.

Baharal, D. 1996: *Victory of Propaganda. The dynastic aspect of the Imperial propaganda of the Severi: The literary and archaeological evidence. AD 193-235*, Oxford.

Baharal, D. 2000: 'Public Image and Women and Court in the era of the Adoptive Emperors (A.D. 98-180). The case of Faustina the Younger', in C. Deroux (ed), *Studies in Latin Literature and Roman History X*, Bruselas, 328-44.

Balsdon, J. P. V. D. 1962: *Roman Women : Their History and Habits*, Nueva York.

Barrett, A. 1990: *Caligula. The corruption of power*, New Haven.

Barrett, A. 1996: *Agrippina. Sex, power, and politics in the Early Empire*, Londres.

168 Barrett, A. 2004: *Livia. Primera dama de la Roma imperial*, Madrid.

Barrett, A. 2005a: 'Aulus Caecina Severus and the Military Woman', *Historia: Zeitschift für Alte Geschichte* 54(3), 301-14.

Barrett, A. 2005b: 'Vespasian's Wife', *Latomus* 64(2), 385-96.

Bartman, E. 1999: *Portraits of Livia. Imaging the Imperial Woman in Augustan Rome*, Cambridge.

Bauman, R. A. 1974: *Women and politics in Ancient Rome*, Londres.

Bauman, R. A. 1994: 'Tanaquil-Livia and the Death of Augustus', *Historia: Zeitschift für Alte Geschichte* 43(2), 177-88.

Bauman, R. A. 1996: *Crime and punishment in the Ancient Rome*, Londres.

Bellemore, J. 1995: 'The Wife of Sejanus', *Zeitschrift für Papyrologie und Epigraphik* 109, 255-66.

Belonick, P. 2023: *Restraint, conflict, and the fall of the Roman Republic*, Oxford.

Benario, H. W. 1958: 'Julia Domna: Mater Senatus et Patriae', *Phoenix* 12(2), 67-70.

Benario, H. W. 1959: 'The titulature of Julia Soaemias and Julia Mamaea: Two notes', *Transactions and Proceedings of the American Philological Association* 90, 9-14.

Bengston. 1979: *Die Flavier. Vespasian. Titus. Domitian. Geschichte eines römischen Kaiserhauses*, Múnich.

Bennett, J. 2001: *Trajan: Optimus Princeps*, Londres.

Beranger, B. 1953: *Recherches sur l'aspect idéologique du Principat*, Basilea.

Beranger, B. 1975: *Principatus. Études de notions et d'histoire politiques dans l'Antiquité gréco-romaine*, Ginebra.

Bessone, L. 1994: 'Le donne dei Giulio-Claudii: realtà e deformazione', *Patavium* 2, 71-83.

Bhatia, N. y Bhatia, S. 2021: 'Changes in Gender Stereotypes Over Time: A Computational Analysis', *Psychology of Women Quarterly* 45(1), 106-25.

Bianchi, E. 1988: 'Lucilla Augusta: una rilettura delle fonti', *Micellanea Greca e Romana* 13, 129-44.

Bianchi, E. 2006: 'La politica dinastica di Caligola', *Mediterraneo Antico* 9(2), 586-630.

Bickerman, E. J. 1974: 'Diva Augusta Marciana', *The American Journal of Philology* 4, 362-73.

Birley, A. 1971: *Septimius Severus. The African Emperor*, Londres

Birley, A. 2000: *Hadrian. The Restless Emperor*, Londres.

Boatwright, M. T. 1991: 'Imperial Women of the Early Second Century A.C.', *American Journal of Philology* 112, 513-40.

Boatwright, M. T. 1992: 'Matidia the Younger', *Echos du monde classique* 36, 19-32.

Boatwright, M. T. 2003: 'Faustina the Younger, *Mater Castrorum*', in R. Frei-Stolba y A. Biel (eds), *Les femmes antiques entre sphère privée et sphère publique*, Berlín.

Boatwright, M. T. 2011: 'Women and Gender in the Forum Romanum', *Transactions of the American Philological Association* 141, 105-41.

Boatwright, M. T. 2021: *The Imperial Women of Romen: Power, Gender, Context*, Oxford.

Braund, D. C. 1984: 'Berenice in Rome', *Historia: Zeitschift für Alte Geschichte* 33(1), 120-3.

Brunt, P. A. 1982: 'Nobilitas and Novitas', *Journal of Roman Studies* 72, 1-17.

Bryant, C. 1999: *Imperial Family Roles. Propaganda and Policy in the Severan Period*, Roma.

Burns, J. 2007: *Great Women of Imperial Rome. Mothers and Wives of the Caesars*, Londres.

Campbell, J. B. 1984: *The Emperor and the Roman Army, 31 B.C. to A.D. 235*, Oxford.

Cantarella, E. 1991: 'Homicides of Honor: The developement of Italian Adultery Law over two Millenia', in I. Kertzer y R. P. Saller (eds), *The family in Italy from Antiquity to the Present*, New Haven, 229-46.

Cantarella, E. 1996: *Los suplicios capitales en Grecia y Roma*, Madrid.

Canto, A. 2003: 'La dinastía Ulpio-Aelia (98-192 d.C.): Ni tan "buenos", ni tan "adoptivos", ni tan "Antoninos"', *Gerión* 2(1), 305-47.

Canto, A. 2010: 'I Traii betici. Novit'a sulla famiglia e le origini di Traiano', in J. M. Blázquez (ed), *Traiano*, Roma, 27-64.

Carcopino, J. 1949: 'L'héredité dynastique chez les Antonins', *Revue des Études Anciennes* 51(3-4), 262-321.

Carcopino, J. 1958: *Passion et politique chez les Césars*, Paris.

Castritius, H. 2002: 'Die flavische Familie. Frauen neben Vespasian, Titus und Domitian', in H. Temporini-Gräfin Vitzthum (ed), *Die Kaiserinnen Roms. Von Livia bis Iulia Domna*, Múnich, 164-86.

Cenerini, F. 2009: *La donna romana: modelli e realtà*, Bolonia.

Cenerini, F. 2010: 'Messalina e il suo matrimonio con C. Silio', in A. Kolb (ed), *Augustae Machtbewusste Frauen am römischen Kaiserhof? Herrschaftsstrukturen und Herrschaftpraxis II. Akten der Tagung in Zürich 18–20.9.2008*, Berlín, 179-91.

Cenerini, F. 2012: *Dive e Donne. Mogli, madri, figlie e sorelle degli Imperatori romani da Augusto a Commodo*, Imola.

Cenerini, F. 2016: *Le matronae diventano Augustae: Un nuovo profilo femminile*, Trieste.

Champlin, E. 1979: 'Notes on the Heirs of Comodus', *The American Journal of Philology* 100(2), 288-306.

Champlin, E. 1983: 'Figlinae Marcianae', *Athenaeum* 61, 257-64.

Charles, M. B. y Anasgnostou-Laoutides, E. 2012: 'Vespasian, Caenis and Suetonius', in C. Deroux (ed), *Studies in Latin Literature and Roman History XVI*, Bruselas, 530-47.

Chatelard, A. y Stevens, A. 2016: 'Domestic violence in Roman Imperial society: Giving abused women a voice', in M. C. Pimentel y N. Simoes Rodrigues (eds), *Violence in the ancient and Medieval worlds*, Lovaina, 57-74.

Chausson, F. 2003: 'Domitia Longina. Reconsidération d'un destin impérial', *Journal des Savants* 1, 101-29.

Chausson, F. 2007: 'Variétés généalogiques, IV. Cohésion, collusions, collisions. Une autre dynastie antonine', in G. Bonamente y H. Brandt (eds), *Historiae Augustae. Colloquium Bambergense. Atti dei Convegni sulla Historia Augusta*, Bari, 123-63.

Cid López, R. M. 1997: 'El protagonismo de las mujeres julio-claudias en la Domus Caesarum', in R. Urías Martínez y e. al.) (eds), *Chaire: homenaje al profesor Fernando Gascó*, Sevilla, 248-60.

Cid López, R. M. 2014: 'Imágenes del poder femenino en la Roma antigua: Entre Livia y Agripina', *Asparkía* 25, 179-201.

Cid López, R. M. 2018: 'Las Augustae en la dinastía Julio-Claudia. Marginalidad política, propaganda religiosa y reconocimiento social', in P. Pavón (ed), *Marginación y mujer en el Imperio romano*, Roma, 135-61.

Clark, G. 1981: 'Roman women', *Greece & Rome* 28(2), 193-212.

Cleve, R. L. 1988: 'Some Male Relatives of the Severan Women', *Historia: Zeitschift für Alte Geschichte* 37(2), 196-206.

Cleves, R. L. 1982: *Severus Alexander and the Severan women*, California.

Cluett, R. 1998: 'Roman Women and Triumviral Politics, 43–37 B.C', *Echos du monde classique* 42, 67 - 84.

Coarelli, F. 1978: 'La statue de Cornélie, mère des Gracques, et la crise politique à Rome au temps de Saturninus', in, *Le dernier sècle de la république romaine et l'époque augustéene*, Estrasburgo, 13-28.

Coarelli, F. 1993: *Dintorni di Roma*, Roma.

Coarelli, F. 1995: *Roma. Guida Laterza*, Roma.

Cogitore, I. 2002: *La légitimité dynastique d'Auguste à Néron à l'épreuve des conspirations*, Roma.

Cohen, D. 1991: 'The Augustan law on adultery: The social status and cultural context', in I. Kertzer y R. P. Saller (eds), *The family in Italy from Antiquity to the Present*, New Haven, 109-26.

Coli, U. 1953: 'Sui limiti di durata delle magistrature romane', in, *Studi in onore di Vicenzo Arangio Ruiz nel XLV anno del suo insegnamento*, vol. *4*, Nápoles, 395-418.

Collins, C. y Walsh, J. 2015: 'Debt Deflationary Crisis in the Late Roman Republic', *Ancient Society* 45(125-170).

Conesa Navarro, P. D. 2019: 'Julia Maesa y Julia Soaemias en la corte del Heliogábalo: el poder femenino de la Domus Severiana', *Studia Historica. Historia Antigua* 37, 185-223.

Conesa Navarro, P. D. 2020: *Fulvia Plautilla: análisis histórico y arqueológico de una emperatriz de los Severos*, Murcia.

Conesa Navarro, P. D. 2023: 'La unión de Caracalla y Plautilla como una estrategia política del prefecto del pretorio y de la domus divina', *Rivista Storica dell'Antichità* 56, 81-108.

Conesa Navarro, P. D. y Espí Focén, C. 2022: 'Diva Faustina. Difusión de una imagen para la legitimación de una dinastía imperial', *Boletín de arte* 43, 47-57.

Conesa Navarro, P. D. y González Fernández, R. 2016: 'Fuluia Plautila, instrumento legitimador y político de la dinastía del prefecto del pretorio', *Athenaeum* 1, 129-56.

Corbier, M. 1991: 'Divorce and adoption as familial strategies', in B. Rawson (ed), *Marriage, divorce, and children in ancient Rome*, Oxford, 49-79.

Corbier, M. 1994: 'La maison des Césars', in P. Bonté (ed), *Épouser au plus proche. Inceste, prohibitions et strategies matrimoniales autour de la Méditerranée*, París, 243-91.

Corbier, M. 1995: 'Male power and legitimacy through women: The domus Augusta under the Julio-Claudians', in R. Hawley y B. Levick (eds), *Women in Antiquity, new assessments*, Londres, 178-93.

Cortés Tovar, R. 2005: 'Espacios de poder de las mujeres en Roma', in J. M. N. Ibáñez (ed), *Estudios sobre la mujer en la cultura griega y latina*, León, 193-216.

170

Courrier, C. y Ménard, H. 2012: 'Le Stéréotype: Un resort politique et social à Rome? Remarques introductives', in H. Ménard y C. Courrier (eds), *Mirroir des autres, reflet de soi: stéréotypes, politique et société dans le monde romain*, París, 13-25.

Culham, P. 2004: 'Women in the Roman Republic', in H. Flower (ed), *The Cambridge Companion to the Roman Republic*, Cambridge, 139-59.

Darwall-Smith, R. 1996: *Emperors and Architecture: A Study of Flavian Rome*, Bruselas.

Daveloose, A. 2023: 'A Roman matron as figure of memory: Social memory and Cornelia, mother of the Gracchi', *Historia: Zeitschift für Alte Geschichte* 72(4), 444-68.

Davies, P. J. E. 2000: *Death and the Emperor: Roman Imperial Funerary Monument from Augustus to Marcus Aurelius*, Cambridge.

De Arrizabalaga y Prado, L. 2010: *The Emperor Elagabalus. Fact of Fiction?*, Cambridge.

De Martino, F. 1974: *Storia della costituzione romana, vol. 1*, Nápoles.

De Ruyt, C. 1983: *Macellum: marché alimentaire des Romains*, Lovaina.

De Vita-Evrard, E. 2000: 'La famiglia dell' Imperatore: Per delle nuove Memorie di Adriano', in, *Adriano. Architettura e Progetto*, Roma.

Delia, D. 1991: 'Fulvia Reconsidered', in S. B. Pomeroy (ed), *Women's History and Ancient History*, Chapel Hill, 197-217.

Deminion, M. 2020: 'Manly and Monstruous Women: (De-) Constructing Gender in Roman Oratory', in A. Surtees y J. Dyer (eds), *Exploring Gender Diversity in the Ancient World*, Edimburgo, 197-208.

Dixon, S. 1983: 'A family business: Women's role in patronage and politics at Rome 80-44B.C.', *Classica et mediaevalia* 34, 91-112.

Dixon, S. 1984: *The Roman Mother*, Londres.

Dixon, S. 1985a: 'The marriage alliance in the Roman elite', *Journal of Family History* 10(4), 353-78.

Dixon, S. 1985b: 'Polybius on Roman women and property', *The American Journal of Philology* 106(2), 147-70.

Dixon, S. 2007: *Cornelia. Mother of the Gracchi*, Londres.

Dixon, S. 2015: 'Family Finances: Tullia and Terentia', *Antichton* 18, 78-101.

Domaszewski, A. V. 1895: *Die Religion des römischen Heeres*, Trier.

Domínguez Arranz, M. A. 2010: 'La mujer y su papel en la continuidad del poder. Iulia Augusti, ¿Una mujer incómoda al régimen?', in M. A. Domínguez Arranz (ed), *Mujeres y antigüedad clásica. Género, poder y conflicto*, Madrid, 153-84.

Donahue, J. F. 2003: 'Toward a typology of Roman Public Feasting', *The American Journal of Philology* 124(3), 423-11.

Eck, W. 2002: 'An emperor is made. Senatorial politics and Trajan's adoption by Nerva in 97', in G. Clarck y T. Rajak (eds), *Philosophy and power in the Graeco-Roman World*, Oxford, 211-26.

Eck, W., Caballos, A. y Fernández, F. 1996: *El Senatus consultum de Cn. Pisone patre*, Sevilla.

Edwards, C. 1993: *The Politics of Inmorality in Ancient Rome*, Cambridge.

Ehrdhardt, E. 1987: 'Messalina and the succession to Claudius', *Antichton* 12, 51-78.

Erker, D. S. 2011: 'Gender and Roman funeral ritual', in V. Hope y J. Huskinson (eds), *Memory and Mourning in Ancient Rome*, Oxford, 40-60.

Evans, R. J. 2016: 'Pompey's Three Consulships: The End of Electoral Competition in the Late Roman Republic?', *Acta Classica* 59, 80-100.

Fagan, G. 2002: 'Messalina's folly', *Classical Quarterly* 52(2), 566-79.

Fantham, E. 2006: *Julia Augusti. The Emperor's Daughter*, Londres.

Ferrary, J. L. 2014: 'The powers of Augustus', in J. Edmonson (ed), *Augustus*, Edimburgo, 90-136.

Ferrero, G. 1912: *Die Frauen der Cäsaren*, Stuttgart.

Fink, R. O. y Hoey, A. S. 1940: *The Feriale Duranum*, New Haven.

Fischler, S. 1994: 'Social stereotypes and historical analysis. The case of the Imperial women at Rome', in J. Archer, S. Fischler y M. Wyke (eds), *Women in ancient societies: an illusion of the night*, Londres, 115-33.

Fishwick, D. 1993: *The Imperial Cult in the Latin West, vol. 1 Studies in the Ruler Cult of the Western Provinces of the Roman Empire*, Leiden.

Fittschen, K. 1982: *Die Bildnistypen der Faustina Minor und die Fecunditas Augustae*, Göttingen.

Fittschen, K. 1999: *Prinzenbildnisse Antoninischer Zeit*, Mainz.

Flory, M. D. 1984: 'Sic Exempla Parantur: Livia's shrine to Concordia and the Porticus Liviae', *Historia: Zeitschift für Alte Geschichte* 33(3), 309-30.

Flory, M. D. 1989: 'Octavian and the Omen of the Gallina Alba', *The Classical Journal* 84(4), 343-56.

Flory, M. D. 1993: 'Livia and the History of Public Honorific Statues for Women', *Transactions of the American Philological Association* 118, 343-59.

Flory, M. D. 1997: 'The meaning of Augusta in the Julio-Claudian Period', *American Journal of Ancient History* 13, 113-38.

Flory, M. D. 1998: 'The integration of Women into the Roman Triumph', *Historia: Zeitschift für Alte Geschichte* 47(4), 489-94.

Flower, H. 1996: *Ancestor Masks and Aristocratic Power in Roman Culture*, Oxford.

Flower, H. 2014: *Roman Republics*, Cambridge.

Flower, H. I. 2006: 'Public sanctions against women: A Julio-Claudian Innovation', in H. I. Flower (ed), *The Art of Forgetting*, Chapel Hill, 160-96.

Foubert, L. 2010: *Women going public. Ideals and conflicts in the representation of Julio—Claudian women*, Nijmegen.

Foubert, L. 2011: 'The impact of women's travels on military imagery in the Julio-Claudian period', in T. Kaizer y O. Hekster (eds), *Frontiers in the Roman world*, Leiden, 349-62.

Fraser, T. E. 2015: 'Domitia Longina. An Underestimated augusta (c. 53-126/8)', *Ancient Society* 45, 205-66.

Frei-Stolba, R. 2008: 'Livia et aliae: le culte des divi et leur prêtesses; le culte des divae', in F. Bertholet, A. Bielman Sanchez y R. Frei-Stolba (eds), *Égypte - Grèce - Rome. Les differents visages des femmes antiques*, Berna, 345-95.

Gagè, J. 1934 'Les Jeux Séculaires de 204 ap. J.-C. et la dynastie des Sévères', *Mélanges de l'école française de Rome* 51, 38-78.

Galinsky, K. 1996: *Augustan Culture: An Interpretive Introduction*, Princeton.

Gelzer, M. 1969: *The Roman Nobility*, Oxford.

172

Gesche, H. 1968: *Die Vegottung Caesars*, Lassleben.

Ghedini, F. 1984: *Giulia Domna tra oriente e occidente: Le fonti archeologiche*, Roma.

Gilhaus, L. 2022: 'The representation of Norm Transgressions and Deviant Behaviour in Ancient Societies: An introduction', in L. G. e. al.) (ed), *Transgression and Deviance in the Ancient Worl*, Berlín, 1-4.

Gillespie, C. 2020: 'Agrippina the Elder and the Memory of Augustus in Tacitus' Annals', *Classical World* 114(1), 59-84.

Ginsburg, J. 1993: 'In maiores certamina: Past and Present in the Annals', in A. J. Woodman (ed), *Tacitus and the Tacitean Tradition*, Princeton, 86-103.

Ginsburg, J. 2006: *Representing Agrippina. Constructions of female power in the Early Roman Empire*, Oxford.

González Fernández, R. y Conesa Navarro, P. D. 2017: 'La dinastía Severa y el nomen Aurelius. Septimio Severo y la gens Aurelia', *Athenaeum* 1, 137-52.

Gorrie, C. 2004: 'Julia Domna's building patronage, imperial family roles and the Severan revival of moral legislation', *Historia: Zeitschift für Alte Geschichte* 53(1), 61-72.

Gorrie, C. 2007: 'The Restoration of the Porticus Octaviae and Severan Imperial Policy', *Greece & Rome* 54(1), 1-17.

Grant, M. 1969: *From Imperium to auctoritas: A historical study of aes coinage in the Roman Empire (49 B.C.-A.D. 14)*, Cambridge.

Green, C. M. C. 1998: 'Claudius, Kinship, and Incest', *Latomus* 57(4), 765-91.

Gregori, G. L. y Rosso, E. 2010: 'Giulia Augusta, figlia di Tito, nipote di Domiziano', in A. Kolb (ed), *Augustae. Machtbewusste Frauen am römischen Kaiserhof? Herrschaftsstrukturen und Herrschaftspraxis* Zürich, 193-210.

Grether, G. 1946: 'Livia and the Roman Imperial cult', *American Journal of Philology* 67(3), 222-52.

Griffin, M. 1984: *Nero: The End of a Dynasty*, Londres.

Griffin, M. 2000: 'The Flavians', in A. K. Bowman, P. Garnsey y D. Rathbone (eds), *The Cambridge Ancient History (2nd ed.), vol XI. The High Empire, A.D. 70-192*, Cambridge, 1-83.

Gruen, E. S. 1995: *The Last Generation of the Roman Republic*, Los Ángeles.

Häaninen, M. L. 2011: 'Currus Avorum: Roman Noble Women in Family Traditions', in H. Whittaker (ed), *In Memoriam: Commemoration, Communal Memory and Gender Values in the Ancient Graeco-Roman World*, Cambridge.

Häaninen, M. L. 2016: 'Livia's economic activity in the material sides of marriage', in R. Berg (ed), *Women and domestic economies in Antiquity*, Roma, 203-9.

Hahn, U. 1994: *Die Frauen des römischen Kaiserhauses und ihre Ehrungen im griechischen Osten anhand epigraphischer und numismatischer Zeugnisse*, Saarbrücken.

Haines, E. L., Deaux, K. y Lofaro, N. 2016: 'The Times They Are a-Changing … or Are They Not? A Comparison of Gender Stereotypes, 1983–2014', *Psychology of Women Quarterly* 40(3), 353-63.

Halfman, H. 1986: *Itinera principum: Geschichte und Typologie der Kaiserreisen im Römischen Reich*, Stuttgart.

Hallett, J. P. 1984: *Fathers and daughters in Roman society: Women and the elite family*, Princeton.

Hasebroek, J. 1921: *Untersuchungen zur Geschichte des Kaisers Septimius Severus*, Heidelberg.

Hayne, L. 1973: 'The Last of the Aemilii Lepidi', *L'Antiquité Classique* 42(2), 497-507.

Hekster, O. 2002: *Commodus: An Emperor at the Crossroads.*, Ámsterdam.

Hekster, O. 2014: 'Son of two fathers? Trajan and the adoption of emperorship in the Roman Empire', *The History of the Family* 19(3), 380-92.

Helena, T. 1976: 'A Problem in Roman Brick Stamps. Who Where Lucilla (N)Ostra and Aurel(ius) Caes(ar) N(oster), the Owners of the Figlinae Fulvianae?', *Arctos* 10, 27-36.

Hemelrijk, E. A. 1999: *Matrona Docta: Educated Women in the Roman Elite from Cornelia to Julia Domna*, Londres.

Hemelrijk, E. A. 2015: *Hidden Lives, Public Personae. Women and civic life in the Roman West*, Oxford.

Henderson, B. W. 1927: *Five Roman Emperors: Vespasian, Titus, Domitian, Nerva, Trajan. A.D. 69-117*, Cambridge.

Hidalgo de la Vega, M. J. 2000: 'Plotina, Sabina y las dos Faustinas: La función de las Augustas en la política imperial', *Studia Historica. Historia Antigua* 18, 191-224.

Hidalgo de la Vega, M. J. 2003: 'Esposas, hijas y madres imperiales: el poder de la legitimidad dinástica', *Latomus* 62(1), 47-72.

Hillard, T. 1992: 'On the stage, behind the curtain: Images of politically active women in the Late Roman Republic', in D. S. B. Garlick, and P. Allen (ed), *Stereotypes of Women in Power: Historical Perspectives and Revisionist Views*, Nueva York, 37-64.

Hin, S. 2013: *The Demography of Roman Italy: Population Dynamics in an Ancient Conquest Society (201 BCE - 14 CE)*, Nueva York.

Hope, V. M. 2020: 'Octavia: A Roman mother in mourning', in A. K. Sharrock, A. (ed), *Maternal Conceptions in Classical Literature and Philosophy*, Toronto, 270-95.

Horster. 2011: 'Princeps Iuventutis. Concept, realisation, representation', in S. Benoist y e. al.) (eds), *Figures d'empire, fragments de mémoire: pouvoirs et identités dans le monde romain impérial*, Villeneuve d'Ascq, 73-103.

Hug, A. 2023: *Fertility, Ideology, and the Cultural Politics of Reproduction at Rome*, Leiden.

Hurlet, F. 2000: 'Les sénateurs dans l'entourage d'Auguste et de Tibère. Un complément à plusieurs synthèses récentes sur la cour impériale', *Revue de Philologie, de Littérature et d'Histoire Anciennes* 74(1), 123-50.

Hurlet, F. 2001: 'Les auspices d'Octavien/Auguste', *Cahiers du Centre G. Glotz: Revue d'histoire ancienne* 12, 155-80.

Hurlet, F. 2008: 'Le passage de la République à l'Empire: questions anciennes, nouvelles réponses', *Revue des Études Anciennes* 100(1), 289-305.

Icks, M. 2011: *The Crimes of Elagabalus: the Life and Legacy of Rome's Decadent Boy Emperor*, Londres.

Jack, M. 2016: 'Praecipitia in Ruinam: The Decline of the Small Roman Farmer', *International Social Science Review* 92(1), 1-28.

Jacobs, A. 2015: 'Maritus v mulier. The double picture in adultery laws from Romulus to Augustus', *Fundamina* 21, 276–88.

Jones, B. 1984: *The emperor Titus*, Londres.

Jones, B. 1992: *The Emperor Domitian*, Londres.

Jones, B. 1996: *Suetonius: Domitian*, Bristol.

Joshel, S. R. 1995: 'Female desire and the discourse of Empire: Tacitus's Messalina', *Signs* 21(1), 50-82.

Kajanto, I. 1972: 'Women's Praenomina Reconsidered', *Arctos* 7, 13-30.

Kajava, M. 1989: 'Cornelia Africani f. Gracchorum', *Arctos* 23, 119-31.

Kajava, M. 1994: *Roman Female Praenomina: Studies in the Nomenclature of Imperial Rome*, Roma.

Keaveney, A. y Madden, J. A. 1998: 'The Crimen Maiestatis under Caligula: The Evidence of Dio Cassius', *Classical Quarterly* 48(1), 316-20.

Kemezis, A. 2016: 'The Fall of Elagabalus as Literary Narrative and Political Reality', *Historia: Zeitschift für Alte Geschichte* 65, 348-90.

Kettenhofen, E. 1979: *Die syrischen Augustae in der historischen Überlieferung*, Bonn.

Kienast, D. 1989: 'Diva Domitilla', *Zeitschrift für Papyrologie und Epigraphik* 76, 141-7.

Koorbojian, M. 2013: *The Divinization of Caesar and Augustus: Precedents, Consequences, Implications*, Cambridge.

Kornemann, E. 1930: *Doppelprinzipat und Reichsteilung im Imperium Romanum*, Leipzig-Berlín.

Kosmetatou, E. 2002: 'The public image of Julia Mamaea. An Epigraphic and Numismatic Inquiry', *Latomus* 61(2), 389-414.

Kromayer, J. 1888: *Der reschliche Begründung des Prinzipats*, Estrasburgo.

Kuhoff, W. 1993: 'Zur Titulatur der römischen Kaiserinnen während der Prinzipatszeit', *Klio* 75, 244-56.

Kunst, C. 2005: *Römische Adoption. Zur Strategie einer Familienorganisation*, Hennef.

La Monaca, V. 2013: 'Flavia Domitilla as "Delicata": A New Interpretation of Suetonius, Vesp. 3', *Ancient Society* 4, 191-212.

Lanciani, R. 1878: *Scavi nel portico d'Ottavia*, Roma.

Lange, C. H. 2009: *Res Publica Constituta. Actium, Apollo and the accomplishment of the Triumviral assignement*, Leiden.

Langford, J. 2005: *Mater Augustorum, Mater Senatus, Mater Patriae: Succession and Consensus in Severan Ideology*, Indiana.

Langford, J. 2013: *Maternal Megalomania. Julia Domna and the Imperial Politics of Motherhood*, Baltimore.

Legras, B. 2021: *Cléopâtre l'Égyptienne*, París.

Levick, B. 1972: 'Abdication and Agrippa Postumus', *Historia: Zeitschift für Alte Geschichte* 21, 674-97.

Levick, B. 1975: 'Julians and Claudians', *Greece&Rome* 22(1), 29-38.

Levick, B. 1976a: 'The fall of Julia the Younger', *Latomus* 35, 301-39.

Levick, B. 1976b: *Tiberius the politician*, Londres.

Levick, B. 1979: 'Poena Legis Maiestatis', *Historia: Zeitschift für Alte Geschichte* 28(3), 358-79.

Levick, B. 1990: *Claudius*, New Haven.

Levick, B. 1999: *Vespasian*, Londres–Nueva York.

Levick, B. 2002: 'Corbulo's Daughter', *Greece & Rome* 49(2), 199-211.

Levick, B. 2007: *Julia Domna. Syrian Empress*, Londres.

Levick, B. 2014: *Faustina I and II. Imperial Women of the Golde Age*, Oxford.

Lindsay, H. 2009: *Adoption in the Roman World*, Cambridge.

176   Lo Cascio, E. 2005: 'The Age of the Severans', in A. K. Bowman, P. Garnsey y A. Cameron (eds), *The Cambridge Ancient History (2nd ed.), vol. XII. The Crisis of the Empire, A.D. 193-337*, Cambridge, 137-56.

López Gómez, H. 2021: *El officium de emperador romano: La influencia del modelo de Augusto*, Santiago de Compostela.

López Gómez, H. 2022a: 'Las funciones institucionales de las mujeres de la familia de Augusto: Octavia, Livia y Julia', *Lucentum* 41, 231-46.

López Gómez, H. 2022b: 'Las últimas emperatrices julio-claudias: Estudio de sus imágenes públicas', *Studia Antiqua et Archaeologica* 28(2), 354-84.

López Gómez, H. 2022c: 'Representaciones de los embarazos de la domus Augusta en el Alto Imperio27 a.C.-235 d.C. ', in C. Pinheiro, G. A. F. Silva, R. C. Fonseca, B. Mota y J. Pinheiro (eds), *Gynecia: Studies on Gynaecology in Ancient, Medieval and Early Modern Texts*, Porto, 55-78.

López Gómez, H. 2023: 'Sobre *imperium* de Augusto una vez más. Puesta al día de una cuestión centenaria', *Lucentum* 42, 221-39.

López Gómez, H. 2024a: 'Género y poder en la antigüedad romana: El caso de las estatuas públicas de mujeres imperiales', *Minius* 30, 68-91.

López Gómez, H. 2024b: 'Violence Against Women of the Roman Imperial Household: Examples of Gender-Based Violence?', *Classical World* 118(1), 67-94.

López Gómez, H. 2025: 'The Final Years of the Triumvirate: Power Dynamics and the Role of Octavian's Architecture in Political Messaging', *De Rebus Antiquis* en prensa.

López Gómez, H. en prensa: 'Condenas femeninas en de la domus Augusta: entre el adulterium y el crimen político', *Latomus*.

Lusnia, S. S. 1995: 'Julia Domna's coinage and Severan dynastic Propaganda', *Latomus* 54(1), 119-40.

Macrae, C. N., Stangor, C. y Hewstone, M. 1996: *Stereotypes and Stereotyping*, Nueva York.

Marshall, A. J. 1975a: 'Roman women and the provinces', *Ancient Society* 6, 109-27.

Marshall, A. J. 1975b: 'Tacitus and the governor's lady: A note on Annals iii.33-4', *Greece&Rome* 22, 11-8.

Marshall, A. J. 1984: 'Ladies in Waiting: The Role of Women in Tacitus Histories', *Ancient Society* 15/17, 167-84.

Marshall, A. J. 1990: 'Roman Ladies on Trial: The Case of Maesia of Sentium', *Phoenix* 44(1), 46-59.

Martínez López, C. 2012: 'Poder integrador de la mater familias romana', in P. D. Sánchez, G. Franco y M. J. Fuente (eds), *Impulsando la historia desde la historia de las mujeres: la estela de Cristina Segura*, Huelva, 157-68.

Mayer i Olivé, M. 2018: 'Algunas reflexiones sobre la identidad de la madre de Trajano y las posibles razones de un silencio', *Cahiers du Centre G. Glotz: Revue d'histoire ancienne* 29, 17-33.

McAuley, M. 2016: *Reproducing Rome: Motherhood in Virgil, Ovid, Seneca and Statius*, Oxford.

McDermott, W. C. 1941: 'Varro Murena', *Transactions and Proceedings of the American Philological Association* 72, 255-65.

McDougal, J. I. 1981: 'Tacitus and the Portrayal of the Elder Agrippina', *Echos du monde classique* 25(3), 104-8.

Meier, C. 1997: *Res publica amissa: eine Studie zu Verfassung und Geschichte der späten römischen Republik*, Wiesbaden.

Meise, E. 1969: *Untersuchungen zur Geschichte der Julisch-Claudischen Dynastie*, Múnich.

Mellado Rivera, J. A. 2003: *Princeps Iuventutis. La imagen monetaria del heredero en la época Julio-Claudia*, Alicante.

Merma-Molina, G., Ávalos-Ramos, M. A. y Martínez Ruiz, M. A. 2022: 'Gender stereotypes: persistence and challenges', *Equality, Diversity and Inclusion: An International Journal* 41(7), 1112-35.

Meyers, R. 2016: 'Filiae Augustorum: The Ties That Bind in the Antonine Age', *Classical World* 109(4), 487-505.

Milnor, K. 2005: *Gender, domesticity and the Age of Augustus. Inventing private life*, Oxford.

Mitchell, T. N. 1984: 'Cicero on the moral crisis of the late Republic', *Hermathena* 1984, 21-41.

Morelli, A. L. y Filippini, E. 2014: 'Divinizzazioni femminili nella prima età imperiale. Analisi della documentazione numismatica', in T. Gnoli y F. Muccioli (eds), *Divinizzazione, culto del sovrano e apoteosi*, Bolonia, 211-50.

Morrell, K. 2024: 'Women and Legal Change in the Roman Republic', in C. Rosillo López y S. Lacorte (eds), *Cives Romanae: Roman Women as Citizens during the Republic*, Sevilla, 229-52.

Myers, N. 2003: 'Cicero's (S)Trumpet: Roman Women and the Second Philippic.', *Rhetoric Review* 22(4), 337-52.

Nicols, J. 1975: 'Antonia and Sejanus', *Historia: Zeitschift für Alte Geschichte* 24(1), 48-58.

Ogilvie, R. M. 1965: *A Commentary on Livy: Books 1-5*, Oxford.

Osgood, J. 2016: 'Cassius Dio' Secret History of Elegabalus', in J. Majbom Madsen y C. Hjort Lange (eds), *Cassius Dio: Greek Intellectual and Roman Politician*, Leiden, 177-90.

Osgood, J. 2018: *Romen and the Making of a World State, 150 BCE-20 CE.*, Cambridge.

Östenberg, I. 2009: *Staging the World. Spoils, Captives, and Representations in the Roman Triumphal Procession*, Oxford.

Pallotino, M. 1946: *L'arco degli Argentari*, Roma.

Pani, M. 2003: *La corte dei Cesari*, Bari.

Parsi, B. 1963: *Désignation et investiture de l'empereur romain*, París.

Paterson, F. 2007: 'Friends in high places: The creation of the court of the Roman Emperor', in A. Spawforth (ed), *The Court and Court Society in Ancient Monarchies*, Cambridge, 121-56.

Pellegrini, A. 1861: 'Scavi del Portico di Ottavia. Bulletino Instituto Archeologico Germanico', *Bulletino Instituto Archeologico Germanico*, 241-5.

Pellegrini, A. 1879: *Statue di Cornelia. Madre dei Gracchi nel portico di Metello e Ottavia*, Roma.

Perowne, P. 1974: *The Caesar's Wives, Above Suspicion*, Londres.

Pflaum, H. G. 1950: *Les procurateurs équestres sous le Haut-Empire romain*, Paris.

Potter, D. y Damon, C. 1999: 'The Senatus Consultum de Cn. Pisone Patre', *The American Journal of Philology* 120(1), 13-42.

Price, S. 1987: 'From noble funerals to divine cult: the consecration of Roman Emperors', in D. Cannadine y S. Price (eds), *Rituals of Royalty*, Cambridge, 56-105.

Priwitzer, S. 2009: *Faustina Minor - Ehefrau eines Idealkaisers und Mutter eines Tyranen. Quellenkritische Untersuchungen zum dynastichen Potential und zu Handlungsspielräumen von Kaiserfrauen im Prinzipat*, Bonn.

Priwitzer, S. 2011: 'Faustina minor: Ehefrau eines Idealkaisers und Mutter eines Tyrannen', *Antike Welt* 1, 24-9.

Priyashantha, K. G., De Alwis, A. C. y Welmilla, I. 2023a: 'Facets of Gender Stereotypes Change: A Systematic Literature Review', *Kelaniya Journal of Management*.

Priyashantha, K. G., De Alwis, A. C. y Welmilla, I. 2023b: 'Three Perspectives on Changing Gender Stereotypes', *FIIB Business Review* 12(2), 120-31.

Purcell, N. 1986: 'Livia and the Womanhood of Rome', *Proceedings of the Cambridge Philological Association* 21, 78-105.

Raepsaet-Charlier, M. T. 1982: 'Epouses et familles de magistrats dans les provinces romaines aux deux premiers siècles de l'Empire', *Historia: Zeitschift für Alte Geschichte* 31, 56-69.

Raepsaet-Charlier, M. T. 1987: *Prosopographie des femmes de l'ordre sénatorial (ier-II siècles)*, Lovaina.

Ramage, E. S. 1985: 'Augustus' treatment of Julius Caesar', *Historia: Zeitschift für Alte Geschichte* 34(2), 223-45.

Rantala, J. 2017: 'Promoting Family, Creating Identity. Roles of Septimius Severus and Imperial Family Members in the Rituals of Ludi Saeculares', in W. Wanacker y A. Zuiderhoek (eds), *Imperial Identities in the Roman World*, Londres, 110-24.

Rawson, B. 1974: 'Roman Concubinage and other De Facto Marriages', *Transactions of the American Philological Association* 104, 297-305.

Rawson, B. 1986: *The family in Ancient Rome*, Ithaca.

Rémy, B. 2005: *Antonin le Pieux: Le siècle d'or de Rome 138-61*, París.

Richardson, J. H. 2017: 'The Roman Nobility, the Early Consular Fasti, and the Consular Tribunate', *Antichton* 51, 77-100.

Richardson, L. 1978: 'Concordia and Concordia Augusta. Rome and Pompeii', *Parola del Passato* 33, 260-72.

Richlin, A. 2021: 'The woman in the Street: Becoming visible in Mid-Republican Rome', in R. Ancona y G. Tsouvala (eds), *New directions in the study of women in Greco-Roman World*, Oxford, 213-30.

Riggsby, A. M. 1997: 'Public and private in Roman culture: the case of the cubiculum', *Journal of Roman Archaeology* 10, 36-56.

Ritter, H. 1972: 'Livias Erhebung zur Augusta', *Chiron* 2, 313-38.

Roche, P. A. 2002: 'The Public Image of Trajan's Family', *Classical Philology* 97(1), 41-60.

Rogers, P. M. 1980: 'Titus, Berenice and Mucianus', *Historia: Zeitschift für Alte Geschichte* 29(1), 86-95.

Roller, M. 2018: *Models from the past in Roman culture*, Cambridge.

Rosillo López, C. y Lacorte, S. 2024: *Cives Romanae: Roman Women as Citizens during the Republic*, Sevilla.

Rosso, E. 2007: 'Culte impérial et image dynastique: les divi et divae de la Gens Flavia', in T. J. G. Nogales (ed), *Culto imperial. Política y poder*, Roma, 125-52.

178

Rowan, C. 2011: 'The public image of the Severan women', *Papers of the British School at Rome* 79, 241-73.

Rutland, L. W. 1978: 'Women as Makers of Kings in Tacitus' Annals', *Classical World* 72(1), 15-29.

Saller, R. P. 1984: 'Familia, domus and the Roman conception of the family', *Phoenix* 38(4), 336-55.

Saller, R. P. 1986: 'Patria potestas and the stereotype of the Roman family', *Continuity and Change* 1(1), 7-22.

Santoro L'Hoir, F. 1994: 'Tacitus and Women's usurpation of power', *Classical World* 88(1), 5-25.

Schneider, D. J. 2004: *The Psychology of Stereotyping*, Nueva York.

Schultz, C. 2021: *Fulvia: playing for power at the end of the Roman republic*, Nueva York.

Scott, K. 1936: *The imperial cult under the Flavians*, Suttgart.

Seager, R. e. 1969: *The Crisis of the Roman Republic: Studies in Political and Social History*, Cambridge.

Setälä, P., R. Berg, R. Hälikkä, M. Keltanen, Pölönen, J. y Vuolanto, V. 2002: *Women, Wealth and Power in the Roman Empire*, Roma.

Severy, B. 2000: 'Family and State in the Early Imperial Monarchy: The Senatus Consultum de Pisone Patre, Tabula Siarensis, and Tabula Hebana', *Classical Philology* 95(3), 318-37.

Severy, B. 2010: *Augustus and the family at the birth of the Roman Empire*, London.

Shotter, D. 2000: 'Agrippina the Elder: A Woman in a Man's World', *Historia: Zeitschift für Alte Geschichte* 49(3), 341-57.

Speidel, M. A. 2012: 'Faustina — mater castrorum. Ein Beitrag zur Religionsgeschichte', *Tyche* 27, 127-52.

Strobel, K. 2010: *Kaiser Traian. Eine Epoche der Weltgeschichte*, Regensburg.

Suárez Piñeiro, A. 2004: *La crisis dee la República Romana (133-44 a.C.). La alternativa política de los "populares"*. Santiago de Compostela.

Sumner, G. V. 1965: 'The family connections of L. Aelius Sejanus', *Phoenix* 19, 134-45.

Swan, M. 1967: 'The Consular Fasti of 23 B.C. and the Conspiracy of Varro Murena', *Harvard Studies in Classical Philology* 71, 235-47.

Syme, R. 1939: *The Roman Revolution*, Oxford.

Syme, R. 1958: *Tacitus. Vol. II*, Oxford.

Syme, R. 1970: 'Domitius Corbulo', *Journal of Roman Studies* 60, 27-39.

Tatarkiewicz, A. 2012: 'Caenis. Augusta in All but Name', *Classica Cracoviensia* 15, 221-7.

Temporini, H. 1978: *Die Frauen am Hofe des Trajans*, Berlín–Nueva York.

Thomas, Y. 1980: 'Mariages endogamiques a Rome: patrimoine, pouvoir et parente depuis I'epoque archaique', *Revue d'Histoire du Droit* 58(3), 345-82.

Töpfer, K. M. 2010: 'The Empress and her Relationship to the Roman Army', in P. Bidwell (ed), *Proceedings of the XXIst International Limes (Roman Frontiers) Congress 2009 at Newcastle upon Tyne*, Oxford.

Treggiari, S. 1972: 'Jobs in the Household of Livia', *Papers of the British School at Rome* 43, 48-77.

Treggiari, S. 1979: 'Lower Class Women in the Roman Economy', *Florilegium* 1(65-86).

Treggiari, S. 1991: *Roman Marriage: Iusti Coniuges from the Time of Cicero to the Time of Ulpian*, Oxford.

Treggiari, S. 2002: *Roman Social History*, Londres.

Trillmich, W. 1978: *Familienpropaganda der Kaiser Caligula und Claudius : Agrippina Maior und Antonia Augusta auf Münzen*, Berlín.

Tuck, S. L. 2016: 'The Imperial Image-Making', in A. Zissos (ed), *A Companion to the Flavian Age of Imperial ROme*, Chichester, 109-28.

Turcan, R. 1997: *Héliogabale et le sacre du soleil*, Paris.

Turton, G. E. 1974: *The Syrian Princesses: The Woman who ruled Rome, A.D. 193-235*, Londres.

Van der Blom, H. 2024: 'Female Oratory in the Republic', in C. Rosillo López y S. Lacorte (eds), *Cives Romanae: Roman Women as Citizens during the Republic*, Sevilla, 179-204.

Varner, E. R. 1995: 'Domitia Longina and the Politics of Portraiture', *American Journal of Archaeology* 99(2), 187-206.

Varner, E. R. 2001: 'Portraits, Plots, and Politics: "Damnatio Memoriae', *Memoirs of the American Academy in Rome* 46, 41-93.

Vasta, M. 2007: 'Flavian Visual Propaganda: Building a Dynasty', *Constructing the Past* 8(1), 107-38.

Vervaet, F. J. 2009: 'In what capacity did Caesar Octavianus restitute the Republic?', in F. Hurlet y B. Mineo (eds), *Le Principat d'Auguste. Réalités et représentations du pouvoir autour de la Res Publica Restituta*, Rennes, 49-72.

Veyne, P. 1962: 'Les honneurs posthumes de Flavia Domitilla et les dédicaces grecques et latines', *Latomus* 21(1), 49-98.

Vinson, M. P. 1989: 'Domitia Longina, Julia Titi and the Literary Tradition', *Historia: Zeitschrift für Alte Geschichte* 38, 432-50.

Virlouvet, C. 2001: 'Fulvia, the Woman of Passion"', in A. Fraschetti (ed), *Roman Women*, Chicago, 66-81.

Von Premerstein. 1937: *Vom Werden und Wesen des Prinzipats*, Múnich.

Von Ungern-Stenberg, J. 2014: 'The Crisis of the Republic', in H. Flower (ed), *The Cambridge Companion to the Roman Republic*, Cambridge, 89–110.

Wallace-Hadrill, A. 2008: 'The Imperial Court', in A. K. Bowman, E. Champlin y A. Linttot (eds), *The Cambridge Ancient History (2nd. ed.), vol. X. The Augustan Empire, 43 B.C.-A.D. 69.*, Cambridge, 283-308.

Wardle, D. 1998: 'Caligula and his wives', *Latomus* 57(1), 109-26.

Weaver, P. R. C. 1972: *Familia Caesaris: A Social Study of the Emperor's Freedmen and Slaves*, Cambridge.

Webb, L. 2017: 'Gendering the Roman Imago', *Eugesta* 7, 140-83.

Webb, L. 2024a: 'Cives Romanae Embodied. Ordo Matronarum and female citizenship in Republican Rome ', in C. Rosillo López y S. Lacorte (eds), *Cives Romanae: Roman Women as Citizens during the Republic*, Sevilla, 427-52.

Webb, L. 2024b: 'ordo matronarum"', *Oxford Classical Dictionary*.

Webb, L. 2024c: 'Spectatissima Femina: Female Visibility and Religion in Urban Spaces in Republican Rome', *American Journal of Philology* 145(1), 41-87.

Webb, L. y Brännstedt, L. 2022: 'Gendering the Roman Triumph: Elite Women and the Triumph in the Republic and Early Empire', in H. Cornwell y G. Woolf (eds), *Gendering Roman Imperialism*, Leiden.

Weinstock, S. 1971: *Divus Julius*, Oxford.

Welch, K. E. 1995: 'Antony, Fulvia, and the Ghost of Clodius in 47 B.C.', *Greece & Rome* 42(2), 182-201.

White, P. 1988: 'Julius Caesar in Augustan Rome', *Phoenix* 42(4), 334-56.

Wild, P. S. 1917: 'Two Julias', *The Classical Journal* 13(1), 14-24.

Williams, G. 1996: 'Representations of Women in Roman literature', in D. E. E. Kleiner y M. S.B. (eds), *I, Claudia. Women in Ancient Rome*, New Haven, 126-38.

Williams, M. G. 1902: 'Studies in the Lives of Roman Empresses I. Julia Domna', *The American Journal of Archaeology* 6(3), 259-305.

Winterling, A. 1999: *Aula Caesaris. Studien zur Institutionalisierung des römischen Kaiserhofes in der Zeit von Augustus bis Commodus (31 v.Chr. - 192 n.Chr.)*, Múnich.

Winterling, A. 2009: *Politics and Society in Imperial Rome*, Malden.

Wiseman, T. P. 1982: 'Calpurnius Siculus and the Claudian Civil War', *Journal of Roman Studies* 72, 57-67.

Wittwer, K. 1986: *Kaiser und Heer im Spiegel der Reichsmünzen: Untersuchungen zu den militärpolitischen Prägungen in der Zeit von Nerva bis Caracalla*, Tübingen.

Wood, S. 1992: 'Messalina, Wife of Claudius: Propaganda Successes and Failures of the Reigns', *Journal of Roman Archaeology* 5, 219-34.

Wood, S. 1995: 'Diva Drusilla Panthea and the Sisters of Caligula', *The American Journal of Archaeology* 99(3), 457-82.

Wood, S. 2010: 'Who was Diva Domitilla? Some Thoughts on the Public Images of the Flavian Women', *American Journal of Archaeology* 114(1), 45-57.

Woodhull, M. 1996: *Building power: Women as architectural patrons during the early Roman Empire, 30 BCE–54 CE.*, Austin.

Woodhull, M. 2003: 'Engendering Space. Octavia's Portico in Rome', *Aurora* 4, 13-33.

Zanker, P. 1992: *Augusto y el poder de las imágenes*, Madrid.